通·识·教·育·丛·书

统计原理

Principles of Statistics

孙祝岭 ◎ 编著

北京大学出版社
PEKING UNIVERSITY PRESS

上海交通大學出版社
SHANGHAI JIAO TONG UNIVERSITY PRESS

内 容 提 要

本书系统地讲述了统计的基本理论和方法，包括数据的收集、整理、分析和推断等内容。本书通俗地介绍了统计应用较广的方法，例如指标估计、指数分析、回归分析、相关分析和时间序列分析；简明扼要地介绍了一些有实用价值的方法，例如判别分析、聚类分析、正交试验设计等方法；简单地介绍了应用软件 Excel 进行统计分析的方法。

本教材设计思想是：大大降低数学基础要求但仍保留统计内容的精华部分，并注重阐明统计原理、思想和方法；教会学生如何结合实例应用 Excel 软件进行统计分析，以便更好地掌握统计方法。

本书是为大学各专业编写的统计通识教育课程教材，也适用于文科等专业的研究生使用，还可供大学师生和其他需要进行数据处理的人员参考。

图书在版编目(CIP)数据

统计原理/孙祝岭编著. —北京：北京大学出版社，2014.3
(通识教育丛书)
ISBN 978-7-301-23941-4

Ⅰ.①统… Ⅱ.①孙… Ⅲ.①统计学-高等学校-教材 Ⅳ.①C8

中国版本图书馆 CIP 数据核字(2014)第 022708 号

书 名：统计原理
著作责任者：孙祝岭 编著
责 任 编 辑：潘丽娜
标 准 书 号：ISBN 978-7-301-23941-4/O·0966
出 版 发 行：北京大学出版社
地 址：北京市海淀区成府路 205 号 100871
网 址：http://www.pup.cn
新 浪 微 博：@北京大学出版社
电 子 信 箱：zpup@pup.pku.edu.cn
电 话：邮购部 62752015 发行部 62750672 编辑部 62752021
出版部 62754962
印 刷 者：北京大学印刷厂
经 销 者：新华书店
787mm×1092mm 16 开本 11.75 印张 250 千字
2014 年 3 月第 1 版 2014 年 3 月第 1 次印刷
定 价：25.00 元

总　　序

通识教育再认识

自19世纪初美国博德学院的帕卡德教授最早明确提出通识教育概念以降，世界各国通识教育呈现出跌宕不息的动态过程，相关的研究、讨论与实践不断深入。我国在20世纪90年代中期以来，针对高等教育过分强调专业教育而忽视综合素质培养的状况，在加强学生素质教育及西方通识教育理念本土化方面，进行了有益的探索，对通识教育的认识在深化，共识在提高。然而，时至今日，对通识教育的本质及其作用等若干关键问题的认识，或似是而非，或语焉不详，需要进一步厘清。

一、通识教育是人本教育

讲通识教育是人本教育，至少包含“育人为本”和“以人为本”两层含义。纵观近现代大学的发展历程，虽然大学越来越多地承担着诸如科技创新、服务社会、文化引领等诸多功能，但是，培养人始终是大学的基本功能。相对于研究机构和产业部门等其他社会组织，大学存在的终极理由和根本使命是培养人，就是要在受教育者年轻而又最具可塑性的时候教育他们，塑造他们。

通常，国外将大学功能概括为“Teaching, Research, Service”，其实三者都是为人才培养服务的。简单地视“Teaching”为“人才培养”极不妥当，将人才培养、科学研究和服务社会三大功能等量齐观，更是错上加错。三种功能绝非并列关系，而是主从关系，是“一体两翼”。人才培养是“体”，科学研究和服务社会是从人才培养这个根本使命和核心功能中派生出来的“两翼”，体之不存，翼将焉附？我们不能在教育功能多元化中，迷失育人这一本然价值。现在，论及大学办学理念者，几乎言必称洪堡。殊不知，以强调科学研究和学术自由而著称的他，并不是就学术论学术，而是围绕培养学生而提出。洪堡认为，只有将科研和教学结合起来，才有利于学生形成良好的思维方式和高尚品格。当年，蔡元培就任北京大学校长发表演说时，开宗明义地宣告：“请以三事为诸君告：一曰抱定宗旨；二曰砥砺德行；三曰敬爱师友。”显然，三事实为一事，就是育人。哈佛大学前校长劳伦斯·H·萨默尔斯亦深刻指出，“对一所大学来说，再没有比培养人更重要的使命。假如大学都不能承载这一使命，我看不出社会上还有哪家机构能堪当此任。假如我们葬送了人文教育的薪火相传，一切将覆水难收。”近期，国家和上海市的《中长期教育改革和发展规划纲要》均高扬育人为本的旗帜，将其作为核心理念贯穿文本始终。

然而，诚如《失去灵魂的卓越》一书作者哈瑞·刘易斯指出的那样，实际运行的大学已经忘记了更重要的教育学生的任务，学术追求替代了大学教育。现在，大学里高深研究和教书育人存在于两个完全不同的平面上，究其原因，前卡耐基教学促进基金会主席欧内斯特·博耶一语道破：前者是愉悦、成名和奖励之源，后者却或多或少地成为大学不愿承担的负荷，只是用来维持其存在的堂而皇之的理由。大学尤其是研究型大学，过去常常忽视本科生教育，现在依然如此，普遍存在的重科研轻教学、重科技轻人文、重知识轻心智等倾向，并未得到根本改观。鉴于此，教育界众多有识之士大声疾呼，要回归大学本质，重振本科教育。在高等教育大众化的今天，大学教育代表着一个民族、一个国家的未来和希望。如果十八九岁、二十几岁年轻人的教育出了问题，吞下恶果的终将是整个国家和社会。

人本教育的第二层含义是以人为本。以人为本需要探究"以什么人为本"和"以人的什么为本"这两个基本问题。进一步深究，"以什么人为本"又需要回答：是以学生为本还是以教师为本？是以全体学生为本，还是以某些或某一(几)类学生为本？长期以来，大学的焦点从学生转到了教师，学生的主体地位未能得到充分体现，各大学引以为傲的，是拥有世界知名的教授和原创性的科学研究。即便宣称是以学生为本或给予学生足够的关注，教育资源也未能公平惠及所有学生，以牺牲普通学生的正常教育为代价，换取一些所谓优异学生的超常教育和过度教育并非个案。这不仅严重背离了孔子"有教无类"的教育主张，也与马克思、恩格斯在《共产党宣言》中提出的"每一个人的自由发展是一切人自由发展的条件"的著名观点，以及一个更高级的社会形式应"以每个人的全面而自由的发展为基本原则"背道而驰。众所周知，每一个学生都是独有的生命个体，在先天禀赋、家庭背景、成长环境、知识掌握、兴趣爱好、主观努力、学业成绩、专业技能等方面客观存在各种差异，学校要正视并尊重学生的差别，恪守、秉持并践行"一切为了学生，为了一切学生"，"为了每一个学生的终身发展"的理念，让每个学生都拥有成功梦想的机会。

关于"以人的什么为本"，更是见仁见智，莫衷一是。随着商业社会竞争的日益激烈和就业形势的日渐严峻，让学生用最短的时间掌握最多的知识和技能，成为教育活动的不懈追求，以"专业技能"为本，便顺理成章并大行其道。通识教育应以"完善人格"为本，即以"精神成人"而非"专业成才"为本，亦即以人的行为养成、道德认知、情感体验、理想信念、心灵攀登和全面发展为本，着力把学生培养成有个人修养、有社会担当、有人文情怀、有科学精神、有历史眼光、有全球视野的完整人。

其实，早在古罗马时期，思想家西塞罗就认为，教育的目标不仅是培养具有某些专门技能的人，教育的崇高目标，应当是培养使其他德行相形见绌的真正的拥有至善人格的人。1945年，哈佛委员会在著名红皮书《自由社会中的通识教育》中同样明确地提出，通识教育着眼于学生身体、道德和智力的和谐发展，致力于把学生培养成为知识全面、视野广阔、教养博雅和人格完整的人。我国著名教育家潘光旦一针见血地指出，"教育的理想是在发展整个的人格"。蔡元培先生亦精辟论述到："教育者，养成人格之事业也。使仅仅为灌注知识、练习技能之作用，而不贯之以理想，则是机械之教育，非所以施于人类也。"可以说，强调教育的本质乃是培养健全的人，是古今中外前辈先贤们深邃的通识教育思想精要所在。

二、通识教育是自由教育

穷源溯流，通识教育(General education)的理论渊源，可以追溯到古希腊的博雅教育或自由教育(Liberal arts)。亚里士多德最早提出自由教育思想,他认为自由教育既不立足于实用,也不立足于需求,而是为了心灵的自由;通过发展理性,提升智慧及道德水平,实现人的身心和谐发展。当时,博雅指称人类心灵中的成就,同时包括艺术及知识。而博雅教育就是广博知识及洞察力的教育,是真正能抓得住真理及美的教育,是造就博大风雅、博学文雅、博闻儒雅、博古典雅、举止优雅、志趣高雅之谦谦君子的教育。

1828年,耶鲁大学在其发表的报告中提出,大学的目的在于提供心灵训练和教养,充实具有知识的心灵。英国红衣主教和教育家纽曼进一步发展了这种思想,他在《大学的理想》一书中,不仅系统论述了自由教育思想,而且明确提出,对受教育者而言,大学教育就是自由教育。现代通识教育以适应社会要求、满足学生兴趣和维系文化传承为其内核,其要义是对自由与人文传统的继承。个体藉着知识、智慧、善意与爱,在精神上摆脱物质的束缚,在生活中摆脱各种利害,不为物役,不以物喜,不以己悲,从而获得真正自由。通识教育鼓励反省求真,追求心灵的成长和人性内在的精神解放,在真正的学习和探究中,展现个体的潜能,体悟生命的意义,诠释生活的真谛,实现对功利的超拔,对自我的超越。

从词源角度讲,虽然在不同的历史时期,人们对自由教育中 liberal 一词的认知大相径庭,如将 liberal 理解为文雅的(genteel)、书面的(bookish)、解放的(liberating)、符合绅士身份的(becoming a gentleman)、高贵的(noble)等多种意思,但大多数理解还是关乎自由。其中,最常见的是将 liberal 解释为"自由的"(free),如康德、汉娜·阿伦特、汉斯-格奥尔格·伽达默尔、罗伯特·赫钦斯等,或解释为"使人自由的"(make man free),如古罗马政治家、哲学家塞涅卡等。实际上,自由一直是西方居支配性地位的一种观念。在西方传统中,自由具有最高价值,是一切人文科学和教育的核心。自由不仅是民主、科学、理性、正义、良知、宽容等普遍价值的元价值,也是人文学科最基本的价值支点。裴多菲的诗"生命诚可贵,爱情价更高;若为自由故,两者皆可抛"就是对"不自由毋宁死"的明证。德国哲学家、诠释学创始人、时任柏林大学校长施莱尔马赫曾言:"大学的目的并不在于教给学生一些知识,而在于为其养成科学的精神,而这种科学精神无法靠强制,只能在自由中产生。"1987年时任耶鲁大学校长的施密德特,在迎新典礼上慷慨陈词:"一所大学似乎是孕育自由思想并能最终自由表达思想的最糟糕同时又是最理想的场所";"自由的探求才会及时更正谬误,代替愚昧,才能改变偶尔因我们感情用事而认为世界是分离的、虚构的和骗人的偏见。"在我国,学术大师陈寅恪的"独立之精神,自由之思想",与西方的这种传统和倡导遥相呼应,并日渐成为中国知识分子共同追求的学术精神、价值取向和人生理想。

自由教育作为通识教育的一大鲜明特征,不仅体现为对心灵自由和精神解放的追求,还体现为对批判性思维的崇尚。在新韦氏词典里,批判性思维是指"以审慎分析判断为特点,并在最严格意义上隐含着客观判断的尝试而定褒贬优劣"。人类的思考有其内在缺陷,经常陷于偏颇、笼统、歧义、自欺、僵化和促狭之中,不自觉地倾向自我(和社会)中心主义、人类中心主义、西方中心主义或某某中心主义。既有的知识系统,不管创造它们的先贤圣哲多么睿智,其中的片面、寡陋、扭曲、非理性、傲慢甚至偏见都在所难免。通识教育并非共识教育或认同教育,学生要敢于质疑、反思、检讨、追问、解构乃至颠覆,不仅从学理逻辑的角度审视，还要关切知识理性背后的正义性和善意性，发展各种知性美德。此外，批判性思维还要体现苏格拉底“未加审视的生活不值一过”的原则，秉持古希腊“自省生活”的理想，不断提高个体自我感悟和向内反省的智慧。要充分认识到，若放任自流，许多未加审视的生活加在一起，会使这个世界因黑白颠倒、是非混淆、美丑不分、正义不彰而危机四伏。

受教育者主体地位的确立，是自由教育的前提。通识教育作为摆脱各种奴役成为自由自主之人的教育，必须让学生真正成为学习的主人，培养学习兴趣、激发学习动力是“自由教育”的要点。潘光旦认为，人的教育是“自由的教育”，以自我为对象。自由的教育是“自求”的，不是“受”和“施”的，教师只应当有一个责任，就是在学生自求的过程中加以辅助，而不是喧宾夺主。只有这样，教育才能真正进入“自我”状态，学生才能通过“自求”至“自得”进而成为“自由的人”，也就是上面谈及的“至善”境界中的完整人。黎巴嫩著名诗人、艺术家、哲理散文家纪伯伦说得好：“真正有智慧的老师不会仅仅传授知识给任何学生，他会传授更珍贵的东西：信念和热忱。真正的智者不会手把手地带学生进入知识的殿堂，只会带学生走向自身能够理解的那扇门。”

在现实教育中，教育机构和教师的主导作用发挥得很充分，学生的主体地位和主动性却体现得严重不足，这种情况从基础教育一直延续到高等教育。原本应是“养成”教育的通识教育，变成为“开发”教育，被开发、被培养、被教育、被教化、被塑造、被拔尖等不一而足，课业负担重，学习兴趣缺乏，创新意识不足，几成常态，学生只是消极被动地参与其中，体会不到学习的乐趣。针对这些情形，教育要切实承担起责任，注重激发和调动学生内在的激情、兴趣、好奇心和探索冲动，要像中国近代教育家陶行知强调的那样，解放学生的“头脑、双手、眼睛、嘴巴、空间和时间”，使他们能想、能干、能看、能谈，不受任何禁锢地学习和发展。

自由、自在、自觉地阅读经典，是通识教育的良方。芝加哥大学、哈佛大学、哥伦比亚大学、耶鲁大学、斯坦福大学、牛津大学、剑桥大学、香港中文大学等著名学府，十分重视学生对经典文本的研读。深入阅读柏拉图、亚里士多德、莎士比亚、康德等西方经典和儒家等华夏经典，以及《可兰经》、《源氏物语》等非西方经典，目的在于培养学生内在的价值尺度、精神品格、独立意识和批判精神，帮助学生养成健全有力的人格。学生自在地徜徉于浩渺的知识海洋，漫步于辉煌的精神家园，穆然深思，精研奥理；悠然遐想，妙悟游心；享受愉悦，怡养性情。通过与先贤对话，与智者神交，从中感悟人类思想的深度、力度、高度和厚度，领略历代硕儒的闳博哲思和学理旨趣，体味铮铮君子的人生情怀和胸襟气象，修得个体生命的丰盈圆融。

三、通识教育的无用之用

“用”可分为“有用之用”和“无用之用”。在很多人看来，所谓有用就是可产生功利的、现实的、物质的、实在的和直接的效用、功用或好处。由于深受经世致用思维和实用主义思潮的影响，特别是市场经济条件下，大学教育过分强调与市场接轨和需求导向，过分追求学以致用和实用理性，过分信奉使用价值而非价值本身，过度渲染只有过得“富有”才有可能“富有价值”，过分注重工具理性，严重忽视价值理性，人被“物化”已是当今不争的事实。

通识教育本身不是一个实用性、专业性、职业性的教育，也不直接以职业作准备为依归。基于功利性的价值取向，通识教育似乎无用，然而，相对于“有用有所难用”的专业教育，通识教育却“无用无所不用”。通识教育充分体现老子“有之以为利，无之以为用”的思想，充分体现罗素“从无用的知识与无私的爱的结合中更能生出智慧”的论断，其“无用之用”主要体现为：

一是彰显人的目的性，回到“人之为人”的根本问题（essential questions）上，使人活得更明白、更高贵和更有尊严。如前所述，通识教育是一种人本教育，强调培养的是全人而不是工具人、手段人。康德有句名言“人是目的，不是手段”，这一命题深刻表达了人的价值与尊严。现在经常讲“这个有什么用”，其实就是把自己当手段，谋求市场上能有（效）用。通识教育不追求“学以致用”，更看重“学以致知”和“学以致省”。大学是理想的存在，是道德高地，是社会的良心，是人类的精神家园，大学教育是知识、能力和价值观三位一体的教育，与专业教育相比，通识教育侧重于价值观的塑造，更突出精神品格和价值诉求，关切所做每件事情背后的动机、价值和意义，思考专业知识层面之上的超越性问题和事关立命安身的终极性问题，对伦理失落、精神颓废、生活浮华和自我自利保持起码的警觉和反省能力；对物质主义、拜金主义、享乐主义和无边消费主义等种种时弊，以及低俗、庸俗和媚俗等现象，保持清醒的认知和足够的张力，自觉抵制浑浑噩噩的市侩生活。通识教育倡导持之以恒地用知识、智慧、美德丰富与涵养自身，力戒见识短浅、视野狭窄和能力空洞，推崇仰望星空，瞭望彼岸，保持一种超越的生活观，像海德格尔所言“诗意地栖居”。

二是有助于打好人生底色，完善人格，滋养成为合格公民的素养。通识教育引导学生形成正确的世界观、人生观和荣辱观，使学生获得对世界与人生的本质意义广泛而全面的理解，形成于己于国都可持续发展的生活方式，培养诚信、善良、质朴、感恩、求真、务实等道德品质，引导学生认识生命，珍惜生命，热爱生活，崇尚自尊、自爱、自信、自立、自强和自律，养成开阔的视野、阳光的心态、健全的心智和完善的人格。通识教育还帮助学生思考生态环境与生命伦理问题，促进学生树立善待环境、敬畏生命、推己及人、服务社会的理念，构建生命与自我、与自然、与他人、与社会的和谐关系。通识教育突出民主法治、公平正义、权利义务的理念，帮助学生树立责任、程序、宪政等意识，培养他们成为合格公民的素质。同时，通识教育有助于学生找到与自身禀赋相匹配的爱好和兴趣，有助于锤炼在多元化社会和全球化环境生活的能力，为即将展开的职业生涯打下坚实的根基。

三是有助于形成知识的整体观和通透感。通识教育是关于人的生活的各个领域知识和所有学科准确的一般性知识的教育，是把有关人类共同生活最深刻、最基本的问题作为教育要素的教育，恰如杜威所言：“教育必须首先是人类的，然后才是专业的。”通识教育致力于破除传统学科领域的壁垒，贯通中西，融会古今，综合全面地了解知识的总体状况，帮助学生建构知识的有机关联，实现整体把握，培养学生贯通科学、人文、艺术与社会之间经络的素养，避免知识的碎片化，避免因过早偏执于某一学科而导致的学术视角狭隘，防止一叶障目的片面，盲人摸象的偏见，鼠目寸光的短视及孤陋寡闻的浅薄，力图博学多识，通情达理，通权达变，融会贯通、思辨精微乃至出神入化，力争“究天人之际，通古今之变，成一家之言”。

《易经》的"君子多识前言往行"、《中庸》的"博学之、审问之、慎思之、明辨之、笃行之"、《老子》的"执大象，天下往"、《淮南子》的"通智得而不劳"、《论衡》的"博览古今为通人"，孔子的"君子不器"、荀子的"学贯古今，博通天人；以浅持博，以古持今，以一持万"、王充的"切忌守信一学，不好广观"、颜之推的"夫学者，贵博闻"，以及陈澹然的"不谋万世者，不足谋一时；不谋全局者，不足谋一域"，这些响彻人间千百年的箴言，无不说明通识教育中"通"（通晓、通解、明白、贯通）和"识"（智慧、见识、器识）的极端重要性，"博闻，择其善而从之"，讲的就是越趋于广博、普通的知识，越有助于人的理智、美德的开发及全面修养。需要注意的是，博学不能"杂而无统"（朱熹），"每件事都知道一点，但有一件事知道得多一些"（约翰·密尔）。通识教育应当将博与专统一起来，各学科专业知识的简单叠加，无助于学生形成通透、系统的知识体系。

四是有助于发展智能素质。教育的目标不仅要"授人以鱼"，更重要的是"授人以渔"。纽曼认为，自由（通识）教育之所以胜过任何专业教育，是因为它使科学的、方法的、有序的、原理的和系统的观念进入受教育者的心灵，使他们学会思考、推理、比较和辨析。接受过良好通识教育的学生，其理智水平足以其胜任任何一种职业。通识教育注重弘扬人文精神和科学精神，陶冶性情，崇尚真理，发展学生的理性、良知和美德。通过向学生展示人文、艺术、社会科学、自然科学和工程技术等领域知识及其演化流变、陈述阐发、分析范式和价值表达，帮助学生扩大知识面，构建合理的知识结构，强化思维的批判性和独立性，进而转识成智，提升学生的洞察、选择、整合、迁移和集成创新能力，尤其能提升学生有效思考的能力、清晰沟通的能力、作出明确判断的能力和辨别一般性价值的能力，这些比掌握一门具体的专业技能更本质更重要，并能产生最大的溢出效应。

四、"通"、"专"之辨

在教育教学实践中，尽管通识和专业、教育理想和社会需求间存在矛盾和冲突，但在认知理念和培养原则上应该明确，通识教育和专业教育都很重要，不能简单地讲孰重孰轻，更不能将它们对立和割裂。这二者之间应是相辅相成、相得益彰的关系，是体与用、道与术的关系，是传承与创新、坚守与应变的关系，下分述之。

第一，通识教育与专业教育都不可或缺，它们作为一对范畴，共同构成高等教育的全部内容。一方面，专业教育是大学教育之必需。这是因为，从科技演化趋势层面看，当今知识和科技发展表现出两个鲜明的向度：一是各学科领域之间的交叉融合越来越强，综合集成的要求越来越迫切；另一趋势则是学科学术越来越专，专业分工越来越细，尤其是进入网络时代，知识和资讯爆发性增长，客观上要求从"广而泛"转向"专而精"，若术无专攻，则难以立足。从国家和社会发展层面看，中国作为一个后发新兴经济体，建设与发展任务十分繁重，亟需大批各行各业的专业人才，以服务于富国强民的国家战略。从教育机构义务角度看，当大学接受一名学生时，就当然地负有为学生提升能力的责任。当今高等教育已不再是精英教育，而是大众教育，大众教育需要紧密结合社会实践和市场需求。专业教育可以让学生尽快进入某一专业领域，在较短时间内习得具有胜任力的专业知识，学生将来无论是进职场就业，还是到研究生院某个专业深造，都由此而具备竞争力。从学生最现实的角度考量，通过专业教育学生掌握安身立命的谋生技能和本领。

另一方面，通识教育是大学教育之必然。上文已谈及，现代科技发展两个向度之一，就是知识领域或专业领域间的融会贯通。然而，专业教育容易使人单一片面，甚或成为局限在过于狭窄的专业领域中的工作机器，按米兰·昆德拉的说法，“专门化训练的发展，容易使人进入一个隧道，越往里走就越不能了解外面的世界，甚至也不了解他自己”。更糟糕的是，一直以来专业教育深受工具理性支配，在很大程度上已经沦为一种封闭性的科学教条，成为现代工业生产体系的一个环节，促进人心灵成长的价值几近泯灭。通识教育强调价值性、广博性与贯通性，正好可以纠偏矫正，观照专业教育。尽管在不同时代、不同国家和地区通识教育产生的具体社会背景不尽相同，但相同之处都是对过分专业化的一种反动，其指向是革一味偏重专业之弊。此外，如前所述，通识教育的“通”不仅指称在学科领域和专业领域的“通”，更是为人和为学的“通”。为此，恰如“寻找灵性教育”的小威廉姆·多尔所言，就是要确立科学（逻辑、推理）、艺术（文化、人文）和精神（伦理、价值观、生命、情感等）三大基石，并在科学、艺术和精神之间进行关键性整合互动，还要在更大的时空和更广泛的社会实践中，不断提升“每个人全面而自由发展”的生命价值。为人为学之通，既是通识教育的题中之义，更是大学教育的灵魂。

第二，通识教育和专业教育是相辅相成、相得益彰的关系。通识与专业，或广博与专精，抑或古人眼里的“博”与“约”是辩证关系，专而不通则盲，通而不专则空。它们密不可分，互为前提，相互依存，相互促进。不通，则知识狭窄，胸襟狭隘，思路不广，头脑闭塞，往往就事论事，盲目不知其所以。同时，缺乏多学科、多领域知识的启迪与支撑，“专”也没有基础；反之，不专，则博杂不精，一知半解，浮光掠影，空泛浅薄。何况知识浩如烟海，汗牛充栋，且人生有涯，知识无限，若滥学无方，将一事无成。所以，需在专中求通，通中求专，专通结合，博约互补。既要遵循学术自有的分类和流变，又要注重整体关联和宏观把握，在掌握各种专门技能和领域知识的同时，拥有宽厚的基础和综合的素质。在培养学生上，宜采用“通—专—通”的动态模式，即学生刚入学时不分专业，先进入文理学院或书院接受通识教育；接下来，高年级本科生和研究生在此基础上进行宽口径的专业教育。之后，他们接受更高一个层次的通识教育，在新的起点和更厚实的基础上再进一步聚焦专业学习，如此循环往复，螺旋推进。

第三，通识教育与专业教育是体与用、道与术的关系。前面已经指出，通识教育是关乎人的根本问题的教育，旨在引导学生形成正确的世界观、人生观和价值观，在有限的人生中充分发挥天赋良能和生命潜能。有鉴于此，通识教育具有基础性、本体性和深刻性，故应以通识为体，专业为用。同时，通识教育又是人格养成和悟道的教育，涵养人格知、情、志三维度中的“情”和“志”，以及领悟万术之源、众妙之门的“道”，要仰仗生活底蕴和文化自觉的培植，而通识教育正是培植这种底蕴和自觉的重要手段之一。其实，孔子早就提出“君子不器”的重要思想。他认为，君子无论是做学问还是从政，都应该博学多识，才能统揽全局，领袖群伦；才不会像器物一样，只能作有限目的之用。陶行知亦提出“生活即教育”的生活教育理论，并毕生践行。梅贻琦在他《大学一解》一文中更是明确表达“通识，一般生活之准备也；专识，特种事业之准备也。通识之用，不止润身而已，亦所以自通于人也。信如此论，则通识为本，而专识为末”，“大学教育应在通而不在专，社会所需要者，通才为大，而专家次之”。他掷地有声地指出：“以无通才为基础之专家临民，其结果不为新民，而为扰民。”孔子的思想、梅贻琦的观点和陶行知践行的理论意义深远，至今仍闪烁着智慧的光芒，照亮通识教育的复兴之路。

第四，通识教育与专业教育是传承与创新的关系，是坚守与应变（或罗盘与地图）的关系。统计研究揭示，最近十年内科学技术的成就，超过了人类历史上以往所有成就的总和，十年间知识已翻了一番。抽样调查表明，一个大学毕业生离校五年以后，其所学知识一半已经陈旧，十年以后可能大部分陈旧。文献计量研究亦表明，一些基础学科文献的半衰期为8—10年，而工程技术和新兴学科的半衰期约3—5年。实际上，早在科学技术还不十分发达的1949—1965年间，美国已有八千种职业消失，同时又出现了六千种新的职业。诚然，当今知识更新的周期越来越短，科技升级换代的频率越来越快，专业教育必须不断创新，以变应变，才能应对迅速变化的世界，才能因应“今天的教师，用昨天的知识，教明天的学生”的悖论。

在这个日新月异的时代，通识教育却要传承亘古不变的真善美，坚守世世代代本色生活的价值与意义，追问世界根底的本原和终极，反省历久弥新的伦理和人生。通过通识教育，保证千百年来的文明薪火相传，永恒绵延；同时，守望人类文明共同体，确立代际“最大公约数”。因此，通识教育不是什么新、什么前沿就学什么，恰恰相反，通识教育课程中没有流行或时尚的东西，不包含那些尚未经过岁月涤荡和历史检验的材料。芝加哥大学就明确规定，凡是活着的人的言论，不得放进通识教育课程。通识教育深谙罗曼·罗兰那句“很快就不流行的叫流行，很快就不时尚的叫时尚”的名言，以及与时俱进必与时俱迁的道理，在开放、多元、多样和多变中，保持坚守传承的品格和追问反省的本性，以惯看秋月春风的淡定和浪花淘尽英雄的从容，确保不在滚滚红尘中迷失，不被汹涌潮流所裹挟，就像罗盘，永远锁定方向，指针北斗。

以上是对通识教育的一些粗浅认识。近年来，上海交通大学在新一轮教育思想大讨论的推动下，不断深化对通识教育理念的认识，成立了校通识教育指导委员会与通识教育教材建设委员会，依据人文学科、社会科学、自然科学与工程技术、数学与逻辑这四个模块，初步形成了通识核心课程体系，并明确将出版通识教育系列丛书，作为加快推进通识教育的重要抓手。在最近两年多的时间里，交大通识教育指导委员会的多位专家和丛书的作者与交大出版社和北大出版社保持密切接触和沟通，其间，北大出版社社长、总编等多次赴交大沟通出版事宜，交大出版社领导和编辑也多次赴北大出版社进行接洽。众所周知，交大出版社以理工科著作和教材出版见长，北大出版社在人文、社科方面实力超群，两家优秀出版社强强联合，联袂推出这套丛书，可谓珠联璧合。衷心希望这套丛书能得到广大读者的认可和喜爱。

徐飞 博士
上海交通大学战略学教授、博导
上海交通大学通识教育指导委员会主任
2011年3月

前　言

统计学是关于数据资料的收集、整理、分析和推断的一门学科。简单地说，它是处理数据的有效工具。在科学研究中，用统计方法从数据中获得信息和发现初步规律往往成为重大科学发现的先导。不仅自然科学的研究统计方法发挥了巨大作用，而且在社会科学的研究中统计方法的应用也日益增多。数据是有说服力的，一个观点有了数据支持会增强其合理性，一个结论用数据说明会提高其可信度。统计应用广泛，在各个领域都可以找到它富有成果的应用。统计已有多个分支，内容已非常丰富了。

现在社会科学研究有朝定量化发展的趋势，文科学生学统计也是适应时代发展的要求。了解一些统计知识有助于提高对社会、自然现象的认识，拓宽知识面；在长知识的同时还能提高解决实际问题的能力；另外，统计思维是一种创造性思维，学统计有助于培养可贵的创新能力；大学生、研究生掌握一些数据处理的方法将有助于提高他们写作毕业论文的质量。

本书主要是为两类读者群编写的教材：其一是面向全体大学生，可作为通识教育课程配套教材；其二是为文科专业的研究生；也适合其他想了解统计或需要数据处理的人员作参考。考虑到要适合学文科专业的学生阅读，这部分人当中不少缺乏大学数学基础，而现有的数学基础要求低的统计教材一般太浅，部分内容过时，学之无味；而现代统计味浓的教材一般要有微积分、线性代数、概率统计等大学数学基础，不适合读者选读。本教材的设计思想是：大大降低数学基础要求但仍保留统计内容的精华部分，并含有一些最新的统计研究成果。数学基础低要求，并注重阐明统计原理、思想。在内容安排上别具一格是本书的特色。

为教学有更大的灵活性，本教材在部分章节和高要求的例题旁加上*号的内容，可酌情选用。本书力求做到易教易学，每一章内容配有适量习题，另附有一套用过的试题供参考。

在写作本书的过程中得到了上海对外贸易学院徐晓岭教授的大力支持和上海交通大学研究生施琪俊、赵仙童、钟小杰、田禹的帮助，特此致谢；另外，还要感谢浙江工商大学的惠琦娜老师和其他所有对本书有帮助作品的作者们。

由于本人水平有限，缺点和错误在所难免，恳请读者批评指正。

编　者

2013 年 6 月于上海交通大学

目　　录

第一章　绪　　论

§1.1　统计学是处理数据的工具

在我们的日常生活中，每天都会碰到大量的数据，如看电视、报纸、广告牌，听广播，上网浏览等，可以说数据无处不在. 统计学是一门以数据为研究对象的学科，简单说，它是处理数据的有效工具. 统计学(Statistics)的定义有多种，可以概括为二种. 第一种定义是大不列颠百科全书中给出的：

定义 1.1.1　**统计学**是收集、分析、处理、解释数据的一门学科. ("Statistics: the science of collecting, analyzing, presenting, and interpreting data."《大不列颠百科全书》)

此定义的提出已有很长时间了，似乎缺乏时代感，现代味更浓的是第二种定义：

定义 1.1.2　**统计学**是关于数据收集、整理、分析和推断的一门学科.

比较这两种定义，主要的差异是第二种定义强调推断，统计推断可以说是统计学的核心内容. 这里推断一词兼有估计、判别和预测这些词的意义.

从定义可知统计要与数据打交道，那么数据如何取得呢？一般有两种途径：搞调查或做试验. 如何合理有效地收集数据是统计学的两个分支：抽样调查和试验设计的主要内容，其中试验设计的介绍涉及专业知识和具体问题，本书很少介绍试验设计的内容，主要介绍用统计调查去收集数据.

数据中含有我们感兴趣的信息，但这些有用的信息是隐含在大量的数据中的，要加工提炼才能获得，这一过程就是对数据进行整理的过程. 本书在第二章介绍了数据的收集、整理两个过程. 本书的内容基本上就是按照定义所描述的顺序来组织的，第三章至第六章介绍统计的分析和推断方法，其中推断方法，即如何应用统计方法给我们考察的问题下个结论，还可能要对问题的将来发展变化作预测.

学好统计关键是掌握好统计思想，而它又是创造性思维，在统计入门之初，就树立这样的意识是非常有益的.

§1.2　统计学的起源与发展概况

统计学的萌芽产生于 17 世纪中叶，起源于多个不同的领域，其中之一是来自英国威廉·配第(William Patty)的专著：《政治算术》(1676 年). 配第在书中用大量的数据对英、法、荷三国的经济实力进行分析和比较，用数据来阐明他的思想和观点. 马克思在《资本论》中称配第为"政治经济学之父，在某种程度上也可以说是统计学的创造人."统计学的另一个创始人是英国的约翰·格朗特(John Grannt)，他在 1662 年出版了《关于死亡表的自然观察与政治观察》一书，他通过大量的调查，研究发现了人口与社会现象中的一些重要的数量规律性，如新生儿的性别比的比例大约为 14∶13；男性在各年龄组中死亡率均高于女性；新生儿的死亡率较高；一般疾病与事故的死亡率较稳定而传染病的死亡率波动较大等. 在研究中，格朗特不仅发现了人口变化和发展的一些数量规律，而且还对伦敦市总人口作出了较科学的估计. 如果称配第是政府统计的创始人，则可称格朗特为人口统计的创始人.

统计学产生的另一大起因是古典概率问题，统计学的理论基础基于概率论，而概率论的起源与赌博有关. 16 世纪赌博在世界上很多地方盛行，赌博中出现的一些计算问题引起人们的兴趣，一些天才的数学家也关注起这些问题，他们注意到“其中有的问题不仅有趣、而且包含着很深刻的理论基础”，如“分赌注问题”、“赌徒输光问题”等. 一个著名的具体例子是：甲、乙两人相约赌若干局，谁先赢满 a 局就可得全部赌金，但中途赌博中断，两人已分别赢了 b 局和 c 局，$b,c<a$，怎样合理地按比例分配赌金呢？参与诸如此类问题研究的著名人物有惠更斯、帕斯卡、费马等人. 这些问题的研究促进和推动了概率论的发展. 1657 年出版的惠更斯的《论赌博中的计算》可算是概率问题上的第一部专著. 18 世纪，瑞士的伯努利为概率论作了奠基性的工作，1713 年，他出版了巨著《猜度术》，这本书对概率论的早期发展产生了重要影响. 帕斯卡和费马还通过通信的方式，将赌博中出现的各种具体问题归纳为一般的概率原理. 这些为后来统计学的发展奠定了重要的基础，因此概率论是统计学的理论基础.

自 17 世纪中叶开始，经过几代统计学家的努力，历经两个半世纪，到 19 世纪末建立了古典统计学（主要是描述统计学）的基本框架. 20 世纪初，工业的快速发展对产品质量检验问题提出了新的要求，如怎样用抽检到的少量产品质量情况就能对整批产品的质量好坏作出有效的估计，这样便可以省时省力省费用，大大提高效率；还可解决试验带有破坏性的产品质量作评价问题；产品质量控制图的发明对控制产品质量问题提供了有效的方法，它可被用来监控生产过程. 这一时期的诸多统计应用问题促进了统计理论的发展，经过很多才华横溢的统计学家的努力，使统计学理论发生了影响深远的变化. 如 1907 年，英国的戈赛特（W. S. Gosset）提出了小样本 t 统计量方法；著名统计学家费歇（R. A. Fisher）提出了 F 统计量、极大似然估计、方差分析等方法和思想；大统计学家内曼（J. Neyman）和皮尔逊（E. S. Pearson）提出了区间估计和假设检验的理论和方法；沃尔德（A. Wald）创建了序贯抽样和统计决策函数理论. 到 20 世纪中叶，已基本构筑了现代统计学的基本框架.

从 20 世纪 50 年代以后，统计理论、方法和应用进入了一个全面发展的新阶段. 它在社会、经济、管理、工程、技术、物理、气象、海洋、地质等领域中的作用愈益显著. 随着计算机的发展与普及，它已成为处理信息、制定决策的重要理论和方法.

统计向各个领域渗透，产生了许多新的分支和边缘学科，如统计物理、生物统计、医学统计、气象统计、教育统计、地质统计等. 同时它又是许多新的重要学科的基础，如信息论、控制论、预测论、可靠性理论及人工智能等. 对于这些学科，掌握统计理论和方法不仅是深入研究所必须而且是学习入门的首要条件. 随着统计方法的应用领域不断扩展，几乎所有科学研究都离不开统计方法. 因为不论是自然科学、工程技术、农学、医学、军事科学还是社会科学都离不开数据，要对数据进行研究和分析就必然要用到统计方法. 因而可以说,统计方法已成为所有学科的基础.

§1.3 统计思维具有创新思维的特点

在《中国统计》杂志 2009 年第 8 期上发表了惠琦娜的论文《统计思维是创造性思维》,现将这篇论文的内容摘录如下.

统计思维是较形象思维和逻辑思维更为复杂的一种思维方式,是人们自觉运用数字对客观事物的数量特征和发展规律进行描述、分析、判断和推理的思维方式.统计思维属于创造性思维,这种创造性思维有三个本质特点:

1. 抽象的数量性

统计思维的基本工具是数字,统计分析是通过数字揭示现象的本质特点.如:对于确定性事物进行准确计量和核算;对于模糊现象和定性事物进行标准化测量和计分评价;对于随机现象进行概率估计和抽样推断;等等.虽然,形象思维中也常用数字,但形象思维中数字的作用仅仅是表征,而统计思维中数字的作用是揭示其背后的经济内涵和性质差异;虽然逻辑思维中抽象化数学用的大都也是数字,但数学强调计算,注重数量之间的必然联系和相互关系,而在统计思维中数字的计算并不是目的,统计思维的重点是分析和判断.并且,这种分析和判断带有明显的不确定性.统计思维的结果可能完全脱离传统逻辑思维因果关系,而是通过概率的形式反映现象的多种可能结果,是对事物发展规律和可能结果不同寻常的独特见解,独特性正是创造性思维的核心内容之一.

2. 结果的容错性

统计思维的容错性源于统计学是一门容错的科学.统计学的容错性是指统计学与数学、物理学等自然科学相比,其依据的理论、采用的方法、思维的形式在很多情况下并不是为了寻求永恒不变的定律和准确无误的定值,而是为了从瞬息万变的混沌世界中抽象出社会经济现象的本质特征.与形象思维和逻辑思维不同,统计思维强调数字内涵的非唯一性,它彻底改变了传统思维中将数字与数学的简单等同.统计研究的对象大都是社会经济现象,抽象化的数字与经济现实之间总是存在偏差的,统计思维强调在科学的数量关系和数量规律面前,要允许现实结果与预期目标的适度偏离.这种思维形式是对我们已驾轻就熟、习以为常的非是即非、非真即假、前因后果的思维定式的反叛,是激发无约束地由已知条件探索未知世界的发散性思维,发散性思维是创造性思维的又一重要特征.

3. 过程的逆向性

逆向思维的思维取向与常人的思维取向相反,也叫求异思维.统计思维经常是“反其道而思之”,从问题的反面深入地进行探索,树立新思想,创立新形象.形象思维和逻辑思维大都是从已知条件或理论假设出发进行思维,这种传统的思维方式存在一个严重的缺陷:如果已知条件或理论假设不尽合理,那么以此为出发点的思维结果就成了文字或数字游戏.而统计思维的逆向性是从怀疑一切出发,它不断地对已知条件或理论假设进行检验或调整,这就有效地避免了正向思维可能遭遇的尴尬.

统计思维的创造性特点基于它不同寻常的思维理念.一是“不确定性”理念:“不确定性”的概念最早来自量子物理学,之后被推广到经济领域,特别人们对社会经济发展的未来结果无法具体确定，而只能做出概率的估计. 传统思维教育因循守旧，往往不是去发挥、挖掘和培养人们别具一格的创新思维，而是自觉不自觉地制造同一种思维模式下的高度集中和思维统一，习惯于去寻求“唯一正确的答案”，这从根本上有悖于瞬息万变的市场环境和创造力思维的发散性、新颖性和独特性要求. 二是“变异性”理念：变异是存于自然界和社会经济领域十分普遍的一种现象. 变异并不可怕，重要的是要能对变异的量进行科学的描述，并要从差异中量的变化来预期和判断现象变化的可能趋势和发展规律. 变是绝对的，不变是相对的. 统计思维是通过概率来描述和分析研究对象的变异性. 三是“置信性”理念：统计是“容错”的，误差是不可避免的，变是无处不在的. 因此，统计思维的结论通常不具有唯一性. 但误差会降低估计的精确度，变异可降低估计的可信度，而过低的可信度和精确度会使统计分析结果失去使用价值，这就是置信性问题. 与逻辑思维由因果关系得出的定性结果相比较，置信区间是给出与确定概率相对应的总体特征的估计范围，或是用以判断是否应该接受原假设，这样的结论更符合科学的标准和现实的要求，正如辛格所说，“由于存在我们不知道的事，未来在很大程度上是不可预知的”，小概率事件随时都有可能发生. 统计思维能力通常不能与生俱来，必须通过专门的培养和训练. 统计思维必须具备以下三方面的基本能力.

1. 融通能力

著名统计学家萨维奇曾经说过，“统计学基本土是寄生的，靠研究其他领域内的工作而生存”. 一个完整的统计思维过程包括上、中、下三个环节：上游指的是背景资料的了解、问题的提出、相关测度准则的制定；中游指的是相关资料的收集、整理和分析推断；下游指的是将所推断的结果上升到科学本质或使用者身上，切实解决现实经济问题. 要完成整个思维过程需要很强的融会贯通能力，这种能力的培养从涉及领域看，主要包括数学、信息、生物、经济、医学、法学、心理学等；从知识结构看，包括社会学、逻辑学、教育学、人口学等实质性学科，以及环境学、生态等自然科学；从专业角度看，包括统计理论基础、数理统计技术、市场调查技术和计算机及软件操作技术.

2. 观察能力

观察与实验是科学研究的开始，由于经济现象大多是不可逆的随机过程，因此，一般不适合用实验法. 统计思维过程是从发现问题开始的，因此，观察能力的强弱是思维的关键. 大量观测法是统计中最重要的观测方法，是为把握某一确定总体的必然性而对总体单位随机的偶然性所进行的观察，是有的放矢地发现问题最有效的方法.

3. 抽象能力

抽象是认识复杂现象过程中使用的思维工具，逻辑思维也是以抽象思维为特征的，但统计思维中的抽象与逻辑思维中的抽象不同. 逻辑思维的抽象是以抽象的概念、判断和推理作为思维的基本形式，通过归纳和演绎，对信息的加工一步步、首尾相接、线性地进行的. 这种逻辑思维所研究的实际只是一种简单的形式逻辑，其基本范式是“精确的一一对应关系”. 而统计思维的基本范式为“主次概率对应关系”. 其思维的主要模型是“多因果，有主有次，概率对应”. 统计思维的这种抽象以数字为工具，通过比较、分类、综合、平均等方法，从数据特征、数量界限和数量规律中提示社会经济现象的本质. 综上所述，统计思维从思维特点、思维理念和思维方式都与传统思维方式有着本质的差异，具有创造性思维的主要特点，属于创造性思维.

§1.4 统计中的一些基本概念

统计一词通常含有三层含义：一是指统计工作，也称统计活动，它是指收集、整理、分析统计资料的工作；二是指统计资料，它是统计工作中所取得的数字资料和有关的文字图表资料；三是指统计学，即系统的论述统计理论和方法的学科. 平时在报刊杂志、电视、广播、计算机网络等媒体上出现的统计一词的意义不外乎这三层含义中的一种.

一、总体

定义 1.4.1 我们把客观存在的具有某一相同性质的一些事物所组成的集体叫做**总体**(population)，而把组成总体的每个成员叫做**总体单位**，也称**个体**.

例 1.4.1 请指出总体和总体单位.

(1) 考察上海交通大学学生的学习情况；(2) 中国人口普查；(3) 考察一批电灯泡的质量.

答 (1) 上海交通大学的所有学生组成总体，称之为上海交通大学学生总体，而其中每个学生是个体；

(2) 在中国常住人的全体组成总体，其中每个人是个体；

(3) 这批灯泡的全体组成总体，而其中每个灯泡是个体.

二、指标

1. 标志的概念和分类

定义 1.4.2 称总体单位特征的名称为**标志**.

上例中，若人作为个体，则人的身高、体重、文化程度、民族、性别等均为标志；若灯泡作为个体，则灯泡的发光强度、颜色、形状和使用寿命均为标志.

为讨论方便把标志分成两类：品质标志和数量标志. 其中品质标志说明个体的属性或性质；而数量标志说明个体的数量特征. 它们的主要区别是数量标志可用数量表示而品质标志不可用数量表示. 如上例中灯泡的颜色和形状为品质标志，而发光强度和使用寿命为数量标志. 当人作为个体时，其文化程度、民族、性别为品质标志，而身高、体重为数量标志.

标志是描述个体特征的，而描述总体特征的叫指标.

2. 指标的概念和分类

定义 1.4.3 称总体数量特征的名称为**指标**(index)，它的数值为**指标值**，也可以把名称和数值合起来叫做**指标**.

如 2009 年，中国 GDP 为 4.9 万亿美元；2009 年，中国汽车总产量为 1379.1 万辆，销售量为 1364.48 万辆；2008 年，上海人口 1888 万；2008 年，中国研究生招生数为 44.6422 万人，这些均为指标.

为讨论方便把指标也分成两类：数量指标和质量指标. 数量指标说明总体绝对数量的多少、规模的大小；而质量指标说明总体内部数量关系和总体一般水平. 数量指标值的来源有两种情形：其一是组成总体的个体数，其二是所有个体的反映数量特征的标志值的合计;而质量指标通常由两个有联系指标之比得到.

例 1.4.2 质量指标的例子:劳动生产率,单位面积产量,单位产品成本,价格等.

研究一个总体常常是研究总体的一项或多项指标,如对一个班级学生的平均体重感兴趣.该班全体学生组成总体,平均体重是一项指标.该班每个学生是个体,其体重是数量特征,班中每个学生的这一数量特征值的和除以班级学生数就是平均体重这项指标.个体的数量标志和总体指标均能用变量表示.常记总体 X,或总体(X,Y),或总体$(X_1,X_2,\cdots,X_k)$等.

若要考察总体的一项或多项指标,这时可以用个体的有关标志值来取代个体,能达到相同的效果.原来具体事物组成的总体能被一批数据代替,这样便于统计处理.如用前例加以说明,要考察一批电灯泡的质量,这批灯泡的全体组成总体,而其中每个灯泡是个体.我们仅对这批电灯泡的平均寿命感兴趣,把每个灯泡的寿命数据加起来,除以灯泡的总数就能计算得到这批电灯泡的平均寿命.每个电灯泡有一个寿命数据,如50 小时,1000 小时,20000 小时等.用这批数据来取代原灯泡的总体 ,这时总体可用数集表示:$\{50,1000,20000,\cdots\}$.再比如,要考察某班学生的身高和体重情况,原总体是该班全体学生组成的,每个学生有一对身高和体重数据,学生用数据代替后,就可把总体看做数集.如用横坐标表示身高(m),纵坐标表示体重(kg),则总体可以用形如$\{(1.75,65),(1.68,58),\cdots,(1.80,69)\}$的数集表示了.可见,总体常常可看做一个数集,简称为总体集.

习 题 一

一、判断题(在括号内对的打√,错的打×)

1. 2008 年我国高校毕业生人数为 511.9 万人,它是一项质量指标. ( )
2. 标志学生一学期的缺课节数为品质标志. ( )
3. 总体和个体在一定条件下可以转化,即总体可以变为个体,而个体也可以变为总体. ( )
4. 考察上海小汽车尾气排放达标情况,总体单位是每辆小汽车车主. ( )
5. 现在世界上野生虎仅剩下 3200 只,它是一项数量指标. ( )
6. 到 2009 年末上海每百户城市家庭有桥车 14 辆,它是一项质量指标. ( )
7. 到 2009 年末上海市绿化覆盖率达到 38.1%,人均公共绿地面积达到 12.8 m^2.这两项均为质量指标. ( )
8. 总体可以有多个标志. ( )
9. 据约 75 年时间统计得奥斯卡奖获得者的离婚率为 63%,它是一项数量指标. ( )
10. 某大学下设 13 个学院,其中理学院有 25 名外国留学生,则前后两项均是指标. ( )

二、填空题

1. 统计一词的三层含义是______________________________.

2. 指标“人均 GDP,小汽车总产量,平均粮食产量,总销售额,总学生数,人均绿化面积”中属于数量指标的是______________________________;属于质量指标的是______________________________.

3. 若学生作为个体,下列标志中,属于品质标志的是____________________;属于数量标志的是____________________.(填写字母)

a. 所学的专业;

b. 籍贯;

c. 性别;

d. 每周上网花费的时间;

e. 体重;

f. 身高;

g. 一个月的生活费.

阅读资料1 世界统计日介绍

随着时代的发展，各国在发展经济、促进社会进步的过程中，官方统计起着越来越重要的作用. 如各国政府以统计数据为基础，制定社会和经济发展规划，作出经济发展和社会进步方面的决策；企业利用统计数据决定投资方向；学术研究机构利用统计数据进行分析和预测，提出决策建议；社会大众通过统计数据了解本国和世界的经济和社会发展情况，GDP、CPI、失业率等不仅是政府决策的重要依据，而且已是大众耳熟能详的指标. 官方统计的基本原则和操作方法取得了世界共识. 1994年，联合国统计委员会总结了这些原则，具体内容包括：官方统计应该生产和发布各类用户所需要的公正的统计数据；应该通过科学的方法和统一的标准收集和处理统计数据，并保证发布数据的质量；应该在发布数据的同时，解释指标的涵义、公布数据的来源和所使用的统计方法；应该在统计工作中尽量减轻调查对象的负担，尽量利用其他政府机构掌握的行政记录；应该在统计立法中规定数据提供方、数据收集方的权利，同时严格保守调查对象的个人隐私和商业秘密.

2010年6月3日，第64届联合国大会第90次会议通过决议，将2010年10月20日定为世界统计日. 根据联大决议，世界统计日的主题是"庆祝官方统计的众多成就"，要在庆祝活动中体现官方统计的核心价值："服务、诚信和专业".

创立世界统计日的目的之一是为了庆祝取得的众多统计成就，然而更主要的推动力是统计影响力的日益增强，即官方统计以前所未有的规模和前所未有的便利深入到社会的各类用户，发挥着前所未有的作用. 官方统计不再是政府部门的专用品，而是全社会乃至一般公众认识社会、了解世界、参与管理的一般工具.

2010年10月的上海，秋意渐浓. 万众瞩目的上海世博会，在本月20日迎来了全球第一个"世界统计日". 在上海世博园联合国馆，由中国国家统计局与联合国经社部共同举办的"世界统计日"全球性庆祝活动隆重举行. 中国国务院副总理李克强、联合国秘书长潘基文专门向本次活动发来书面致辞. 联合国统计委员会主席、上海市政府领导、国内外统计界代表齐聚一堂庆祝首个世界统计日.

阅读资料2 从统计最高奖看华裔统计学人的骄人成绩

"考普斯会长奖"(COPSS Presidents' Award)又称"统计学会会长奖"，于1976年由"统计学会会长委员会"设立. "统计学会会长委员会"由5个统计学会的会长组成，这5个统计学会是：美国统计学会、数理统计学会、东北美地区国际生物统计学会、西北美地区国际生物统计学会和加拿大统计学会. "统计学会会长委员会"共设有5个奖项：费希尔讲席奖、戴维奖、斯科特奖、斯尼德克奖和考普斯会长奖. 其中以"会长奖"最为被看重，可以说它是统计学最高奖，有人把"考普斯会长奖"誉为"统计学界的诺贝尔奖"，尽管两个奖项有诸多不同之处：如诺贝尔奖没有年龄限制，而"考普斯会长奖"每年只颁奖给一位四十岁以下的统计学最杰出学者. "考普斯会长奖"第一次于1979年颁出，此后1980年和1981年空缺，自1982年起，每年都有获奖者. 至2012年，已经有32人荣获"考普斯会长奖"，其中有9位是华人. 这9位华人获奖者中，1位来自中国台湾地区，2位来自中国香港地区,6 位来自中国内陆. 这 9 位学者一个共同点为,现在均是美国一些知名大学的教授. 表 1.1 给出他们的相关信息.

表 1.1 考普斯会长奖华裔获奖者名录

获奖年份	姓 名	留学前所在大学(本科或研究生)	现任职大学
1983	黎子良	香港大学本科	斯坦福大学
1987	吴建福	台湾大学本科	密西根大学
1993	王永雄	美国加州大学伯克利分校本科*	斯坦福大学
2000	范剑青	复旦大学本科,中国科学院应用数学研究所硕士	普林斯顿大学
2001	孟晓犁	复旦大学本科	哈佛大学
2002	刘 军	北京大学本科	哈佛大学
2006	林希虹	清华大学本科	哈佛大学
2008	蔡天文	杭州大学本科,上海交通大学硕士	宾夕法尼亚大学
2012	寇星昌	北京大学本科	哈佛大学

注:王永雄在中国香港出生.

第二章　统计数据的收集与整理

统计打交道的对象是统计数据，离开了数据统计就失去了用武之地，犹如巧妇难为无米之炊.那么统计数据从哪里取得呢？应如何合理有效的去收集呢？有了统计数据又如何把它们加工整理，提取我们感兴趣的信息，为研究问题服务呢？这是本章要介绍的两个主要内容.

§2.1　统计数据的分类

2.1.1　分类数据、顺序数据和数值型数据

定义 2.1.1　表示某一类别的非数字型数据，称为**分类数据**.

分类数据是对事物进行分类的结果，数据则表现为类别，是用文字来表述的.它是对事物进行分类的结果.例如，人口按照性别分为男、女两类；企业按照经济性质可分为国有、集体、私营、合资、独资企业等类型；我国民族可分为汉族、回族、藏族等 56 个民族.这些均属于分类数据.在分类数据中，各类别之间是平等的并列关系，无法区分优劣或大小，各类别之间的顺序是可以任意改变的.

定义 2.1.2　表示某一有序类别的非数字型数据，称为**顺序数据**.

顺序数据也是对事物进行分类的结果，但这些类别是有顺序的.比如将产品分为一等品、二等品、三等品等；考试成绩可以分为优、良、中、及格、不及格等；文化程度可以分为小学、初中、高中、大学、研究生等；一个人对某一事物的评价可以分为非常同意、同意、保持中立、不同意、非常不同意等，这些均属于顺序数据.顺序数据虽然也是表现为类别，但这些类别之间是可以比较优劣顺序，而无法区分大小.

定义 2.1.3　能用数字度量的观察数据，称为**数值型数据**.

数值型数据是使用自然数和度量衡对事物进行计量的结果，其结果表现为具体的数值.比如收入用人民币度量、考试成绩用百分制度量、温度用摄氏或华氏温度来度量、重量用千克度量、长度用米度量等，其结果都表现为具体的数值.因此数值型数据可以进行加、减、乘、除等运算.

分类数据和顺序数据说明的是事物的品质特征，通常是用文字来表述的，其结果均表现为类别，因而也可统称为**定性数据**或称为**品质数据**，数值型数据说明的是现象的数量特征，通常是用数值来表现的，因此也可称为定量数据.通常我们所处理的数据大多数为数值型数据，本书主要介绍的也是处理数值型数据的统计理论和方法.

§2.2　统计数据的来源

统计数据通常通过统计调查或试验取得.数据的来源主要有两种渠道:一是通过直接的调查或试验取得数据,这可以说是数据的直接来源,这种方式收集到的数据也称之为**原始数据**或**初级数据**(primary data);二是来源于别人已加工过的数据,如从统计年鉴、报刊杂志等媒体上引用的数据,这种方式收集到的数据也称之为**次级数据**,或**第二手数据**(secondary data).

社会经济数据一般通过统计调查取得,常用的调查方式有普查和抽样调查两种.下面介绍统计调查知识.

2.2.1　统计调查

一、统计调查

定义 2.2.1　称收集统计资料的工作过程为**统计调查**(statistical survey).

二、统计调查的基本要求

1983 年颁布的中国统计法中规定:数字准确,反映及时是统计调查的基本要求.

三、统计调查的分类

统计调查有多种分类方式.按调查对象包括的范围不同,可以分为:

a. 全面调查——对全部总体单位进行调查;

b. 非全面调查——对部分总体单位进行调查.

按调查资料登记是否连续,可以分为:

a. 经常性调查——相邻两次调查间隔时间不超过 1 年;

b. 一次性调查——相邻两次调查间隔时间大于 1 年.

统计调查用的较多的两种调查方式是普查和抽样调查.

定义 2.2.2　**普查**:一种专门组织的一次性全面调查.

如人口普查、经济普查、库存物资普查等.世界各国一般都会定期地进行各种普查,以便掌握本国的经济、社会的基本数据,为国家制定各项政策或措施提供依据.普查工作多在全国或较大的范围内举行,需要动用大量人力、物力和财力.如 2010 年,中国人口普查准备组织 600 多万人的统计调查人员队伍,仅上海市需 10 万大军.因此,只有当需要摸清国家重要的国情、国力时,才有必要在全国或较大范围内组织普查.

定义 2.2.3　**抽样调查**:按照随机原则抽取部分单位进行调查,然后根据这一部分单位的数据推断总体指标的统计调查.

注意,随机原则是指每个个体被选中的可能性大小相等,也称**等可能性原则**.抽样调查可以节省人力、物力和财力,节省调查时间,时效性强,现在是被使用的最多的统计调查方式.在有些场合,调查本身具有破坏性,如测量钢丝的拉力强度、车辆的撞击测试、灯泡的寿命试验等,也只能采用抽样调查方式获取数据;对某些不必采用全面调查的现象也可用抽样调查,如收视率、民意等调查.

普查是全面调查，而抽样调查是非全面调查.

四、统计调查方案的制定

我们把调查的组织计划称为**调查方案**(investigation plans)，调查方案的主要内容为：

a. 确定调查目的.

b. 确定调查对象和调查单位，还要规定报告单位.

调查对象是指总体，而调查单位是指个体. 报告单位有时是指调查单位，而有时两者不一致. 如要考察某大学学生的学习情况，则研究总体是该大学所有学生，每个学生是调查单位；若考察目标变为仅考察该大学学生的学习成绩情况，这时就没有必要向个别学生了解，校教务部门有所有学生的成绩记录，只要向教务部门了解就行了. 所以这时每个学生还是调查单位，但该校教务部门就成为报告单位了.

c. 确定调查项目，制定调查表.(调查表是统计调查的工具，后面另有介绍.)

d. 确定调查时间和地点.

e. 制定调查的组织实施计划.

调查的组织实施计划内容包括：组织工作的领导单位，参加工作人员，宣传文件及统计调查人员的培训文件，经费开支预算等.

编制好统计调查方案对顺利开展统计调查工作有着非常重要的作用.

五、常用统计调查方法

a. 直接观察法. 统计调查人员亲临现场进行观察、计数、测量收集原始数据；

b. 报告法. 上级部门编制调查表发到下级单位，填好后送回；

c. 采访法. 统计调查人员向被调查者当面提问，一边问一边作记录；也可以把调查表交给被调查者，填好后交还；

d. 通讯法. 随着科学技术的迅速发展，现代通讯工具也越来越先进，使用通讯法进行调查也越来越多. 如利用网络开展调查就是一个典型.

2.2.2 抽样调查

一、样本

我们称从总体中抽取个体的工作过程为**抽样**.

定义 2.2.4 抽样得到的所有个体全体称为**样本**(sample)，而样本中含有的个体数称为**样本容量**.

二、常见的抽样调查组织方式

常见的抽样调查组织方式有：简单随机抽样、类型抽样、等距抽样、整群抽样和多阶段抽样等. 下面一一介绍.

1. 简单随机抽样

定义 2.2.5 **简单随机抽样**也称**单纯随机抽样**，它是指从总体的所有单位中按照随机原则抽取样本单位的方式.

随机原则也称**等可能性原则**，即要求每个个体有相同可能性被抽到. 这一原则体现了抽样的客观、公平性.

简单随机抽样有重复抽样和不重复抽样两种方法. 从总体中抽取一个个体后，把这个个体放回到总体中再抽取第二个个体，直至抽满为止，这样的抽样方法称为**重复抽样**. 一个体被抽取后不再放回总体中，然后再从所剩下的个体中抽取第二个个体，直到抽满为止，这样的抽样方法称为**不重复抽样**.

简单随机抽样方法简单易用，它是其他更复杂抽样方法的基础. 具体抽取过程中一般可采用编号抽签法或查随机数表法来确定抽取哪些个体. 下面分别介绍这两种方法.

(1) 编号抽签法. 先将总体中的所有个体(共有 N 个)编号(号码可从 1 到 N)，并把号码写在形状、大小相同的纸上(也可用小球、卡片等制作)，然后将这些纸折叠后放在同一个箱子或口袋里，进行均匀搅拌，抽签时每次从中抽一张，抽满 n 个号码为止，被选中的对号入坐作为调查对象. 编号抽签法适用于组成总体单位数不多的抽样，它的优点是操作简单易行.

(2) 查随机数表法. 一些统计学教材中附有随机数表，本书后面也附有此表. 用这一方法抽样的步骤为：第一步，将总体中的所有个体编号；第二步，在随机数表中，任意选定开始的数字；第三步，从选定的数字开始连续地取 n 个号码，被选中的对号入坐作为调查对象.

有条件的还可以用摇号机产生号码.

2. 类型抽样

定义 2.2.6　将总体各单位按照某个标志分成若干组，然后在各组中采用随机原则抽取样本单位的抽样调查组织方式叫**类型抽样**. 也称**分层抽样**或**分类抽样**.

当已知总体由差异明显的几部分组成时，为了使样本有更好的代表性，更充分地反映总体的情况，先将总体中的所有单位按照标志划分成几个组，然后再在每一组抽一个组样本，最后，将这些组样本合起来构成全样本.

使用这一方法要注意分类标志的选择，可参考：

a. 以调查所要分析和研究的主要标志或相关的标志作为分类标志.

b. 以保证类内部相似性强、不同类之间差异性强、突出总体内在结构的标志作为分类标志.

c. 以那些有明显区分作用的标志作为分类标志.

使用这一方法的一个重要问题是分类后每一类的样本容量如何确定，即抽样数目的分配问题. 下面提供几个分配方案.

设总体单位数为 N，分 k 组，第 i 组有 N_i 个单位. 从总体中共抽取 n 个单位，从第 i 组抽取 n_i 个单位，$i=1,2,\cdots,k$. 则

$$N_1+N_2+\cdots+N_k=N,\quad n_1+n_2+\cdots+n_k=n.$$

方案 1　等数目分配，取 $n_1=n_2=\cdots=n_k=n/k$.

等数目分配有一个明显缺陷，不管组大组小抽得一样多，从相对角度来看：组大的取得的信息少，而组小的取得的信息多，因此它适用于各个组的个体数差异不大的场合.

方案 2　等比例分配，按比例来抽取个体数，比例式为：

$$\frac{n_1}{N_1}=\frac{n_2}{N_2}=\cdots=\frac{n_k}{N_k}=\frac{n}{N}.$$

第 i 组要抽取的容量为

$$n_i=N_i\times\frac{n}{N},\quad i=1,2,\cdots,k.$$

等比例分配的思想是组大多抽而组小少抽. 这个想法很合理,故被用得最多.

方案 3 最优分配,数据均匀的组少抽而数据不均匀的组多抽. 想法很理想,但应用的前提条件是事先要了解各组数据的均匀程度,通常这一条件不具备.

2.2.3 调查表设计

调查表(Questionnaires)的结构有三部分组成:

(1) 表头. 位于调查表上方,一般有调查表的名称以及被调查者的基本情况介绍,如姓名、工作单位、宣传意义等内容;

(2) 表体. 它是调查表的主要部分,即调查内容,一般以提问方式出现,类似于考试题型,如是否式、单项或多项选择、填空、自由回答等;

(3) 表脚. 应有调查员或填表人签名以示负责,以及填报日期、填表说明等内容.

编制调查表的注意事项:

a. 涉及隐私的调查一般不要求填写被调查者的姓名,工作单位等信息;

b. 提问要先易后难,如谈看法、提建议问题放在最后为好;

c. 要重视宣传好的价值,被调查者感到有意义就会乐意配合;

d. 有些容易被歪曲回答的要注意数据准确性问题,如你们家的银行存款有多少? 你去年花在买书上的总费用为多少? 这些问题很可能会被歪曲回答;

e. 提问还要注意完整性,如贵企业生产是来料加工还是自备原材料? 若是搞多种经营的单位,其回答就成问题.

§2.3 统计资料的整理

数据的整理是数据处理的重要一步. 不同类型的数据要用不同的方法进行整理,分类数据与顺序数据容易整理,主要是数值型数据的整理,因为只要掌握了数值型数据的整理,分类数据与顺序数据的整理也就可想而知了. 本书主要介绍数值型数据的整理.

2.3.1 数据整理的概念与步骤

一、概念

定义 2.3.1 根据统计研究的目的,对调查资料进行科学加工,得出能反映总体特征的指标的工作过程称为**统计资料的整理**(processing of statistical material).

二、步骤

统计资料的整理可以分为如下 4 个步骤.

(1) 对原始资料进行审核.

审核的主要内容有三项:准确性、及时性、完整性.准确性是审核的中心任务,它就是检查数据中是否有错误,确保所采集的数据准确无误.从不同渠道取得的数据,在审核的内容和方法上也有不同,而且不同类型的数据在审核的内容和方法上也有所差异.对一批数据审核的方法主要有逻辑审核和计算审核.前者从理论和常识上查看每个个体的各项数据间对应关系是否合理;后者通过计算查看每个个体的各项数据间是否符合应有的逻辑关系、是否有异常值.对于异常值要仔细进行鉴别:如果异常值属于记录时的差错,在分析之前就应予以纠正;如果异常值是一个正确的值,则应保留.

对于次级数据,除了审核其完整性与准确性外,还应着重审核数据的适用性与时效性.对于多种来源渠道的次级数据,对于使用者来说,要弄清楚数据的来源,注意它们所属的时间和空间范围,以便确定这些数据是否符合自己分析研究的需要.对于时效性较强的问题,如果所取得的数据过于滞后,可能就会失去研究的意义.

(2) 进行汇总计算.

(3) 统计分组.

(4) 编制统计表.

统计分组与统计表下面有专节介绍.

2.3.2　统计分组

一、概念

定义 2.3.2　把总体中各单位按一定标志分成若干组成部分的一种统计方法称为**统计分组**(statistical grouping).

如某大学学生组成的总体按性别标志可以分为男的一组和女的一组;年级可以分为大学一年级、大学二年级、大学三年级和大学四年级共四个组;按专业分组可以分成若干组;按某门课考试成绩分组也可以分成若干组.

通过分组能揭示总体集当中的数据的分布情况,从而揭示所考察总体的某方面特征.

二、分类

按标志的类型不同,统计分组可以分为两类:按品质标志分组和按数量标志分组.分组结果通常用列表或图形表示.下面两张表分别反映的是按品质标志分组和按数量标志分组的结果.

例 2.3.1　2008 年中国人口按性别分组频数分布表为

分组,按性别	频数/万人
男	68357
女	64445

资料来源:2009 中国统计摘要

看了此表数据你有什么想法呢? 也许人口学家看了后会发出警告了.

例 2.3.2　某班概率论考试成绩频数分布表为

分组,按考试成绩/分	频数/人
50—60	2
60—70	6
70—80	8
80—90	10
90—100	4
合　计	30

§2.4 统计表和统计图简介

2.4.1 统计表

一、概念

定义 2.4.1 把统计数字资料按一定次序在表格上表现出来的表叫**统计表**(statistical table).

统计表的作用有:

a. 可以多方面反映社会经济现象的特征;

b. 便于分析社会经济现象的数量对比关系;

c. 利用其反映问题较直观.

二、构成

统计表由 4 部分组成:

a. 总标题;

b. 横行标题,纵栏标题;

d. 纵横交错的直线形成的表格;

e. 表格中的数字资料.

从内容看主要有统计表所要说明的对象,即各项统计指标.

2.4.2 统计图

随着统计的应用日益增多,直观又美观的统计图(statistical graph)也越来越常见.下面作一个简单介绍.最常见的统计图有条形图、圆形结构图和像形图.

一、条形图

(一) 简单条形图

图 2.4.1 和图 2.4.2 中一个矩形或柱形条表示一项统计指标,可用于一种现象变动的比较;若要同时比较多种现象,则可用下面的多重条形图 2.4.3 或复合条形图 2.4.4.

(二) 多重条形图

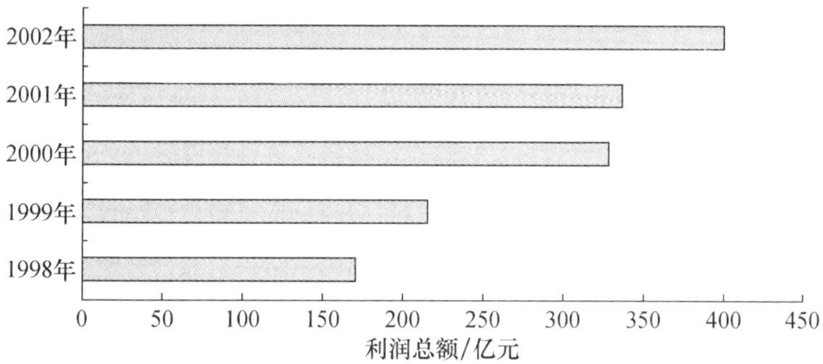

图 2.4.1　简单条形图

1998—2002 年上海工业 500 强主要指标(利润总额)

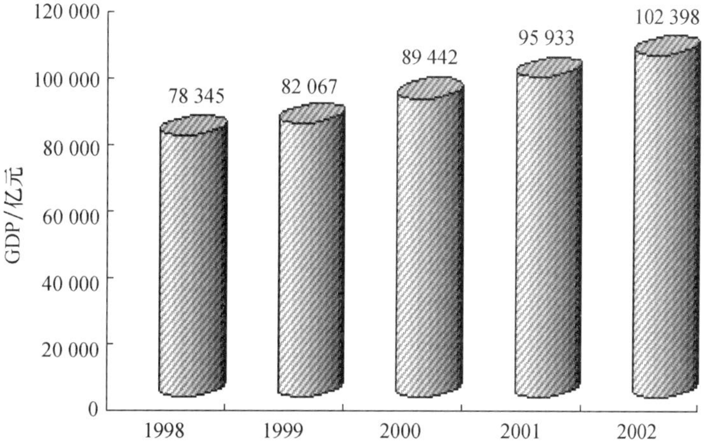

图 2.4.2　简单条形图

1998—2002 年中国国内生产总值(GDP)

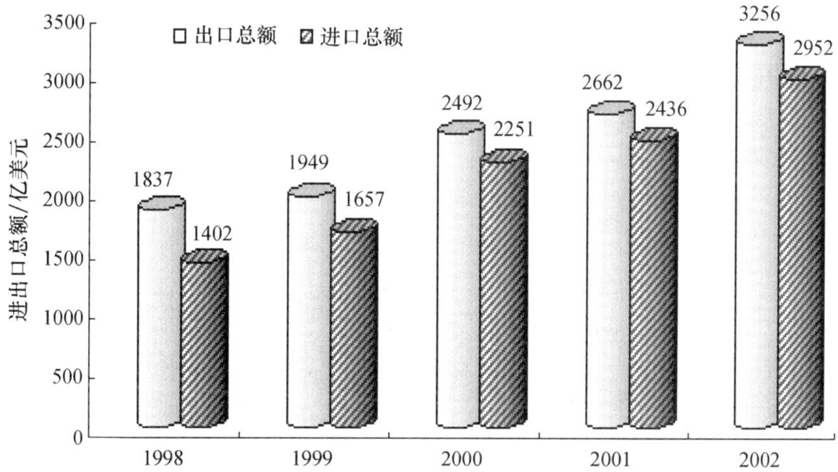

图 2.4.3　多重条形图

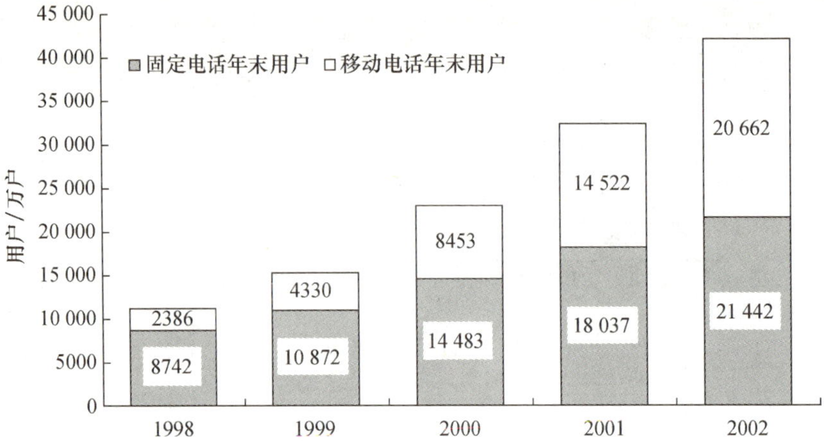

图 2.4.4 复合条形图

二、圆形结构图

圆形结构图(饼图,pie chart)能反映分组后每组成员占总成员的比重.从圆的中心出发的一条条线段把圆分割成一个个扇形,每个扇形表示一组成员数,扇形面积大小与组成员数成正比例,若该组成员数占总成员数的一半,则表示该组的扇形是个半圆;若该组成员数占总成员数的 25%,则表示该组的扇形是个四分之一圆等以此类推.

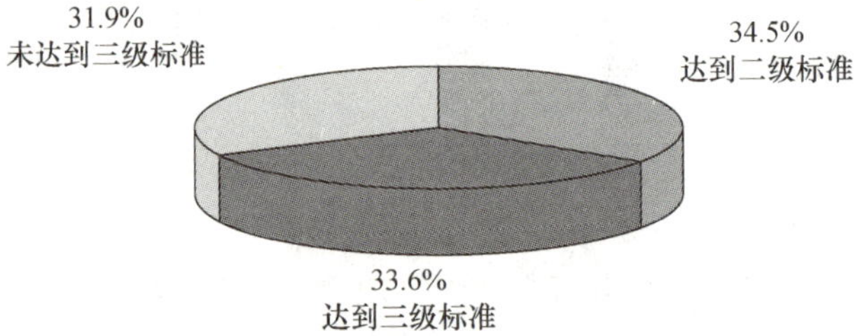

图 2.4.5 中国城市空气质量圆形结构图

三、象形图

如汽车产量指标用象形图(pictogram)表示.可以画一个汽车图形,图旁边标上汽车产量指标,如图 2.4.6 所示.

图 2.4.6 象形图

习　题　二

一、填空题

1. 常用的统计调查方法有________________________；

2. 常见的统计图有________________________；

3. 收集统计资料的工作过程称为________________________；

4. 在圆形结构图中，假定圆的面积为 6π，则表示占总现象 20% 的扇形面积为____.

二、从一个有 40 个学生的班级中随机抽 10 个学生，假设这 40 个学生已按 1,2,…,40 编号，试利用书后附录 3 随机数字表确定被选中的学生；若学生总数改为 200 人，应如何抽呢？

三、试叙述一二次自己曾经碰到的或听说的常用统计调查方法的应用实例.

四、某大学本科的一年级、二年级、三年级和四年级的人数（百人）依次是：5.5，6.2，4.5，3.8. 试绘制按年级分组的圆形结构图.

阅读资料1　大数据时代

当代“大数据”一词越来越多地被提及，人们用它来描述和定义信息爆炸时代产生的海量的数据.

大数据时代来临的报道已出现在一些世界著名媒体上，如纽约时报、华尔街日报、美国白宫官网等.《纽约时报》2012年2月的一篇专栏中称：“大数据时代已经降临，在商业、经济及其他领域中，决策将日益基于数据和分析，而并非基于经验和直觉.”哈佛大学社会学教授加里·金说：“这是一场革命，庞大的数据资源使得各个领域开始了量化进程，无论学术界、商界还是政府，所有领域都将开始这种进程.”大数据时代对人类的数据操控能力提出了新的挑战，也为人们获得更为深刻、全面的洞察能力提供了前所未有的空间与潜力.最早提出“大数据”时代到来的是全球著名咨询公司“麦肯锡”，麦肯锡称：“数据，已经渗透到当今每一个行业和业务职能领域，成为重要的生产因素.人们对于海量数据的挖掘和运用，预示着新一波生产率增长浪潮的到来.”“大数据”在物理学、生物学、环境生态学等领域以及军事、金融、通讯等行业存在已有时日，却因为近年来互联网和信息行业的迅猛发展而引起人们关注.

大数据到底有多大？一组名为“互联网上一天”的数据告诉我们，一天之中，互联网产生的全部内容可以刻满1.68亿张DVD盘；发出的邮件约有3000亿封之多.一项由著名的IBM的研究称，整个人类文明所获得的全部数据中，有90%是过去两年内产生的.而到了2020年，全世界所产生的数据规模将达到今天的44倍.

论述大数据的专著《大数据时代》已出版，它是一本国外大数据研究的先河之作.

作者为Viktor Mayer-Schönberger，现已出版中译本.该书的目录如下：

阅读资料 2　慧眼识数据

一、来自数据的启发

生活中由数据给出的结论有很多：如吸烟对健康是有害的，吸烟的男性会减少寿命 2250 天；不结婚的女性会减少寿命 1600 天，不结婚的男性会减少寿命 3500 天；身体超重 30%会使寿命减少 1300 天；每天摄取 500 mg 维生素 C，生命可延长 6 年；学生们在听了莫扎特的钢琴曲 10 分钟后的推理测试会比他们听 10 分钟娱乐磁带或其他曲目做得更好；上课坐在前三排的学生的平均考试分数比坐在最后三排的学生高. 在当今信息时代的日常生活中，我们会碰到越来越多的数据，这些数据常常能给我们一些有益的启示. 数据中隐藏着宝藏，等待着慧眼去发现.

注　上述结论应在平均、很可能、多半等意义下理解.

二、数据中隐藏着真相

众所周知，在战争中，知己知彼是克敌制胜的法宝. 在第二次世界大战中，两大集团打仗. 当时德国军队的豹式坦克属于一种较先进的坦克，若英国军队一方能掌握此类坦克的年产量，无疑对打败德军有重要参考价值. 英国情报部门估计年产量为 18000 辆. 为了方便管理，坦克出厂时是编了号的. 当时在战场上英方陆陆续续收集到了一批德国豹式坦克的编号. 然后用统计方法估计出其年产量，豹式坦克 1942 年的年产量为 3400 辆，比情报部门估计的低 5 倍多. 战后据调查得知，用统计方法估计所得结果与实际产量很接近. 所用的统计估计方法并不复杂，简单的应用样本均值估计总体均值就能得到有效的估计. 下面叙述这一简单方法.

假定此类坦克某年产量为 N 辆，其编号分别为：$1,2,\cdots,N$，并设收集到该年的坦克编号的样本均值为 $\bar{x}$. 则由样本均值估计总体均值，得

$$\bar{x}=\frac{1+2+\cdots+N}{N}=\frac{(1+N)N}{2N}=\frac{1+N}{2}.$$

所以该年坦克产量数的估计为：$N=2\bar{x}-1$.

三、数据中隐藏着规律

一百年以前，统计学家高尔登领导一个课题组研究一个项目：研究父母一代身高与子女一代身高的关系. 他们调查了几千户家庭，测得家庭成员的身高数据，然后应用统计方法进行分析. 他们在分析中发现一个很奇特的现象：高个子父母，其下一代身高有低于父母的趋势；而矮个子父母，其下一代身高有高于父母的趋势. 即其子女的身高有向平均值靠近的趋势，他们首创了回归分析的概念.

再细致地叙述一下这一规律：假设人的身高有一个中心（即人的平均身高）. 为说明方便，人的身高中心用 μ 表示. 他们发现，若父母的平均身高高于 μ，则其子女的身高就往往不超过父母的身高；若父母的平均身高低于 μ，则其子女的身高就往往超过父母的身高. 它表明大自然似乎有股力量在起作用，使人的身高在向中心作回归运动.

随着人类认识水平的提高，将会有更多类似的自然规律被揭示出来.

第三章　统计数据的特征分析

研究一个总体常见的目标之一是:了解总体的某些数量特征,即指标.本章将主要介绍如何计算或估计这些指标.

§3.1　总体分布的描述

3.1.1　分布的列表和图示

总体分布的较直观的描述有列表和图示两种形式.

数据的整理是统计分析研究的基础,对于未分组的数据,整理数据的最常用方法之一是编制其频数分布表或频率分布表.

第二章介绍了一些常见的统计图,而描述总体分布情况的最常用的图形有两种:频数分布直方图和频数分布曲线图.

一、频数分布直方图

频数分布直方图(frequency distribution histogram)是用一组矩形的组合图形来表示频数分布.画在坐标平面上,用横轴表示变量值,纵轴表示频数或频率,一个矩形代表一个组.设分为 k 组,记第 i 组的下限,上限,频数分别为 $l_i,u_i,n_i,i=1,2,\cdots,k$,则表示第 i 组矩形的四个顶点为:$(l_i,0)$,$(u_i,0)$,(l_i,n_i),(u_i,n_i).组的频数是指该组含有的个体数;组的频率是组成员占总成员的比率.

对于分组数据,可以用分布直方图表示数据在各组的分布情况.见下例.

例 3.1.1　用频数分布直方图表示表 3.1 给出的数据.

表 3.1　某班概率论考试频数分布表

分组,按成绩/分	频数/人	频率/(%)
50—60	2	6.7
60—70	6	20
70—80	8	26.7
80—90	10	33.3
90—100	4	13.3
合　计	30	100

若纵轴表示频数,则称此直方图为频数分布直方图;若纵轴表示频率,则称此直方图为频率分布直方图.此二种直方图的差别仅在于纵轴刻度单位的选择不同,而直方图形状相类似.见图 3.1.1.

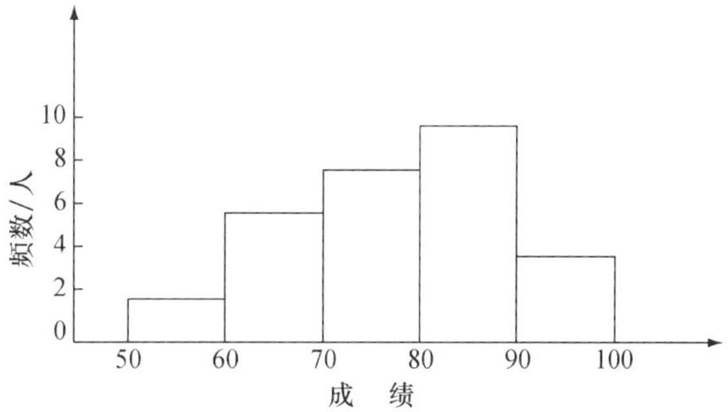

图 3.1.1　频数分布直方图

定义 3.1.1　每组的个体数，称为该组的**频数**，也称**次数**. 每组频数与总体单位数之比称为该组的频率或比率.

为讨论方便再引入一些名称：一个组的最小值称为**组下限**；一个组的最大值称为**组上限**；一个组的上限与下限的差，称为**组距**. 对上例 3.1.1，第一组的组上限是 60，组下限是 50，组距＝60－50＝10；第二组的组上限是 70，组下限是 60，组距也为 10；它的每一组的组距均为 10. 组距均相等的称为**等距分组**；组距不全相等的称为**不等距分组**.

编制频数分布表的一般步骤为：

a. 计算极差(也称全距)：R ＝最大值－最小值.

b. 计算组距：组距 d＝组上限－组下限.

不等距分组一般需要经验或专家的建议来确定如何分组，等距分组的组距等于极差除以组数. 作为一般性的原则，组数通常取 5～20 组，对容量较小的样本，通常可分 5 组或 6 组，容量为 100 左右的样本可分 7 到 10 组，容量为 200 左右的样本可分 9 到 13 组，容量为 300 左右及以上的样本可分为 20 组. 目标是希望有足够多的组以显示数据的差异性.

c. 确定组限：通常的做法是让每组的组限整齐(最好是 5 或 10 的倍数)，以保证美观性. 选 a(略小于或等于 $x_{(1)}$，$x_{(1)}$ 为数据中最小值)，并分组

$$[a,a+d),\quad [a+id,a+(i+1)d),\quad i=1,2,\cdots,k-1.$$

结果用表格形式给出即可. 下面举例说明.

例 3.1.2　某厂生产一种 25 W 的白炽灯泡，其光通量(流明)用 X 表示，从这批灯泡中抽取容量为 60 的样本，进行观察得光通量数据如下：

216 203 197 208 206 209 206 208 202 221 206 213 218 207 203 202 194 203 202 193 203
213 211 198 213 208 204 206 204 206 208 209 213 203 206 207 196 201 208 207 213 208
210 208 211 214 220 211 203 216 224 211 209 218 214 219 211 221 211 218

试编制频数分布表，并画频率分布直方图.

解　a. 计算极差：R＝最大值－最小值＝224－193＝31；

b. 计算组矩：d＝31÷7＝4.43≈5；

c. 确定组范围：[190,195)，[195,200)，[200,205)，[205,210)，[210,215)，[215,220)，[220,225]. 要保证最小观测值应分在第一组，最大观测值应分在最后一组. 统计出各组含有的数据个数. 见表 3.2 及图 3.1.2.

表 3.2 按光通量分组频数分布表

分组,按光通量	频数/个	频率/(%)
190—195	2	3.33
195—200	3	5
200—205	12	20
205—210	19	31.67
210—215	14	23.33
215—220	6	10
220—225	4	6.67
合 计	60	100

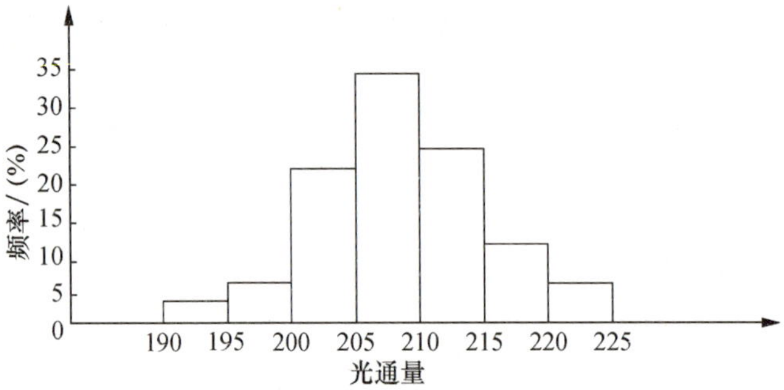

图 3.1.2 频率分布直方图

注 在实际分组时,还可以参照美国学者史特杰斯(H. A. Sturges)提出的经验公式来确定组数 K:

$$K = 1 + \frac{\lg n}{\lg 2} \approx 1 + 3.322\lg n,$$

其中 n 为数据的个数,对结果用四舍五入的办法取整数即为组数. 对于上例中的数据,有:

$$K = 1 + 3.322\lg 60 \approx 7,$$

即分为 7 组. 当然在实际应用时,可根据数据的特点及分析的要求,参考使用这一公式,灵活确定组数.

二、频数分布曲线图

用光滑曲线依次连接下面各个点:

$$\left(l_1 - \frac{组距}{2}, 0\right), \quad \left(\frac{l_i + u_i}{2}, n_i\right), \quad i = 1, \cdots, k, \quad \left(u_k + \frac{组距}{2}, 0\right),$$

得到频数分布曲线图(frequency distribution curve—line graph),其中 l_i, u_i, n_i 分别表示第 i 组的下限,上限,频数. 利用直方图画曲线图就容易了,见图 3.1.3.

若样本数据的直方图呈中间高两头低的对称形态,或曲线图呈中间高两头低对称的钟形形态,则可以认为总体服从正态分布. 正态分布是一种最常见的分布.

从上面频率分布直方图或曲线图看,光通量集服从正态分布.

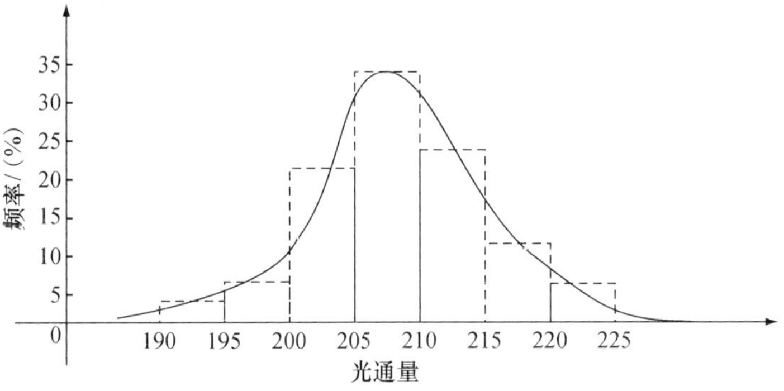

图 3.1.3 频率分布曲线图

§3.2 平均程度的描述

平均指标是描述总体集分布的集中趋势或数据的中间大小、平均程度、一般水平的测度,也是总体集的一个代表.常用的平均指标有算术平均数、中位数和众数等.

3.2.1 算术平均数

一、算术平均数(arithmetic mean)的基本形式

算术平均数=标志总量÷总体单位总量.

例 3.2.1 人均工资=工资总额÷职工总数;平均成绩=成绩总分÷学生总数.

二、简单算术平均数(simple arithmetic mean)

$$\mu = \frac{X_1 + X_2 + \cdots + X_N}{N},$$

式中 μ 表示算术平均数,N 表示总体单位数,X_i 表示标志值.

三、加权算术平均数(weighted arithmetic mean)

$$\mu = \frac{X_1 f_1 + X_2 f_2 + \cdots + X_k f_k}{f_1 + f_2 + \cdots + f_k} \xlongequal{\text{记为}} \frac{\sum Xf}{\sum f},$$

式中 k 表示组数,f_i 表示 X_i 出现的次数,其他字母的意义同上.

例 3.2.2 某种商品按每千克 1.50 元和 1.80 元分别售出 600 kg,300 kg,求平均价格.

解 平均价格$=\frac{(1.5\times600+1.8\times800)\text{元}}{(600+800)\text{kg}}\approx1.67$ 元/kg.

例 3.2.3 已知某单位职工工龄频数分布资料如下:

工龄 x/年	3	4	5	6	8	10	12	15
人数 f/人	50	5	6	3	15	10	5	4

计算该单位职工的平均工龄.

解 平均工龄$=\dfrac{(3\times50+4\times5+\cdots+15\times4)\text{年}}{50+5+\cdots+4}\approx5.7$年.

利用组距数列如何计算算术平均数呢？为计算还要引入组中值的概念.

定义 3.2.1 **组中值**=(上限+下限)÷2

定义 3.2.2 上、下限中缺一个的组叫**开口组**.缺上限的开口组的组中值=下限+相邻组组距÷2;缺下限的开口组的组中值=上限−相邻组组距÷2.

注 组距数列计算算术平均数应用组中值代替变量值,计算结果一般是个近似值.

例 3.2.4 已知某单位职工工资资料如下：

分组,按月工资/元	频数/人
1000 以下	7
1000—2000	10
2000—3000	20
3000—4000	8
4000 以上	5
合　计	50

试计算该单位职工的平均月工资.

解 先增加一个辅助列放组中值

分组,按月工资/元	频数/人	组中值 $X_{中}$
1000 以下	7	500
1000—2000	10	1500
2000—3000	20	2500
3000—4000	8	3500
4000 以上	5	4500
合　计	50	—

然后再用加权算术平均数公式计算,可得

$$\overline{X}=\frac{\sum X_{中}f}{\sum f}=\frac{(500\times7+1500\times10+\cdots+4500\times5)\text{元}}{(7+10+\cdots+5)\text{人}}=2380\text{元}/\text{人}.$$

权数的意义 加权算术平均数的大小不仅受到各组标志值 X 大小的影响,同时还要受各组次数 f 多少的影响.次数越大,其对应的标志值对算术平均数的影响就越大;次数越小,其对应的标志值对算术平均数的影响就越小.由于它对平均数的影响有权衡轻重的作用,所以称之为**权数**.

其实权数对算术平均数的影响作用,并不取决于权数本身绝对数量的大小,而取决于作为权数的各组单位数占总体单位数的比重大小,即各组次数占总次数的比重大小：

$$\mu=\frac{\sum Xf}{\sum f}=\sum X\cdot\frac{f}{\sum f},$$

式中 $\dfrac{f}{\sum f}$ 表示各组次数占总次数的比重.

如果各组次数相等,加权算术平均数就化为简单算术平均数形式,即 $f_1=f_2=\cdots=f_k=h$,则

$$\mu=\frac{\sum Xf}{\sum f}=\frac{h\sum X}{hk}=\frac{\sum X}{k}.$$

3.2.2　中位数

定义 3.2.3　大小处在正中间的标志值称为**中位数**(median),记为 M_e.

将数据从小到大排序,若项数为奇数,则取中间的一项;若项数为偶数,则取中间两项的平均.

设数据为 $X_1,X_2,\cdots,X_N$,把它们从小到大排队,得 $X_{(1)}\leqslant X_{(2)}\leqslant\cdots\leqslant X_{(N)}$,则这批数据的中位数的计算式为

$$M_e=\begin{cases}\dfrac{X_{(k)}+X_{(k+1)}}{2}, & N=2k,\\ X_{(k+1)}, & N=2k+1.\end{cases}$$

例 3.2.5　某班 6 名学生的统计学考试成绩(单位:分)分别是 75,81,53,61,49,66,求他们考试成绩的中位数.

解　先把数据从小到大排队,得

49, 53, 61, 66, 75, 81,

其中 61,66 位于正中间,所以 $M_e=(61+66)/2=63.5$.

例 3.2.6　若上例中增加一个成绩,7 名学生的统计学考试成绩分别是 75,81,53,61,49,66,95,求他们考试成绩的中位数.

解　先把数据从小到大排队,得

49,53,61,66,75,81,95,

其中 66 位于正中间,所以 $M_e=66$.

注　中位数有不受极端值影响的特点.

3.2.3　众数

定义 3.2.4　次数出现最多的标志值称为**众数**(mode),记为 M_o.

例 3.2.7　求前例 3.2.3 单位职工工龄的众数.

解　因为工龄 3 年对应的职工人数最多,所以该单位职工工龄的众数是 3 年.

注　众数不受极端值的影响.

有了上述平均指标,可以应用它们描述具有非对称分布的总体集.相对于对称分布,偏态有两种:一种是左向偏态,简称左偏;另一种是右向偏态,简称右偏.具体如下图 3.2.1所示:

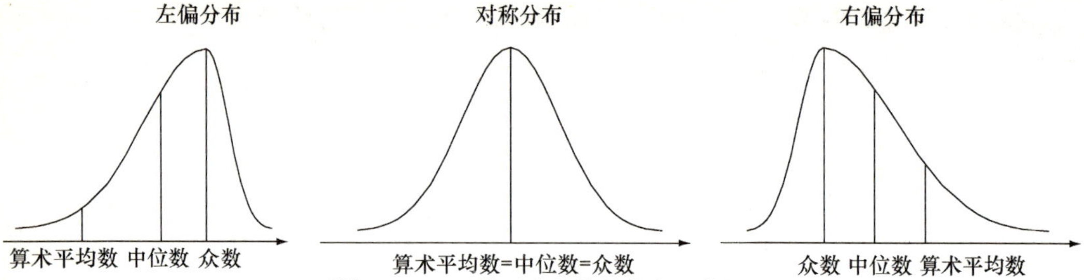

图 3.2.1 三种形式的统计分布示意图

可以看出，对于单峰的分布，在对称、左偏、右偏的情况下，算术平均数、中位数、众数的位置关系如下：

$$对称：\mu=M_e=M_o；$$
$$左偏：\mu<M_e<M_o；$$
$$右偏：\mu>M_e>M_o.$$

通常，右偏又称为正偏，左偏被称为负偏. 测定统计分布偏态方向的较简单的方法是利用算术平均数与位置平均数的关系来进行，简述如下：在对称分布下，算术平均数与中位数、众数三者合而为一，即 $\mu=M_e=M_o$；而在非对称分布下，算术平均数与中位数和众数发生分离. 其中中位数位居中间，算术平均数和众数分居两边，当 $\mu<M_e$ 时为负偏；当 $\mu>M_e$时为正偏.

3.2.4 与时间有关数据的平均

一、时间序列

定义 3.2.5 按时间次序排列的数据序列称为**时间序列**，也称**动态数列**或**时间数列**(time series).

例 3.2.8 下表 3.3 是一个时间数列.

表 3.3 1990—1994 年中国社会商品零售总额资料

年 份	1990	1991	1992	1993	1994
社会商品零售总额/亿元	8300	9416	10894	12237	16000

时间数列有二要素：(1) 现象所属时间； (2) 现象在各个时间的指标数值.

若指标为数量指标时，又可以细分为时期指标和时点指标两类. 对应的时间数列分别叫时期数列与时点数列. 时期指标与时点指标的主要区别：

(1) 是否具有可加性——时期指标具有可加性，而时点指标不具有可加性.

(2) 时间间隔长短——时期指标随着时期扩大，一般指标值也增大. 时点指标随着时期扩大，指标值的增减性不定.

(3) 一个累计得到，一个按期登记得到——时期指标值一般累计得到，而时点指标一般按期登记得到.

最常见的时点指标有：职工数、学生数，仓库的库存量，银行的存、贷款余额等.

定义 3.2.6　时间数列中各项指标数值也称**发展水平**.

根据发展水平在时间数列中所处的位置,通常称第 1 个指标值为最初水平;最后 1 个指标值为最末水平;其余各个指标值为中间水平; 被考察时期的指标值称为报告期水平; 被用来作参照时期的指标值称为基期水平.

设各指标值依次为 $a_0,a_1,\cdots,a_n$,其中 a_0 为最初水平; a_n 为最末水平; $a_1,a_2,\cdots,a_{n-1}$为中间水平.

二、平均发展水平

定义 3.2.7　将不同时期的发展水平加以平均得到的平均数叫**平均发展水平**(average development level),也称**序时平均数**或**动态平均数**.

1. 时期数列计算平均发展水平

$$\bar{a}=\frac{\sum_{i=1}^{n}a_i}{n}\overset{\text{记为}}{=\!=}\frac{\sum a}{n},$$

其中,a_i 表示第 i 期水平,n 表示时间数列项数.

例 3.2.9　某商场 2009 年下半年各月商品销售额如下表:

月　份	7 月	8 月	9 月	10 月	11 月	12 月
商品销售收入/万元	60	66	70	72	74	78

计算该商场 2009 年下半年的月平均销售额.

解　$$\bar{a}=\frac{\sum_{i=1}^{6}a_i}{6}=\frac{(60+66+70+72+74+78)\text{ 万元}}{6}=70\text{ 万元}.$$

2. 时点数列计算平均发展水平

(1) 连续时点数列(时间以日为单位,有现象逐日的统计资料时)

计算公式:　$$\bar{a}=\frac{\sum_{i=1}^{n}a_i}{n}\overset{\text{记为}}{=\!=}\frac{\sum a}{n}.$$

例 3.2.10　某工厂 7 月份的职工人数自 7 月 1 日至 7 月 10 日为 258 人,7 月 11 日起至 7 月 31 日均为 279 人,求该工厂 7 月份的平均职工人数.

解　$$\bar{a}=\frac{(10\times258+21\times279)\text{人}}{10+21}=272\text{ 人}.$$

(2) 间断时点数列

a. 等间隔间断时点数列

计算公式:　$$\bar{a}=\frac{\frac{a_1}{2}+a_2+\cdots+a_{n-1}+\frac{a_n}{2}}{n-1}.$$

运用这种方法计算序时平均数带有一定的假设,即假定现象在各时点间的变动是均匀的. 因此若时间间隔越大,则其准确程度也就越差.

例 3.2.11　某单位某年第一季度职工人数资料如下表:

日　期	1月1日	2月1日	3月1日	4月1日
职工人数/人	240	270	280	280

试求该单位这一年第一季度平均职工人数.

解　第一季度平均职工人数为

$$\bar{a}=\frac{\left(\frac{240}{2}+270+280+\frac{280}{2}\right)\text{人}}{4-1}=270\ \text{人}.$$

b. 不等间隔间断时点数列

计算公式：
$$\bar{a}=\frac{\frac{a_1+a_2}{2}f_1+\frac{a_2+a_3}{2}f_2+\cdots+\frac{a_{n-1}+a_n}{2}f_{n-1}}{f_1+f_2+\cdots+f_{n-1}},$$

其中，f_i 表示时间间隔长度.

例 3.2.12　某单位某年职工人数资料如下表：

日　期	上年12月31日	2月28日	5月31日	9月30日	12月31日
职工人数/人	743	812	864	826	848

试求该单位这一年平均职工人数.

解　这一年平均职工人数为

$$\bar{a}=\frac{\left(\frac{743+812}{2}\times 2+\frac{812+864}{2}\times 3+\frac{864+826}{2}\times 4+\frac{826+848}{2}\times 3\right)\text{人}}{2+3+4+3}=830\ \text{人}.$$

例 3.2.13　某工厂历年利润总额及职工人数资料如下表：

	2003年	2004年	2005年	2006年	2007年
利润总额/万元	402	440	614	710	804
年末职工人数/人	100	104	107	110	114

试计算：(1) 2003—2007年平均每年的利润总额；

(2) 2004—2007年该厂的平均职工人数.

解　(1) 利润是时期指标，则有

$$\bar{a}=\frac{\sum_{i=1}^{5}a_i}{5}=\frac{(402+440+614+710+804)\ \text{万元}}{5}=594\ \text{万元},$$

所以2003—2007年平均每年的利润总额为594万元.

(2) 职工人数是时点指标，时间间隔为等间隔间断型，则有

$$\bar{b}=\frac{\frac{b_1}{2}+b_2+b_3+b_4+\frac{b_5}{2}}{5-1}=\frac{\left(\frac{100}{2}+104+107+110+\frac{114}{2}\right)\text{人}}{4}=107\ \text{人},$$

所以2004—2007年该厂的平均职工人数为107人.

例 3.2.14　某单位7月份的职工人数7月1日为25人，7月13日为28人，7月31

为 30 人,求该单位 7 月份的平均职工人数.

解 该单位 7 月份的平均职工人数,则有

$$\bar{a}=\frac{[25+11\times(25+28)\div 2+28+17\times(28+30)\div 2+30]\text{人}}{31}=27.9838\text{ 人}\approx 28\text{ 人}.$$

§3.3 分散程度的描述

3.3.1 级差和四分位差

一、极差

极差(range,用 R 表示)又称**全距**,是指总体各单位标志值中最大值与最小值之差,表明标志值的变动幅度和范围.用公式表示:R=最大值−最小值.

二、四分位差

先把数据从小到大排队,排在第 1/4 位置和第 3/4 位置上的数称为**四分位数**,分别记为 Q_1 和 Q_2,四分位差(quartile deviation)$=Q_2-Q_1$.若数据的个数为 n,则 Q_1 是排在 $(n+1)/4$ 位置上的对应的数,Q_2 是排在 $3(n+1)/4$ 位置上的对应的数.它表示大小处在中间一半数目的标志值的变动幅度和范围.

例 3.3.1 设某单位 10 名职工的月收入(千元)分别为:

$$2,\ 8,\ 3,\ 6,\ 7,\ 4,\ 5,\ 5,\ 20,\ 10.$$

求该单位这 10 名职工月收入的极差和四分位差.

解 排队,得

$$2,\ 3,\ 4,\ 5,\ 5,\ 6,\ 7,\ 8,\ 10,\ 20.$$

月收入的极差=(20−2)万元=1.8 万元;

四分位数位置为:11/4=2.75, 11/4×3=8.25;

下四分位数 $Q_1=3+\frac{4-3}{4}\times 3=3.75$, 上四分位数 $Q_2=8+\frac{10-8}{4}\times 1=8.5$;

所以月收入的四分位差$=Q_2-Q_1=(8.5-3.75)$万元=4.75 万元.

3.3.2 方差和标准差

一、方差

定义 3.3.1 总体集的**方差**(variance)定义为两种形式:

(1) 简单形式

$$\sigma^2=\frac{(X_1-\mu)^2+(X_2-\mu)^2+\cdots+(X_N-\mu)^2}{N},$$

式中,μ 表示算术平均数,N 表示总体单位数,X_i 表示标志值.

(2) 加权形式

$$\sigma^2=\frac{(X_1-\mu)^2 f_1+(X_2-\mu)^2 f_2+\cdots+(X_k-\mu)^2 f_k}{f_1+f_2+\cdots+f_k},$$

式中,k 表示组数,f_i 表示 X_i 出现的次数,其他字母的意义同前.

上述方差计算公式可统一写成

$$\sigma^2 = \mu_{X^2} - \mu_X^2,$$

其中 $\mu_X = \dfrac{X_1 + X_2 + \cdots + X_N}{N}$ 或 $\mu_X = \dfrac{X_1 f_1 + X_2 f_2 + \cdots + X_k f_k}{f_1 + f_2 + \cdots + f_k}$,

$$\mu_{X^2} = \frac{X_1^2 + X_2^2 + \cdots + X_N^2}{N} \quad 或 \quad \mu_{X^2} = \frac{X_1^2 f_1 + X_2^2 f_2 + \cdots + X_k^2 f_k}{f_1 + f_2 + \cdots + f_k}.$$

方差有一个缺陷,即它的计量单位是原数据计量单位的平方,为克服这一缺陷引入下面一个变异指标标准差.

二、标准差

定义 3.3.2 **标准差**(standard deviation)$\sigma = \sqrt{\sigma^2}$,即标准差是方差的算术平方根.

标准差的计量单位与原来的相同,但标准差也存在缺陷.在实际问题中有时需要比较性质不同的两批数据的均匀程度,而它们的计量单位不同,无法比较大小,这时应用方差或标准差来比较就失效了.另外还有一个缺陷,下面举例加以说明.

设有两批数据:

$$数据\ A:99,100,101;\quad 数据\ B:0.1,0.4,0.8.$$

这两批数据哪一批更加均匀整齐呢?先从直观上分析:从绝对数量来看,数据 A 的差异略大了些;但从相对角度来看,数据 B 的差异要大得多,因此综合来看,应认为数据 A 比数据 B 均匀整齐.再计算一下这两批数据的方差就会发现缺陷了.

数据 A 的算术平均数为:$\mu_A = \dfrac{99+100+101}{3} = 100$;

数据 A 的方差为:$\sigma_A^2 = \dfrac{(99-100)^2 + (100-100)^2 + (101-100)^2}{3} \approx 0.67$;

数据 B 的算术平均数为:$\mu_B = \dfrac{0.1+0.3+0.8}{3} = 0.8$;

数据 B 的方差为:$\sigma_B^2 = \dfrac{(0.1-0.4)^2 + (0.3-0.4)^2 + (0.8-0.4)^2}{3} \approx 0.09$.

数据 A 的方差比数据 B 的方差大得多,问题出在哪里呢?原因是这两批数据的大小水平差异太大.下面介绍的变异指标能弥补这些缺陷.

3.3.3 变异系数

定义 3.3.3 我们把标准差与算术平均数的比值叫做**变异系数**(coefficient of variation),也称**变差系数**,用 C_v 表示,即

$$C_v = \frac{\sigma}{\mu}.$$

变异系数能克服上述方差、标准差的缺陷.可以说它是度量数据的分散程度较精细的指标.

例 3.3.2 已知某班概率论考试频数分布表

分组,按成绩/分	频数/(%)
60 以下	2
60—70	6
70—80	8
80—90	10
90—100	4
合　计	30

试计算该班考试成绩的算术平均数,方差,标准差及变异系数.

解　该班考试成绩的情况为

算术平均数　$\mu=\dfrac{(55\times2+65\times6+75\times8+85\times10+95\times4)\text{分}}{30}=77.67\text{ 分}.$

方差　$\sigma^2=\dfrac{[(55-77.67)^2\times2+(65-77.67)^2\times6+\cdots+(95-77.67)^2\times4]\text{分}^2}{30}=126.22\text{ 分}^2,$

标准差　$\sigma=\sqrt{126.22\text{ 分}^2}=11.23\text{ 分},$

变异系数　$C_v=\dfrac{11.23}{77.67}=0.14.$

§3.4　结构特征的描述

3.4.1　相对指标的概念

一、总量指标

总量指标(total amount index)也称**绝对指标**,它就是前述的数量指标:反映一定条件下某一社会、经济现象的规模或水平大小的指标.

二、相对指标

相对指标也称统计相对数.

定义 3.4.1　两个有联系统计指标的比值叫做**相对指标**(relative index).

相对指标的作用为:

(1) 能清楚地表示现象间的数量对比关系;

(2) 能使原来不能直接相比较的数量指标具有可比性.有时直接用总量指标比较无意义,而用相对指标比较就有意义了.

三、几种常用的相对指标

常用的有五种:计划完成相对数,结构相对数,比较相对数,强度相对数,动态相对数.

(1) 计划完成相对数=本期实际完成数/本期计划完成数.

例 3.4.1　某企业计划规定劳动生产率比上年提高 5%,成本比上年降低 1%,实际执行结果,分别提高了 7%和降低了 1.5%,分别求劳动生产率和成本计划完成相对数.

解　劳动生产率计划完成相对数$=\dfrac{1\times(1+7\%)}{1\times(1+5\%)}=1.02,$

超额完成计划$=1.02-1=2\%;$

成本计划完成相对数$=\frac{1\times(1-1.5\%)}{1\times(1-1\%)}=0.99$,超额完成计划$=1-0.99=1\%$.

(2) 比较相对数=某一现象数值÷同期另一同类现象数值.

如2008年上海人均GDP为73124元,排名全国第一(港、澳、台不算),而贵州人均GDP为8824元,排名全国倒数第一.上海人均GDP∶贵州人均GDP=73124∶8824≈8.29(倍),可见我国的经济发展还不平衡,加快发展西部经济有着重要意义.

注 最常见的是两个国家或两个地区的同类指标之比.

(3) 强度相对数=某一现象数值÷另一有联系现象数值.

例3.4.2 某市人口为100万人,有银行储蓄所及其业务代办机构200个,计算储蓄网点密度.

解 储蓄网点密度=200个/100万人=2个/万人,

或储蓄网点密度= 100万人/200个=5000人/个.

强度相对数有正指标与逆指标之分.若强度相对数随着网点数增加密度也增加的称为正指标;反之随着网点数增加时密度却减少的称为逆指标.上例中储蓄网点密度2个/万人为正指标,而5000人/个为逆指标.

(4) 动态相对数=报告期数值÷基期数值,动态相对数也称为**发展速度**.

其中报告期——被考察的时期;基期——用来做参照的时期.动态相对数后面再作更多介绍,另一个结构相对指标在下面介绍.

3.4.2 结构相对指标

定义3.4.2 **结构相对数**(structural relative index)=总体中某一组数值÷总体总数值.

结构相对数中最常见的情形为,一组个体数与所有个体数之比,也称为**总体比率**,记为p.如一批产品有10000件,其中合格品有9000件,其他均为不合格品,则这批产品的合格率$p=9000/10000=90\%$,不合格率10%,合格率和不合格率就是两个结构相对数;又比如一个40人的班级的统计学考试有8人成绩在90分以上,则此班级统计学考试的优秀率$p=8/40=20\%$是一个结构相对数.诸如此类的指标有很多,如民意测验的满意率、参加保险的投保率、失业率、收视率、出勤率等,它们都是结构相对数.

§3.5 总体分布特征的估计

3.5.1 样本指标

样本中含有我们感兴趣的信息,如何进行加工提取这些信息,为研究的问题服务,本节要介绍这方面内容.

一、简单随机样本

把所研究总体看做为一个数集时,从总体中抽样得到的是一些数据.来自总体X的样本可记为$X_1,X_2,\cdots,X_n$.类似的,来自总体(X,Y)的样本可记为$(X_1,Y_1),(X_2,Y_2)$,

$\cdots,(X_n,Y_n)$. 样本的取值称为样本观察值,记为 $x_1,x_2,\cdots,x_n$.

定义 3.5.1 称样本观察值全体组成**样本集**.

为解决问题的需要,通常还要求样本满足下面两个条件:

(1) 代表性好.

抽样时应按等可能性原则选择个体,即每个个体被选中是等可能的.

(2) 具有独立性.

抽样时先后抽到的结果互不影响,采用放回抽样时满足这一条件;采用不放回抽样时不满足这一条件,但总体规模很大时,可认为这一条件近似满足.

满足这两个条件的样本称为**简单随机样本**(simple random sample). 后面不特别说明,提到的样本均指简单随机样本.

二、统计量

研究一个总体首先要获得关于这个总体的信息,通过抽样得到样本,样本中含有总体的有用信息,接下去的工作是对样本进行加工把感兴趣的信息提炼出来,构造统计量的作用就是如此.

定义 3.5.2 样本的不含任何未知参数的函数称为**统计量**(statistic),也叫**样本指标**.

设样本为 $X_1,X_2,\cdots,X_n$,统计量为 $g(X_1,X_2,\cdots,X_n)$;当样本观察值取 $x_1,x_2,\cdots,x_n$ 时,函数值 $g(x_1,x_2,\cdots,x_n)$ 称为统计量的观察值.

每抽一个样本,取得一个样本集,可以算出统计量的一个值,取遍所有可能样本集可以得该统计量的取值范围.

常见的统计量有样本平均数(也称样本均值),样本方差,样本标准差,样本比率,样本中位数等.

设样本为:$X_1,X_2,\cdots,X_n$,则

样本平均数为: $\overline{X}=\dfrac{X_1+X_2+\cdots+X_n}{n}$,

样本方差为: $S^2=\dfrac{(X_1-\overline{X})^2+(X_2-\overline{X})^2+\cdots+(X_n-\overline{X})^2}{n-1}$,

样本标准差为: $S=\sqrt{\dfrac{(X_1-\overline{X})^2+(X_2-\overline{X})^2+\cdots+(X_n-\overline{X})^2}{n-1}}$.

另设样本观察值 $x_1,x_2,\cdots,x_n$,从小到大排队,得

$$x_{(1)}\leqslant x_{(2)}\leqslant\cdots\leqslant x_{(n)},$$

则样本中位数定义为

$$\begin{cases} x_{(k+1)}, & n=2k+1, \\ \dfrac{x_{(k)}+x_{(k+1)}}{2}, & n=2k. \end{cases}$$

样本比率定义为:样本中具有某属性的个体数与样本容量之比,记为 $\hat{p}$.

如样本民意测验的满意率,即样本中满意的人数所占的比例;样本合格率,即样本中合格品数所占的比例;样本投保率,样本失业率,样本收视率,样本出勤率均是样本比率.

定义 3.5.3 统计量的取值全体组成统计量集. 统计量集的均值称为统计量的**均值**,

统计量集的方差称为统计量的**方差**,而统计量集的标准差称为统计量的**标准差**.

注 统计量的其他指标可以以此类推.统计量 T 的均值、方差和标准差可以依次记为:μ_T、σ_T^2 和 σ_T,其计算可仿照对应总体指标类似计算.

设总体集为{1,3,5,8},从中抽取一个容量为 2 的样本,所有可能的样本集为{1,1},{3,3},{5,5},{8,8},{1,3},{3,1},{1,5},{5,1}{1,8},{8,1}{3,5},{5,3},{3,8},{8,3},{5,8},{8,5}.

取统计量为样本平均数 $\overline{X}=\frac{X_1+X_2}{2}$,此统计量集为

$$\{1,3,5,8,2,2,3,3,4.5,4.5,4,4,5.5,5.5,6.5,6.5\},$$

则

$\overline{X}$ 的均值为:$\mu_{\overline{X}}=\frac{1+3+\cdots+6.5}{16}=4.25$;

$\overline{X}$ 的方差为:$\sigma_{\overline{X}}^2=\frac{1^2+3^2+\cdots+6.5^2}{16}-\left(\frac{1+3+\cdots+6.5}{16}\right)^2\approx 3.34$;

$\overline{X}$ 的标准差为:$\sigma_{\overline{X}}=\sqrt{3.34}\approx 1.83$.

3.5.2 样本分布

样本分布(sample distribution)指样本集的分布,它的确定与总体集的分布完全类似.也可用样本频数分布表、样本直方图、曲线图表示.当总体分布未知时,可以用样本分布近似描述,当样本分布对称时,可以认为总体分布也对称.当样本服从正态分布时,可以认为总体服从正态分布.样本是总体的一个代表,用样本分布估计总体分布具有合理性,理论上可以说明当样本容量较大时,估计效果是不错的.

3.5.3 总体平均数的估计

平均指标是统计中一类受关注的指标,比如常见的有:平均工资,平均成绩,平均价格等.当总体平均指标未知时,通常用样本平均指标进行估计.下面介绍总体平均数的估计(estimation of population mean).为讨论方便通常在总体指标的字母上加"ˆ"表示它的估计,如总体平均数 μ 的估计记为 $\hat{\mu}$,总体比率 p 的估计记为 $\hat{p}$ 等.

一、点估计

设样本为:$X_1,X_2,\cdots,X_n$,我们常用样本平均数 $\overline{X}$ 估计总体平均数 μ.即

$$\hat{\mu}=\overline{X}=\frac{X_1+X_2+\cdots+X_n}{n}.$$

注 当总体分布对称,且样本中含有异常值,样本容量也不大时,也可以用样本中位数估计总体平均数 μ.

二、区间估计

前面介绍了总体平均数 μ 的点估计,点估计有一个缺陷,对于一次估计无法度量误差有多大.总体平均数 μ 的另一种常用的估计方法是区间估计,它是把总体平均数 μ 估计在一个范围内,并附有一个概率保证程度.先介绍一般的区间估计概念.

定义 3.5.4　设 T_1, T_2 是两个统计量，θ 是总体指标，若对于给定的 $1-\alpha(0<\alpha<1)$，有

$$P(T_1 \leqslant \theta \leqslant T_2) = 1-\alpha,$$

则称 $[T_1, T_2]$ 是 θ 的置信水平为 $1-\alpha$ 的**区间估计**(interval estimation)或**置信区间**.

区间估计的实际含义是：抽取一个样本后，T_1, T_2 可以通过样本观察值计算得到，设 $[T_1, T_2]=[2.5, 6.8]$；再抽一个样本后又可以计算得到 $[T_1, T_2]=[3.2, 5.9]$；如此重复抽取 N 个样本，从而得到 N 个区间，其中含有 θ 的个数约为 $(1-\alpha)N$，$1-\alpha$ 能反映构造的区间包含 θ 的把握程度.

总体平均数 μ 的置信水平为 $1-\alpha$ 的近似区间估计公式：

$$\left[\overline{X}-Z_{1-\frac{\alpha}{2}}\frac{S}{\sqrt{n}},\ \overline{X}+Z_{1-\frac{\alpha}{2}}\frac{S}{\sqrt{n}}\right],$$

式中，$\overline{X}$ 表示样本平均数，S 表示样本标准差，$Z_{1-\frac{\alpha}{2}}$ 由下式计算：

$$Z_{1-\alpha}=0.8164+0.0055\cot(\pi\alpha)-0.1628\sqrt{\cot(\pi\alpha)}+0.6517\ln\cot(\pi\alpha), 0\leqslant\alpha\leqslant 0.2.$$

α 通常接近于 0 或 1，当接近于 1 时，可用性质 $Z_\alpha=-Z_{1-\alpha}$ 计算. 推导略.

例 3.5.1　对某旅行社随机访问了 25 名旅游者，得知平均消费额 $\overline{X}=800$ 元，样本标准差 $S=120$ 元，求该地旅游者平均消费额 μ 的置信水平为 0.95 的置信区间.

解　$1-\alpha=0.95$，$\alpha=0.05$，$1-\dfrac{\alpha}{2}=0.975$，用公式计算得

$$\begin{aligned}Z_{1-\frac{\alpha}{2}} = Z_{1-0.025} &= 0.8164+0.0055\cot(\pi\times 0.025)\\ &\quad -0.1628\sqrt{\cot(\pi\times 0.025)}\\ &\quad +0.6517\ln\cot(\pi\times 0.025) = 1.96,\end{aligned}$$

$$\overline{X}-Z_{1-\frac{\alpha}{2}}\frac{S}{\sqrt{n}} = \left(800-1.96\times\frac{120}{\sqrt{25}}\right)\text{元} \approx 753.0\text{ 元},$$

$$\overline{X}+Z_{1-\frac{\alpha}{2}}\frac{S}{\sqrt{n}} = \left(800+1.96\times\frac{120}{\sqrt{25}}\right)\text{元} \approx 847.0\text{ 元}.$$

故平均消费额 μ 的置信度为 0.95 的置信区间为 $[753.0, 847.0]$.

例 3.5.2　从一批零件中，抽取 9 个零件，测得其直径(mm)分别为

19.7，20.1，19.8，19.9，20.2，20.0，19.9，20.2，20.3.

求这批零件直径的均值 μ 对应于置信水平为 0.90 的置信区间.

解　直接计算得 $\overline{X}=20.01$(mm)，$S=0.20$，置信水平 $1-\alpha=0.90$，则 $\alpha=0.1$. 计算得

$$\begin{aligned}Z_{1-\alpha/2} = Z_{1-0.05} &= 0.8164+0.0055\cot(\pi\times 0.05)\\ &\quad -0.1628\sqrt{\cot(\pi\times 0.05)}\\ &\quad +0.6517\ln\cot(\pi\times 0.05) = 1.643,\end{aligned}$$

$$\overline{X}-Z_{1-\frac{\alpha}{2}}\frac{S}{\sqrt{n}} = \left(20.01-1.643\times\frac{0.20}{\sqrt{9}}\right)\text{mm} = 19.90\text{ mm},$$

$$\overline{X}+Z_{1-\frac{\alpha}{2}}\frac{S}{\sqrt{n}} = \left(20.01+1.643\times\frac{0.20}{\sqrt{9}}\right)\text{mm} = 20.12\text{ mm}.$$

故 μ 的区间估计为[19.90，20.12].

3.5.4 总体比率的估计

总体比率(population ratio)也是一类常见指标.

一、点估计

当总体比率未知时，通常用样本比率进行估计. 如要估计一批产品的废品率，抽取其中 50 件，检查后知有 5 件是废品，则这批产品的废品率 $\hat{p}=\frac{5}{50}=10\%$；再比如要估计一次全国性英语考试的及格率，抽取其中 1000 份试卷，统计得其中 680 份成绩及格，则这次考试的及格率估计为 $\hat{p}=\frac{680}{1000}=68\%$.

二、区间估计

定理 3.5.1 总体比率 p 的置信水平为 $1-\alpha$ 的近似区间估计为：

$$\left[\hat{p}-Z_{1-\frac{\alpha}{2}}\frac{\sqrt{\hat{p}(1-\hat{p})}}{\sqrt{n}},\ \hat{p}+Z_{1-\frac{\alpha}{2}}\frac{\sqrt{\hat{p}(1-\hat{p})}}{\sqrt{n}}\right],\quad n\geqslant 30.$$

当样本容量不小于 30 时，应用此结果效果不错；当样本容量小于 30 时，可用下面结果效果更好. 总体比率 p 的置信水平为 $1-\alpha$ 的近似区间估计为：

$$\left[\frac{2n\hat{p}+a^2-\sqrt{a^4+4n\hat{p}a^2-4n\hat{p}^2a^2}}{2(n+a^2)},\ \frac{2n\hat{p}+a^2+\sqrt{a^4+4n\hat{p}a^2-4n\hat{p}^2a^2}}{2(n+a^2)}\right],$$

其中，$a=Z_{1-\frac{\alpha}{2}}$（n 不限）.

推导略.

例 3.5.3 研究某高校英语六级考试的及格率，随机抽查了 40 份考卷统计得其中 32 份成绩及格，试求所有考生及格率的置信水平为 95%的区间估计.

解 样本容量 $n=40>30$，$\hat{p}=\frac{32}{40}=0.80$，由例 3.5.1 知，$Z_{1-\frac{\alpha}{2}}=1.96$，且

$$\hat{p}-Z_{1-\frac{\alpha}{2}}\frac{\sqrt{\hat{p}(1-\hat{p})}}{\sqrt{n}}=0.8-1.96\times\frac{\sqrt{0.8\times(1-0.8)}}{\sqrt{40}}=67.60\%,$$

$$\hat{p}+Z_{1-\frac{\alpha}{2}}\frac{\sqrt{\hat{p}(1-\hat{p})}}{\sqrt{n}}=0.8+1.96\times\frac{\sqrt{0.8\times(1-0.8)}}{\sqrt{40}}=92.40\%.$$

故所有考生及格率的区间估计为[67.60%，92.40%].

若用另一公式计算，则

$$\begin{aligned}a^4+4n\hat{p}a^2-4n\hat{p}^2a^2&=1.96^4+4\times40\times0.8\times1.96^2-4\times40\times0.8^2\times1.96^2\\&=113.1029.\end{aligned}$$

$$2n\hat{p}+a^2=2\times40\times0.8+1.96^2=67.8416,$$
$$2(n+a^2)=2\times(40+1.96^2)=87.6832.$$

由此，

$$\frac{2n\hat{p}+a^2-\sqrt{a^4+4n\hat{p}a^2-4n\hat{p}^2a^2}}{2(n+a^2)}=\frac{67.8416-\sqrt{113.1029}}{87.6832}=65.24\%,$$

$$\frac{2n\hat{p}+a^2+\sqrt{a^4+4n\hat{p}a^2-4n\hat{p}^2a^2}}{2(n+a^2)}=\frac{67.8416+\sqrt{113.1029}}{87.6832}=89.50\%.$$

于是,所有考生及格率的区间估计为[65.24%, 89.50%].

例 3.5.4　某城市的市领导想要估计该市 2005 年度全部下岗职工中女性所占的比例,随机地抽取了 100 名下岗职工,其中 65 人为女性职工. 试以 95%的置信水平估计该城市下岗职工中女性比例的区间估计.

解　已知 $n=100,\hat{p}=0.65,1-\alpha=0.95$, $z_{1-\frac{\alpha}{2}}=z_{1-0.025}=1.96$.

$$\hat{p}-z_{1-\frac{\alpha}{2}}\sqrt{\frac{\hat{p}(1-\hat{p})}{n}}=0.65-1.96\times\sqrt{\frac{0.65\times(1-0.65)}{100}}=0.5565=55.65\%,$$

$$\hat{p}+z_{1-\frac{\alpha}{2}}\sqrt{\frac{\hat{p}(1-\hat{p})}{n}}=0.65+1.96\times\sqrt{\frac{0.65\times(1-0.65)}{100}}=0.7435=74.35\%.$$

所以,该城市下岗职工中女性比例的 95%的置信区间为[55.65%, 74.35%].

若用另一公式计算,则

$$a^4+4n\hat{p}a^2-4n\hat{p}^2a^2=1.96^4+4\times100\times0.65\times1.96^2-4\times100\times0.65^2\times1.96^2$$
$$=580.9339.$$

$$2n\hat{p}+a^2=2\times100\times0.65+1.96^2=133.8416,$$
$$2(n+a^2)=2\times(100+1.96^2)=207.6832.$$

$$\frac{2n\hat{p}+a^2-\sqrt{a^4+4n\hat{p}a^2-4n\hat{p}^2a^2}}{2(n+a^2)}=\frac{133.8416-\sqrt{580.9339}}{207.6832}=0.5284,$$

$$\frac{2n\hat{p}+a^2+\sqrt{a^4+4n\hat{p}a^2-4n\hat{p}^2a^2}}{2(n+a^2)}=\frac{133.8416+\sqrt{580.9339}}{207.6832}=0.7605.$$

所以,该城市下岗职工中女性比例的置信区间为[52.84%, 76.05%].

3.5.5　其他的总体指标的估计及点估计的优良标准

前面讨论了用样本平均数估计总体平均数,用样本比率估计总体比率问题. 一般有样本指标估计对应的总体指标. 如样本方差估计总体方差,即 $\hat{\sigma}^2=S^2$;样本标准差估计总体标准差,即 $\hat{\sigma}=S$;样本变异系数估计总体变异系数, 即 $\hat{C}_v=\dfrac{S}{\overline{X}}$;等等. 点估计有不同方法估计,有个比较优劣问题,下面介绍两条优良标准.

标准一　无偏性

定义 3.5.5　设 θ 是待估计总体指标,$\hat{\theta}$ 是估计 θ 的样本指标,若统计量 $\hat{\theta}$ 的均值等于 θ, 则称 $\hat{\theta}$ 是 θ 的**无偏估计**(unbiasedness).

无偏性是一个估计量的基本要求,每次估计值 $\hat{\theta}$ 是 θ 的近似, 希望大量重复的估计值平均起来等于 θ.

***例 3.5.5**　设总体集为 $A=\{1,2,6\}$,从总体集 A 中抽一个容量为 2 的样本,若抽到 1,1,则样本集为{1,1};若抽到 2,6,则样本集为{2,6}. 所有可能的样本集为

$$A_1=\{1,1\};\quad A_2=\{2,2\};\quad A_3=\{6,6\};\quad A_4=\{1,2\};\quad A_5=\{2,1\};$$
$$A_6=\{1,6\};\quad A_7=\{6,1\}\quad A_8=\{2,6\};\quad A_9=\{6,2\}.$$

总体集 A 的均值 $\mu_A=3$，构造统计量 $\overline{X}=\frac{X_1+X_2}{2}$，取各样本集时统计量的值依次为

$$\overline{X}_{A_1}=1;\quad \overline{X}_{A_2}=2;\quad \overline{X}_{A_3}=6;\quad \overline{X}_{A_4}=1.5;\quad \overline{X}_{A_5}=1.5;$$
$$\overline{X}_{A_6}=3.5;\quad \overline{X}_{A_7}=3.5;\quad \overline{X}_{A_8}=4;\quad \overline{X}_{A_9}=4.$$

所以统计量 $\overline{X}$ 的统计量集$=\{1,2,6,1.5,1.5,3.5,3.5,4,4\}$，统计量 $\overline{X}$ 的均值

$$\mu_{\overline{X}}=(1+2+6+1.5+1.5+3.5+3.5+4+4)/9=3.$$

所以由定义知，统计量 $\overline{X}$ 是总体均值的无偏估计.

若再构造统计量 $S_2^2=\frac{(X_1-\overline{X})^2+(X_2-\overline{X})^2}{2}$，当取到样本集 $A_1=\{1,1\}$ 时，统计量

$$S_{2,A_1}^2=\frac{(X_1-\overline{X}_{A_1})^2+(X_2-\overline{X}_{A_1})^2}{2}=\frac{(1-1)^2+(1-1)^2}{2}=0;$$

当取到样本集 $A_8=\{2,6\}$ 时，统计量

$$S_{2,A_8}^2=\frac{(X_1-\overline{X}_{A_8})^2+(X_2-\overline{X}_{A_8})^2}{2}=\frac{(2-4)^2+(6-4)^2}{2}=4;$$

取遍各样本集时，可计算得 S_2^2 的统计量集为

$$\{0,0,0,0.25,0.25,6.25,6.25,4,4\},$$

S_2^2 的均值

$$\mu_{S_2^2}=(0+0+0+0.25+0.25+6.25+6.25+4+4)/9=7/3.$$

而总体集 A 的方差

$$\sigma_A^2=\frac{(X_1-\mu_A)^2+(X_2-\mu_A)^2+(X_3-\mu_A)^2}{3}=\frac{(1-3)^2+(2-3)^2+(6-3)^2}{3}=14/3,$$

所以由定义可知，统计量 S_2^2 不是总体方差 σ_A^2 的无偏估计. 如果取样本方差 $S^2=\frac{(X_1-\overline{X})^2+(X_2-\overline{X})^2}{2-1}$ 计算，得样本方差的均值 $\mu_{S^2}=2\mu_{S_2^2}=2\times7/3=14/3$.

所以样本方差 S^2 是总体方差 σ_A^2 的无偏估计. 对于任意的样本容量 n，样本方差 S^2 都是总体方差 σ^2 的无偏估计，由此可见为何要把样本方差的分母取为 $n-1$ 了，这是纠偏的需要，对分母修正是为了保证它具有无偏性.

定理 3.5.2 样本均值是总体均值的无偏估计；样本方差是总体方差的无偏估计；样本比率是总体比率的无偏估计.

证明略.

注 一般来说，样本标准差不是总体标准差的无偏估计.

无偏估计不是唯一的，评价无偏估计的优劣有如下标准.

标准二 有效性

定义 3.5.6 设 T_1,T_2 均是 θ 的无偏估计，若 T_1 的方差小于 T_2 的方差，则称 T_1 比 T_2 **有效**(effectivity).

T_1,T_2 均是 θ 的无偏估计，T_1,T_2 的平均值均是 θ，方差小的取值比较均匀，因此方差小的无偏估计的稳定性好，常在 θ 的附近取值.

θ 的无偏估计的全体组成一个无偏估计类，在 θ 的无偏估计类中，方差最小的估计称为 θ 的最小方差无偏估计，可以认为它就是最佳的点估计. 讨论最小方差无偏估计较复

杂，已超出本书的讨论范围，不予介绍了.

***例 3.5.6**　条件同上例 3.5.5，若另外再定义统计量 $\overline{X}^* = \frac{1}{4}X_1 + \frac{3}{4}X_2$，(1) 验证 $\overline{X}^*$ 也是总体均值的无偏估计，(2) 比较 $\overline{X}$ 与 $\overline{X}^*$ 哪一个估计总体均值有效.

解　统计量 $\overline{X}^*$ 的统计量集＝{1,2,6,1.75,1.25,4.75,2.25,5,2}，$\overline{X}^*$ 的均值为

$$\mu_{\overline{X}^*} = (1+2+6+1.75+1.25+4.75+2.25+5+3)/9 = 3.$$

由例 3.5.5 知，总体均值 $\mu_A=3$，所以 $\overline{X}^*$ 也是总体均值的无偏估计.

下面再分别计算统计量 $\overline{X}, \overline{X}^*$ 的方差 $\sigma_{\overline{X}}^2$，$\sigma_{\overline{X}^*}^2$. $\overline{X}$ 的统计量集＝{1,2,6,1.5,1.5,3.5,3.5,4,4}，$\mu_{\overline{X}}=3$，

$$\sigma_{\overline{X}}^2 = \frac{1^2+2^2+\cdots+4^2}{9} - \mu_{\overline{X}}^2 \approx 2.333,\quad \sigma_{\overline{X}^*}^2 = \frac{1^2+2^2+\cdots+2^2}{9} - \mu_{\overline{X}^*}^2 \approx 2.361.$$

由上可知 $\sigma^2_{\overline{X}} < \sigma^2_{\overline{X}^*}$，故 $\overline{X}$ 估计总体均值较有效.

习　题　三

1. 某班 40 名学生的英语考试成绩如下：

50	51	54	58	59	62	63	65	65	67	68	68	70	71
74	74	75	76	76	76	77	77	77	78	78	78	79	79
82	82	83	84	86	87	88	89	80	81	71	72		

要求：(1) 试编制频数分布表；(2) 绘制频数分布直方图.（注：要求按等距分 4 组）

2. 某车间有 35 名工人生产某种零件，其日产量资料如下表：

人均日产量 X/(件/人)	人数 f/人	总产量 Xf/件
15	2	30
16	8	128
17	13	221
18	9	162
19	3	57
合　计	35	598

试计算该班组工人的平均日产量.

3. 某校统计了 2006 年新入学的某一专业的 125 位新生的体重，结果如下表：

体重/kg	人数 f/人
46—48	4
49—51	20
52—54	25
55—57	38
58—60	21
61—63	12
64—66	5

根据表中资料计算该专业新生的平均体重.

4. 一项关于大学生体重状况的研究发现,男生的平均体重为60kg,标准差为5kg;女生的平均体重为50kg,标准差为4.8kg.请问男生的体重差异大还是女生的体重差异大?为什么?

5. 对某地区120家企业按利润额进行分组,结果如下表:

分组,按利润额/万元	企业数/个
200—300	19
300—400	30
400—500	42
500—600	18
600以上	11

求这120家企业利润额的平均值.

6. 市场上有三种蔬菜,黄瓜每千克3.0元,土豆每千克1.8元,小白菜每千克1.5元,假如某人这三种蔬菜各买了2kg,平均每千克花了多少元?

7. 某商场9名营业员当日的营业额分别为1350,1400,1430,1455,1495,1531,1550,1561,1590元,求该班组营业员的营业额中位数.

8. 某商科院校2009年入校新生2022人,其年龄构成资料如下表:

分组,按年龄/岁	人数/人
17	108
18	693
19	985
20	176
21	43
22	17
合　计	2022

求该商科院校2009年入校新生的年龄的中位数和众数.

9. 对某地区120家企业按利润额进行分组,结果如下表:

分组,按利润额/万元	企业数/个
200—300	19
300—400	30
400—500	42
500—600	18
600以上	11
合　计	120

求这120家企业利润额的算术平均数、中位数、众数.

10. 某仓库1月1日某产品库存为1800t,3月1日为1000t,6月1日为2100t,6月30日为1940t.问该产品上半年平均库存为多少?

11. 某公司某年 9 月末有职工 250 人，10 月上旬的人数变动情况是：10 月 4 日新招聘 12 名大学生上岗，6 日有 4 名老职工退休离岗，8 日有 3 名青年工人应征入伍，同日又有 3 名职工辞职离岗，9 日招聘 7 名营销人员上岗. 试计算该公司 10 月上旬的平均在岗人数.

12. 根据 2005 年某商场下半年各月商品销售收入数据，见下表：

月　份	7 月	8 月	9 月	10 月	11 月	12 月
商品销售收入/万元	60	66	70	72	74	78

计算该商场 2005 年下半年的月平均销售收入.

13. 某工厂 7 月份的职工人数自 7 月 1 日至 7 月 10 日为 258 人，7 月 11 日起至 7 月底均为 279 人，求该工厂 7 月份的平均职工人数.

14. 某银行 2001 年部分月份的现金库存额资料如下：

日　期	1 月 1 日	2 月 1 日	3 月 1 日	4 月 1 日	5 月 1 日	6 月 1 日	7 月 1 日
库存额/万元	500	480	450	520	550	600	580

要求：(1) 具体说明这个时间序列属于哪一种时间序列；

(2)分别计算该银行 2001 年第一季度、第二季度和上半年的平均现金库存额.

15. 某单位上半年职工人数统计资料如下表所示：

时　间	1 月 1 日	2 月 1 日	4 月 1 日	6 月 30 日
人数/人	1002	1050	1020	1008

要求：(1) 计算第一季度平均人数；

(2) 计算上半年平均人数.

16. 某省工业企业某年第二季度固定资产如下表所示：

时　间	3 月 31 日	4 月 30 日	5 月 30 日	6 月 30 日
固定资产原值/亿元	170.0	170.3	170.5	171.0

求该省工业企业第二季度平均固定资产原值.

17. 某城市 1992 年各时点的人口资料如下表所示：

日　期	1 月 1 日	5 月 1 日	8 月 1 日	12 月 31 日
人口数/万人	256.2	257.1	258.3	259.4

计算该城市 1992 年平均人口数.

18. 某工厂成品仓库中某产品在 2002 年库存量资料见下表：

时　间	1 月 1 日	3 月 1 日	7 月 1 日	8 月 1 日	10 月 1 日	12 月 31 日
库存量/件	38	42	24	11	60	0

求该产品年平均库存量.

19. 已知某市人口及国民生产总值资料:该市 2000 年末人口数为 182 万人,2001 年人口变动情况如下表所示:

月份	1 月	4 月	7 月	10 月	12 月
月末人数/万人	185	190	192	184	184

2001 年该市国民生产总值为 392062.5 万元.试求:

(1) 该市 2001 年平均人口数;

(2) 2001 年该市人均国民生产总值.

20. 某企业 2001 年上半年的产量和单位成本资料如下:

月份	1 月	2 月	3 月	4 月	5 月	6 月
产量/件	2000	3000	4000	3000	4000	5000
单位成本/元	73	72	71	73	69	68

试计算该企业 2001 年上半年的产品平均单位成本.

21. 已知某企业 1994 年第三季度各月平均每一工人的产值,资料见下表:

月份	7 月	8 月	9 月
工业增加值 a/万元	200	254.4	322
平均工人数 b/人	200	212	230
平均每个工人的产值 c/(元/人)	10000	12000	14000

计算第三季度平均每个工人每月的产值.

22. 根据下列资料计算某地区第四季度在业人口数占劳动力资源人口的平均比重.

日期	9 月 30 日	10 月 31 日	11 月 30 日	12 月 31 日
在业人口 a/万人	280	285	280	270
劳动力资源人口 b/万人	680	685	684	686

23. 某企业第四季度总产值和劳动生产率资料如下:

月份	10 月	11 月	12 月
工业总产值 a/万元	150	168	159.9
劳动生产率 b/元	7500	8000	7800

要求:(1) 计算该企业第四季度的月平均劳动生产率;

(2) 计算该企业第四季度劳动生产率.

24. 某百货公司 6 月份日销售额(万元)数据如下:

257 276 297 252 238 310 240 236 265 278
271 292 261 281 301 274 267 280 291 258
272 284 268 303 273 263 322 249 269 295

要求：(1) 计算该百货公司日销售额的均值、中位数和四分位数；

(2) 计算日销售额的标准差.

25. 某地区有零售商业网点 200 个，总人口数为 10 万人，试计算该地区商业网点密度.

26. 从某批电灯泡的使用寿命中抽查 4 个电灯泡，测得它们的寿命(小时，h)分别为

1269，1271，1263，1265.

试对这批灯泡的平均使用寿命 μ 构造 90％的区间.

27. 用某仪器间接测量温度(℃)，现重复测量 5 次，结果为

1250，1265，1245，1260，1275.

试问：温度的真值在什么范围内？($1-\alpha=0.95$)

28. 某地区男人的一个容量为 360 随机样本给出的平均身高为 172 cm，标准差为 5 cm. 求该地区男人平均身高的 95％的置信区间.

29. 调查 200 人中每个人的吸烟量，得知平均值为 12 支，标准差为 9 支，求平均吸烟量 99％的置信区间.

30. 从一大批产品中随机抽出 100 个进行检查，其中有 4 个次品，试以 95％概率估计整批产品的次品率.

31. 要了解某地区对某一电视节目的收视率，随机抽查了 200 户家庭，统计得其中 150 户收看此节目，求该地区对此节目的收视率的 90％的置信区间.

阅读资料1 百年诺贝尔奖获得者年龄的分布

从1901年颁发第一届诺贝尔奖开始到2000年为止有整整一百年，诺贝尔奖伴随着近代物理、化学、生物学和医学的快速发展走过了短暂而又不平凡的一百年. 100年来的诺贝尔科学家获奖名录，从某种角度可以说是20世纪科学发展历程的缩影. 下面给出的是1901—2000年诺贝尔获奖者年龄资料表：

	物理学	化学	生理学或医学	文学	和平	经济学
年龄均值/岁	52.7	55.4	56.5	63.4	62.7	66.5
最小年龄/岁	25	35	32	42	32	51
最大年龄/岁	84	83	87	85	87	81

从表上可以看出，物理获奖者平均年龄是最小的，理科的较文科的小，而经济学的最大. 年龄的大小与学科的特点有关. 应注意的是：据统计，科学发现的最佳年龄分布规律表明，历史上重大的科学发现和重大科学成果的发明者的年龄大都在25—45岁，峰值为37，38岁. 据不完全统计，85%的诺贝尔奖得主的年龄都在这个最佳年龄区取得获奖成果. 不少高龄获奖者都是在40岁左右或以前完成其获奖工作的. 如：华裔获奖者李远哲50岁获奖、朱棣文49岁获奖、崔琦59岁获奖，但他们的获奖工作都是在40岁左右完成的. 经济学获奖年龄最大的主要原因可能是：经济理论和应用的成果的价值需要更多的时间来检验吧.

有人绘制了分学科和不分学科总的诺贝尔获奖者年龄分布直方图，得到的图像呈中间高，两头低，且近似对称，从而得出诺贝尔获奖者年龄服从正态分布的结论.

阅读资料2 用好统计信息

统计是处理数据的工具. 数据中含有我们感兴趣的信息，如何利用这些信息将直接影响到统计分析的效果，有时甚至可以产生举足轻重的影响，因此需要特别重视信息的利用问题. 有价值信息应充分利用；有疑问信息应谨慎利用；歪曲或虚假信息应避免利用.

一、应充分利用有价值的信息

在统计分析中有用的信息若弃之不用，则意味着浪费信息. 信息的损失很可能会降低统计分析的效果.

下面举例说明.

例1（点估计问题） 设$X_1, X_2, \cdots, X_n$来自总体$N(\mu, \sigma^2)$的样本，其中μ已知，试求σ^2的估计.

解 μ已知时，σ^2的最佳点估计为：$\hat{\sigma}_1^2 = \dfrac{\sum\limits_{i=1}^{n}(X_i-\mu)^2}{n}$；$\mu$未知时，$\sigma^2$的最佳点估计为：$\hat{\sigma}_2^2 = \dfrac{\sum\limits_{i=1}^{n}(X_i-\overline{X})^2}{n-1}$.

可以证明，$\hat{\sigma}_1^2$ 和 $\hat{\sigma}_2^2$ 均是 σ^2 的无偏估计，且有 $D\hat{\sigma}_1^2 < D\hat{\sigma}_2^2$.（注：$DT$ 表示 T 的方差）

由于无偏估计中方差小的稳定性好，被认为有效，所以用$\hat{\sigma}_1^2$估计 σ^2 比用$\hat{\sigma}_2^2$估计 σ^2 更有效.

此例说明，μ 已知的信息若弃之不用会降低估计的效果.

例 2（区间估计问题）　设 $X_1, X_2, \cdots, X_n$ 来自总体 $N(\mu, \sigma^2)$ 的样本，其中 σ^2 已知，试求 μ 的置信水平为 $1-\alpha$ 的区间估计.

解　通常方差 σ^2 已知时，总体平均数的区间估计计算公式为

$$\mu \in \left[\overline{X} - z_{1-\frac{\alpha}{2}} \frac{\sigma}{\sqrt{n}},\ \overline{X} + z_{1-\frac{\alpha}{2}} \frac{\sigma}{\sqrt{n}}\right]; \tag{1}$$

而方差 σ^2 未知时，总体平均数的区间估计计算公式为

$$\mu \in \left[\overline{X} - t_{\frac{\alpha}{2}}(n-1)\frac{S}{\sqrt{n}},\ \overline{X} + t_{\frac{\alpha}{2}}(n-1)\frac{S}{\sqrt{n}}\right], \tag{2}$$

式中，$t_{\frac{\alpha}{2}}(n-1)$是与 α, n 有关需要查表的常数.

区间估计的优良标准主要有可靠性和精确性两条，上面两个区间估计的可靠程度均为 $1-\alpha$. 它们的优劣取决于精确性，精确性标准为：区间估计的平均长度越小越精确. 下面用这一标准对区间估计(1)，(2)进行比较.

记区间估计(1)的平均长度

$$E\left[\left(\overline{X} + z_{1-\frac{\alpha}{2}} \frac{\sigma}{\sqrt{n}}\right) - \left(\overline{X} - z_{1-\frac{\alpha}{2}} \frac{\sigma}{\sqrt{n}}\right)\right] = A; \tag{3}$$

区间估计(2)的平均长度

$$E\left[\left(\overline{X} + t_{\frac{\alpha}{2}}(n-1)\frac{S}{\sqrt{n}}\right) - \left(\overline{X} - t_{\frac{\alpha}{2}}(n-1)\frac{S}{\sqrt{n}}\right)\right] = B. \tag{4}$$

可以证明 $B>A$，结果说明这时区间估计(1)比区间估计(2)的精确性好，即估计的精细程度更好一些. 此例说明，σ^2 已知的信息若弃之不用会降低估计的效果.

在统计分析中一些有用信息是隐含的，要懂得一些统计原理才能善于发现，因此要用好信息掌握一定的统计知识是必需的.

二、要谨慎利用有疑问的信息

1. 对总体分布信息有疑问时

数据在统计处理时，知道所考察的随机变量的分布将有助于提高数据分析的效果，如知道总体服从正态分布的信息就非常有价值，因为正态分布有很多好的性质，其统计推断方法特别成熟. 了解分布有时甚至是必须的，不少统计分析方法的选择与总体分布有关，若分布选择错误，则将导致统计分析结果的质量成问题，因此确定分布是非常重要的工作. 因此在数据分析工作中，对总体分布不能仅凭猜测或想象或分析方便来定，而应根据一些分布的适用场合，还要考虑用分布的检验方法来验证. 分布的描述与检验有多种方法. 已有的描述方法有多种：如可以用分布的直方图、曲线图等来近似描述分布的大致形状，当呈中间高，两头低近似对称时可以认为分布服从正态分布，用这种直观方法描述正态分布特别有效，但是用它来确定其他分布就似乎有点勉强. 对一些常用分布的判定方法可参阅参考文献[1].

当总体分布难以确定、把握不准时，可考虑应用分布自由的统计方法进行统计分析.如要计算估计总体平均数 μ 的范围，且满足一定的概率 $1-\alpha$ 保证程度时，总体平均数的区间估计的计算公式为

$$\mu \in \left[\overline{X} - z_{1-\frac{\alpha}{2}} \frac{S}{\sqrt{n}}, \overline{X} + z_{1-\frac{\alpha}{2}} \frac{S}{\sqrt{n}}\right], \quad n \geqslant 5.$$

2. 感到样本数据非可靠时

(1) 样本数据有异常值时

先介绍判别异常值的两条原理：

原理 1 正态分布的“3σ”原理，设总体 X 服从 $N(\mu,\sigma^2)$，$X_1,X_2,\cdots,X_n$ 为来自 X 的样本，则 X 属于区间 $(\mu-3\sigma,\mu+3\sigma)$ 的概率 $P(\mu-3\sigma \leqslant X \leqslant \mu+3\sigma) \approx 0.9974$，若取 1000 个样本观察值约有 3 个值落在区间外.

原理 2 分布自由的“4σ”原理，设总体 X 的分布自由且 X 的方差 DX 存在，$X_1,X_2,\cdots,X_n$ 为来自 X 的样本，则可估计得 $P(\mu-4\sigma \leqslant X \leqslant \mu+4\sigma) \geqslant 0.9375$，若取 100 个样本观察值约有 6 个值落在区间外，这一估计较粗糙，通常落在区间外的个数会更少.

两条原理告诉我们落在区间外的事件为小概率事件，而实际推断原理告诉我们小概率事件在一次试验中几乎不会发生.因此当样本不大时落在区间外的数据就可判为异常值；当样本较大时可以根据允许的比率确定异常值的个数.

在实际问题中通常参数 μ,σ 未知，可分别用样本均值，样本标准差 $\overline{X},S$ 代替后计算.即正态分布时异常值的判别区间为：$(\overline{X}-3S,\overline{X}+3S)$；分布自由时异常值的判别区间为：$(\overline{X}-4S,\overline{X}+4S)$.对其他某些常用分布也有适用于该分布异常值检验的特殊方法；与上述分布自由时的检验法比较，使用特殊法可能会更有效.

在统计分析中，若不对异常值处理，常常导致结果不合常理，甚至面目全非.因此有必要剔除一些(部分或全部)异常值，才能使统计分析所得结论更符合实际.剔除一些异常值通常对提高统计分析的成效是有益的，除非准备考虑用稳健统计方法处理.

(2) 样本数据的代表性有问题时

我们知道样本的代表性好将有助于提高统计分析的质量.在估算统计指标时，需要了解样本的代表性，它能为估算方法的选择提供有价值的参考依据.若发现样本的代表性成问题时，就需要处理、调整，如果不处理，就会出现高估或低估的情形.下面举一个例子说明.

例 3 要估计某市职工的平均工资，但手头只有该市两个行业的工资数据资料，时间或人力或财力不允许再去收集其他行业的工资数据资料了，如何大致给出该市职工平均工资的估计呢?

对于不同代表性的样本可采用不同的估计方法.

情形 a. 这两个行业的工资收入在全市处于中等水平.

情形 b. 这两个行业的工资收入在全市一个处于高收入水平，另一个处于低收入水平.

情形 a 的样本代表性较好，而情形 b 的样本代表性也可以算不错，这时用这两个行业的平均工资作为该市职工的平均工资的估计就是一个合理的估计.

情形 c. 这两个行业的工资收入在全市均处于高收入水平或均处于低收入水平.

情形 c 的样本的代表性较差，如果直接把这两个行业的平均工资作为该市职工的平均工资的估计就会出现高估或低估的情形，这是非常糟糕的估计. 假如有过去若干年工资数据资料，一个可以考虑的估计方法为，建立该市职工的平均工资关于这两个行业的平均工资的二元回归方程来进行估计.

情形 d. 这两个行业的工资收入在全市一个处于高收入水平，另一个处于中等收入水平.

为讨论方便把高收入水平的行业记为行业 A，中等收入水平的行业记为行业 B. 情形 d 的样本的代表性也不好，这时如果直接把这两个行业的平均工资作为该市职工的平均工资的估计会估计得偏高. 这时可以考虑三种方法：

方法 a. 像情形三类似处理，建立该市职工的平均工资关于这两个行业的平均工资的回归方程进行估计；

方法 b. 先用过去数据建立某个其他中等收入水平行业 C 的平均工资关于行业 A（或 B，或 A 和 B）的平均工资的回归方程，估计出行业 C 现在的平均工资，然后再仿情形一处理；

方法 c. 先用过去数据建立某个低收入水平行业 D 的平均工资关于行业 B（或 A，或 A 和 B）的平均工资的回归方程，估计出行业 D 现在的平均工资，然后可取 A，B 和 D 数据的平均来处理.

若用多种方法估算的结果较接近，则估算的把握程度会提高；另外把多种估算的结果取平均也具有一定的稳健性.

注　不要把上例中提出的方法看做方法指南，因为处理是较粗糙的，只是想说明只要遵循统计原理，具体问题具体分析，在一些不利的条件下，也可以得到合理的处理；另外还想间接说明提高统计能力，将有助于提高统计数据分析的质量和效率.

(3) 样本数据的准确性非可靠时

当感到样本数据来源有问题或数据可能受过污染时，即样本数据的准确性非可靠时，这时应优先考虑用稳健统计方法分析，稳健统计方法具有一定的抗干扰功能. 另外感到样本数据中有极端值时，也可以考虑使用稳健统计方法.

在传统的统计分析中，对所考察总体常常会有很强的假定；若假定正确，则会得到满意结论；若假定不正确，则会得到错误结论. 而非参数统计方法则正相反，对总体没有多少假定，所以总能得到有一定意义的结论，缺点是由于没有充分利用总体信息，往往导致效率不高. 这好像一件多功能的产品，它这里也能用那里也能用，但具体用起来的效率就可能不如只有专门功能的产品了. 稳健统计方法实际上是介乎于二者之间的方法，它利用一部分总体信息，但又回避了过分依赖假定而可能产生的后果. 非参数统计方法和稳健统计可参阅参考文献[5].

下面举一个例子.

例 4　要考察一个有近 200 名职工的企业的平均年工资收入，随机抽查了一个容量为 20 的样本，调查得工资（万元）数据资料如下：

$$3\text{ 个 }1.5,\quad 12\text{ 个 }2,\quad 4\text{ 个 }3,\quad 1\text{ 个 }30,$$

试估计该企业职工的平均年工资收入.

解 样本算术平均数 $\overline{X}=3.525$ 万,显然用它来估计是不合理的.样本中只有一个人的工资高于它,其他都低且大部分还低得多.实际上用样本算术平均数估计总体平均数的方法适用于没有极端值的场合,数据均匀时效果就特别好.因此这时不能用样本算术平均数来估计,而可以考虑用样本中位数估计,样本中位数等于 2 万元,用样本中位数估计该企业职工的平均年工资收入为 2 万元,显然这时用样本中位数估计就符合实际情况.样本中位数具有不受极端值影响的特点,有一定抗干扰功能,因此基于样本中位数的统计方法一般都属于稳健统计方法.用样本中位数估计总体平均数就是一种稳健估计方法.

注 理论上可以证明:当总体分布对称时,样本平均数和样本中位数都是总体平均数的无偏估计;而当总体分布不对称时,样本平均数仍是总体平均数的无偏估计,但样本中位数一般就不是总体平均数的无偏估计了,在这种情况下若再使用样本中位数估计就会出现系统偏差,甚至还可能导致估计的结果太冒进或过分保守.因此中位数估计法在对结果要求不高的场合下可直接使用;而在对结果要求较高的场合使用时,先考察一下总体分布是必要的,可以先用过去总体资料或现有的样本资料进行分布对称性分析,在对称或近似对称条件下再使用,估计的质量就有了更好保证.

3. 应避免利用歪曲或虚假数据

应用最好的统计方法对歪曲或虚假数据进行分析也就失去意义了,因此应避免利用歪曲或虚假数据进行分析.

第四章　统计数据变动的分析

§4.1　一次单项变动分析

4.1.1　一次单项绝对变动分析

一、增长量

增长量(increment)指标是用来说明某种现象在一定时期内所增长的绝对数量,它是报告期水平与基期水平之差.增长量可为正数,也可以是负数,正数表示增加或提高,而负数表示减少或降低.其计算公式为

$$增长量=报告期水平-基期水平.$$

根据对比的基期不同,增长量可分为逐期增长量和累计增长量.

逐期增长量是各报告期水平与前期水平之差,用以说明报告期水平较前一期水平增长(或减少)的总量.其计算公式为

$$逐期增长量=报告期水平-前一期水平,$$

或用符号表示为

$$a_1-a_0,\quad a_2-a_1,\quad \cdots,\quad a_n-a_{n-1}.$$

累计增长量是各报告期水平分别与某一固定基期水平之差,用以说明报告期水平经过较长时期的发展比基期增加(或减少)的绝对量.其计算公式为

$$累计增长量=报告期水平-固定基期水平,$$

或用符号表示为

$$a_1-a_0,\quad a_2-a_0,\quad \cdots,\quad a_n-a_0.$$

逐期增长量与累计增长量的关系是

(1) 逐期增长量之和等于相应的累计增长量.用符号表示为

$$(a_1-a_0)+(a_2-a_1)+\cdots+(a_j-a_{j-1})=a_j-a_0.$$

(2) 相邻两期累计增长量之差等于相应的逐期增长量.用符号表示为

$$(a_j-a_0)-(a_{j-1}-a_0)=a_j-a_{j-1}.$$

4.1.2　一次单项相对变动分析

一、发展速度和增长速度

发展速度(development speed)是两个不同时期发展水平对比而得到的,用以说明客观现象发展变化的快慢程度,表明报告期水平已发展为基期水平的百分之多少或者多少倍.其计算公式为

$$发展速度=\frac{报告期水平}{基期水平}.$$

发展速度根据所选的基期不同,可分为环比发展速度和定基发展速度.

(1) 环比发展速度

环比发展速度是报告期水平与前一期水平的比值,表明报告期水平较前一期水平的发展变动的情况.其计算公式为

$$环比发展速度=\frac{报告期水平}{前一期水平},$$

或用符号表示为$\frac{a_1}{a_0}$, $\frac{a_2}{a_1}$, …, $\frac{a_n}{a_{n-1}}$.

(2) 定基发展速度

定基发展速度是报告期水平与某一固定基期水平的比值,表明现象在一段较长时间内的变动程度,也叫“总速度”.其计算公式为

$$定基发展速度=\frac{报告期水平}{某一固定基期水平},$$

或用符号表示为$\frac{a_1}{a_0}$, $\frac{a_2}{a_0}$, …, $\frac{a_n}{a_0}$.

定基发展速度与环比发展速度的关系是:

a. 定基发展速度等于相应各个环比发展速度的连乘积.用符号表示为

$$\frac{a_1}{a_0}\times\frac{a_2}{a_1}\times\cdots\times\frac{a_j}{a_{j-1}}=\frac{a_j}{a_0}.$$

b. 两个相邻时期的定基发展速度之比等于相应的环比发展速度.用符号表示为

$$\frac{\left(\frac{a_j}{a_0}\right)}{\left(\frac{a_{j-1}}{a_0}\right)}=\frac{a_j}{a_{j-1}}.$$

增长速度(growth speed,也称**增长率**)是增长量与基期水平的比值,用以说明报告期水平比基期水平增加(或减少)了若干倍(或百分之几).用公式表示为

$$增长速度=\frac{增长量}{基期水平}=\frac{(报告期水平-基期水平)}{基期水平}=\left(\frac{报告期水平}{基期水平}\right)-1=发展速度-1.$$

由于所采用的基期不同增长速度可分为环比增长速度和定基增长速度.

(1) 环比增长速度

环比增长速度是报告期的逐期增长量与前一期水平的对比,表明逐期的增长程度.其计算公式为

$$环比增长速度=\frac{逐期增长量}{前一期水平}=环比发展速度-1,$$

用符号表示为$\frac{a_1}{a_0}-1$, $\frac{a_2}{a_1}-1$, …, $\frac{a_n}{a_{n-1}}-1$.

(2) 定基增长速度

定基增长速度是报告期累计增长量与固定基期水平的比值,表明现象在较长时间内总的增长速度.其计算公式为

$$定基增长速度=\frac{累计增长量}{固定基期水平}=定基发展速度-1,$$

用符号表示为$\frac{a_1}{a_0}-1$，　$\frac{a_2}{a_0}-1$，　…，　$\frac{a_n}{a_0}-1$.

注　定基增长速度和环比增长速度，两者没有直接的换算关系. 二者如何换算留给读者思考.

二、个体指数

个体指数(individual index)就是发展速度. 习惯上在有的场合称**发展速度**，在有的场合称个体指数. 为讨论方便引入个体指数更详细的表示式如下：

个体数量指标指数 $K_q=\frac{q_1}{q_0}$，　其中足标 1—报告期；0—基期；

个体质量指标指数 $K_p=\frac{p_1}{p_0}$，　其中足标 1，0 的意义同上.

§4.2　一次综合变动分析

4.2.1　总指数的概念

一、总指数的概念

总指数(general index)可分为两种类型：简单型和综合型.

定义 4.2.1　说明多种可相加现象变动情况的相对数，称为**简单型总指数**，简称为**简单总指数**.

定义 4.2.2　说明多种不可相加现象变动情况的相对数，称为**综合型总指数**，简称为**综合总指数**.

利用指数分析研究社会、经济等现象的理论和方法称为**指数法**，它是统计研究的一种重要方法. 指数作用主要有两条：

a. 反映事物、现象的变动方向和程度；

b. 分析事物、现象总变动中各个因素的影响方向和程度.

二、指数的分类

指数有多种分类方式：

a. 按反映对象范围的不同，有

$$指数\begin{cases}个体指数(反映个别事物、现象变动情况的相对数),\\总指数(反映多种事物、现象变动情况的相对数).\end{cases}$$

b. 按反映指标类型的不同，有

$$指数\begin{cases}数量指标指数,\\质量指标指数.\end{cases}$$

4.2.2　综合指数的编制

简单型总指数编制很容易，只要把两个时期的量相加再取比值就可得到；综合型总指数常用的编制方法有综合指数法和平均指数法两种，下面分别作介绍.

1. 综合指数法

综合指数法(synthetic index method)的编制思想：把不能直接相加的社会经济现象还原为价值形态，求得现象在两个时期的总量，再取比值.

处于价值形态的量简单说就是用货币作为计量单位的量. 如销售额、产值、总成本等均是处于价值形态的量. 如何还原为价值形态呢？关键是找出同度量因素.

定义 4.2.3 计算总指数时为了解决现象的量不能直接相加而使用的一个媒介因素称为**同度量因素**.

注 综合指数法编制总指数重要的是选择一个合理的同度量因素，并把同度量因素固定在同一时期.

综合指数法编制总指数通过应用如下公式计算得到：

拉氏公式：(1) $\overline{K}_q=\dfrac{\sum q_1p_0}{\sum q_0p_0}$； (2) $\overline{K}_p=\dfrac{\sum p_1q_0}{\sum p_0q_0}$；

派氏公式：(3) $\overline{K}_q=\dfrac{\sum q_1p_1}{\sum q_0p_1}$； (4) $\overline{K}_p=\dfrac{\sum p_1q_1}{\sum p_0q_1}$.

拉氏公式是拉斯贝尔公式的简称，它是由德国经济学家拉斯贝尔(Laspeyre)于1864年首先提出的；派氏公式是派许公式的简称，它是由德国经济学家派许(Paasche)于1874年首创的. 这些公式已被应用了很长时间，表明它们的应用价值非凡.

例 4.2.1 某百货公司2008和2009年三种商品的零售价格和销售量资料如下表：

商品名称	计量单位	销售量		单价/元	
		2008年	2009年	2008年	2009年
棉布	米(m)	950	900	50	55
毛线	千克(kg)	610	500	80	90
皮鞋	双	760	860	120	100

试分别计算三种商品销售量和销售价格总指数.

解 先计算销售量总指数.

应用拉氏公式计算，销售量总指数

$$\overline{K}_q=\frac{\sum q_1p_0}{\sum q_0p_0}=\frac{900\times50+500\times80+860\times120}{950\times50+610\times80+760\times120}$$

$$=\frac{188200\text{ 元}}{187500\text{ 元}}=1.0037=100.37\%.$$

计算结果表明：总的来说三种商品销售量2009年比2008年增加了0.37%，由于销售量变动使销售额增加了 $\sum q_1p_0-\sum q_0p_0=(188200-187500)=700$ 元.

应用派氏公式计算，销售量总指数

$$\overline{K}_q=\frac{\sum q_1p_1}{\sum q_0p_1}=\frac{(900\times55+500\times90+860\times100)\text{ 元}}{(950\times55+610\times90+760\times100)\text{ 元}}$$

$$=\frac{180500\text{ 元}}{183150\text{ 元}}=0.9855=98.55\%.$$

计算结果表明：总的来说三种商品销售量2009年比2008年减少了1.45%，由于销售量变动使销售额增加了 $\sum q_1p_1-\sum q_0p_1=(180500-183150)$ 元 $=-2650$ 元.

负增长即减少，可以倒过来减可以避免出现负数，即

$$\sum q_0p_1-\sum q_1p_1=(183150-180500)\text{ 元}=2650\text{ 元}.$$

再计算销售价格总指数.

应用拉氏公式计算，销售价格总指数

$$\overline{K}_p=\frac{\sum p_1q_0}{\sum p_0q_0}=\frac{(55\times950+90\times610+100\times760)\text{ 元}}{(50\times950+80\times610+120\times760)\text{ 元}}$$

$$=\frac{183150\text{ 元}}{187500\text{ 元}}=0.9768=97.68\%.$$

计算结果表明：总的来说三种商品销售价格2009年比2008年下降了2.32%，由于销售价格变动使销售额减少了 $\sum p_0q_0-\sum p_1q_0=(187500-183150)$ 元 $=4350$ 元.

应用派氏公式计算，销售价格总指数

$$\overline{K}_p=\frac{\sum p_1q_1}{\sum p_0q_1}=\frac{(55\times900+90\times500+100\times860)\text{ 元}}{(50\times900+80\times500+120\times860)\text{ 元}}$$

$$=\frac{180500\text{ 元}}{188200\text{ 元}}=0.9591=95.91\%.$$

计算结果表明：总的来说三种商品销售价格2009年比2008年下降了4.09%，由于销售价格变动使销售额减少了 $\sum p_0q_1-\sum p_1q_1=(188200-180500)\text{ 元}=7700\text{ 元}$.

上例计算显示应用拉氏公式和派氏公式两种方法计算的结果不相同.

通常拉氏指数和派氏指数计算的结果略有不同，拉氏指数主要受基期商品结构的影响，派氏指数主要受报告期商品结构的影响.在实际应用中，由于派氏指数要求每期更换权数资料，计算比较麻烦；而拉氏指数的同度量因素固定在基期，在编制长期连续型的指数序列时比较方便.这两种编制方法各有特点，评价哪一个好存在很大争议，一些经济学家主张用拉氏指数，一些经济学家主张用派氏指数，另一些经济学家主张来一个折中取它们的平均，提出了费歇"理想公式".目的是为了调和拉氏与派氏两种指数的矛盾，它是由美国统计学家I.费歇(I. Fisher)提出的.费歇的"理想公式"是拉氏指数和派氏指数的几何平均数.其价格指数的"理想公式"如下：

$$\overline{K}_p=\sqrt{\frac{\sum q_0p_1}{\sum q_0p_0}\times\frac{\sum q_1p_1}{\sum q_1p_0}}.$$

这个方法在一些国际数据对比中，应用的较多.如计算不同国家人均国民生产总值；又如联合国编制的地域差别生活消费指数，也采用了这一公式计算.

综合指数法的原理：最好的解释是把它适当变形就可以看出综合指数实质上是报告期与基期两个平均量之比.如拉氏数量指标综合指数可化为

$$\overline{K}_q=\frac{\sum q_1p_0}{\sum q_0p_0}=\frac{\sum q_1p_0/\sum p_0}{\sum q_0p_0/\sum p_0}.$$

不考虑其经济意义，单纯从数量上看它是两个平均指标之比，由此可知它为什么可以反映平均变动、总变动了.

2. 平均指数法

综合指数的另一常用方法是平均指数法(average index method). 它的编制思想：先计算出个体指数，然后取个体指数的加权平均得到.

计算公式有两种类型：

(1) 算术平均指数公式

$$\overline{K}=\frac{\sum Kp_0q_0}{\sum p_0q_0},\quad \text{其中 } K \text{ 表示个体指数.}$$

(2) 调和平均指数公式

$$\overline{K}=\frac{\sum p_1q_1}{\sum \frac{p_1q_1}{K}},\quad \text{其中 } K \text{ 表示个体指数.}$$

注 调和平均数也具有平均指标的功能，能反映数据的中间大小、平均程度. 如：

数 2,4 的调和平均数 $=\frac{2}{1/2+1/4}=\frac{8}{3}\approx 2.67$；

数 3,5,8 的调和平均数 $=\frac{3}{1/3+1/5+1/8}\approx 4.56$.

平均指数法计算公式是综合指数计算公式的变形，因此两种计算结果和经济意义相同.

a. 算术平均指数公式是拉氏综合指数公式的变形.

当数量指标个体指数 $K_q=\frac{q_1}{q_0}$ 时，可将数量指标的算术平均指数公式化为拉氏数量指标综合指数公式：

$$\overline{K}_q=\frac{\sum K_qq_0p_0}{\sum q_0p_0}=\frac{\sum \frac{q_1}{q_0}q_0p_0}{\sum q_0p_0}=\frac{\sum q_1p_0}{\sum q_0p_0};$$

而当质量指标个体指数 $K_p=\frac{p_1}{p_0}$ 时，可将质量指标的算术平均指数公式化为拉氏质量指标综合指数公式：

$$\overline{K}_p=\frac{\sum K_pp_0q_0}{\sum p_0q_0}=\frac{\sum \frac{p_1}{p_0}p_0q_0}{\sum p_0q_0}=\frac{\sum p_1q_0}{\sum p_0q_0}.$$

b. 调和平均指数公式是派氏综合指数公式的变形.

当数量指标的个体指数 $K_q=\frac{q_1}{q_0}$ 时，可将数量指标的调和平均指数公式化为派氏数量指标综合指数公式：

$$\bar{K}_q=\frac{\sum p_1q_1}{\sum \frac{p_1q_1}{K_q}}=\frac{\sum p_1q_1}{\sum \frac{q_0}{q_1}p_1q_1}=\frac{\sum q_1p_1}{\sum q_0p_1};$$

而当质量指标的个体指数 $K_p=\frac{p_1}{p_0}$ 时,可将质量指标的调和平均指数公式化为派氏质量指标综合指数公式:

$$\bar{K}_p=\frac{\sum p_1q_1}{\sum \frac{p_1q_1}{K_p}}=\frac{\sum p_1q_1}{\sum \frac{p_0}{p_1}p_1q_1}=\frac{\sum p_1q_1}{\sum p_0q_1}.$$

当已知个体指数和基期资料 p_0q_0 时,则可用算术平均指数公式计算总指数;而当已知个体指数和报告期资料 p_1q_1 时,则可用调和平均指数公式计算总指数.下面举例说明平均指数法的应用.

例 4.2.2 已知某商场三种商品的销售情况如下表所示:

商 品	计量单位	基期销售额/万元	销售量个体指数/(%)
甲	件	10	102.0
乙	台	8	105.0
丙	千克(kg)	12	110.0

计算三种商品的销售量总指数.

解 $\bar{K}_q=\frac{\sum K_qq_0p_0}{\sum q_0p_0}=\frac{1.02\times10+1.05\times8+1.10\times12}{10+8+12}=\frac{31.8}{30}=106.0\%.$

计算结果表明:三种商品的销售量总的来说报告期比基期增长了6.0%;由于销售量的增长,使得销售额增加了(31.8−30)万元=1.8万元.

例 4.2.3 设三种农产品收购金额及各种农产品的收购价格2009年比2008年升幅资料如下表:

农产品	收购价格上升/(%)	2009年收购金额/万元
甲	5	1050
乙	−10	2200
丙	20	3600

试编制农产品2009年收购价格总指数.

解 在原表格旁作辅助列:

农产品	收购价格上升/(%)	2009年收购金额/万元	个体指数 K
甲	5	1050	1+5%=1.05
乙	−10	2200	1−10%=0.90
丙	20	3600	1+20%=1.20

2009 年收购价格总指数

$$\overline{K}_p=\frac{\sum p_1q_1}{\sum \frac{p_1q_1}{K_p}}=\frac{1050+2200+3600}{1050/1.05+2200/0.9+3600/1.2}=\frac{6850}{6444.44444}$$

$$=1.0629=106.29\%.$$

计算结果表明:三种商品的销售价格总的来说 2009 年比 2008 年增长了 6.29 %;由于销售价格的增长,使得销售额增加了(6850－6444.4444)万元≈405.56 万元.

注 1 通常规定基期应是报告期前面的时期.

注 2 算术平均指数也经常用固定权数计算,即

$$\overline{K}=\sum K\frac{w}{\sum w},$$

其中,w 即为固定权数.

4.2.3 指数体系

一、指数体系的概念

定义 4.2.4 若干个有联系的指数构成的一个数学关系式称为**指数体系**(index system).

如商品销售额指数=商品价格指数×商品销售量指数.下面验证一下这个等式成立.

销售额指数是一个简单型指数,可用式 $\frac{\sum p_1q_1}{\sum p_0q_0}$ 表示,若商品价格指数用拉氏公式 $\frac{\sum p_1q_0}{\sum p_0q_0}$ 计算,商品销售量指数用派氏公式 $\frac{\sum q_1p_1}{\sum q_0p_1}$ 计算,则有

$$\text{商品价格指数}\times\text{商品销售量指数}=\frac{\sum p_1q_0}{\sum p_0q_0}\times\frac{\sum q_1p_1}{\sum q_0p_1}=\frac{\sum p_1q_1}{\sum p_0q_0}$$

$$=\text{商品销售额指数}.$$

所以等式成立.

若商品价格指数用派氏公式 $\frac{\sum p_1q_1}{\sum p_0q_1}$ 计算,商品销售量指数用拉氏公式 $\frac{\sum q_1p_0}{\sum q_0p_0}$ 计算,则有

$$\text{商品价格指数}\times\text{商品销售量指数}=\frac{\sum p_1q_1}{\sum p_0q_1}\times\frac{\sum q_1p_0}{\sum q_0p_0}=\frac{\sum p_1q_1}{\sum p_0q_0}$$

$$=\text{商品销售额指数}.$$

所以等式仍成立.

若同度量因素固定在相同时期就不能形成指数体系了,即均选用拉氏公式或均选用派氏公式就不行,即

$$\frac{\sum p_1 q_0}{\sum p_0 q_0} \times \frac{\sum q_1 p_0}{\sum q_0 p_0} \neq \frac{\sum p_1 q_1}{\sum p_0 q_0}, \quad \frac{\sum p_1 q_1}{\sum p_0 q_1} \times \frac{\sum q_1 p_1}{\sum q_0 p_1} \neq \frac{\sum p_1 q_1}{\sum p_0 q_0}.$$

由此可见,构造指数体系同度量因素固定在不同时期是前提条件.

综上所述,商品销售额指数、价格指数、销售量指数构成指数体系.常见的简单的指数体系可以这样得到:若

一个数量指标×一个质量指标=经济指标,

则有

数量指标指数×质量指标指数=经济指标指数,

即这几个数量指标指数、质量指标指数和经济指标指数可以构成指数体系.

如由工业产品价格×工业产品产量=工业产品产值,得

工业产品价格指数×工业产品产量指数=工业产品总产值指数,

所以工业产品价格指数、产量指数和总产值指数构成一个指数体系.同理可得,

单位产品成本指数 × 产量指数 = 总成本指数,

所以单位产品成本指数、产量指数和总成本指数构成一个指数体系.

二、指数体系的作用

指数体系的作用主要有两条:其一是用于计算未知指数;其二是进行因素分析.

1. 计算未知指数

当组成指数体系中的指数若只有一个未知,其他均已知,则可以解方程求出未知的指数.下面举例说明.

例 4.2.4 某市商品的销售额 2008 年为 1080 亿元,2009 年为 1250 亿元,零售物价上涨了 2.5%,问商品的销售量的增减变动程度.

解 销售量指数能反映销售量的增减变动程度.由公式

商品销售额指数=商品价格指数×商品销售量指数,

可得

$$\text{商品销售量指数} = \frac{\text{商品销售指数}}{\text{商品价格指数}} = \frac{1250}{1080} \div 1.025 = 1.1292.$$

所以该市商品的销售量平均来说,2009 年比 2008 年增加了 12.92%.

例 4.2.5 某市市民用相同的金额报告期比基期少购买食品 10%,试求该市食品价格变动程度.

解
$$\text{食品销售价格指数} = \frac{\text{食品销售额指数}}{\text{食品销售量指数}} = 1 \div (1-10\%)$$
$$= 1.1111 = 111.11\%.$$

所以该市食品的销售价格平均来说,报告期比基期增加了 11.11%.

2. 进行因素分析

一个事物的发展变化,常常受到多种因素的影响.比如产品质量的高低要受到原材料、工艺条件、工人的技术水平等影响;如何通过数据的分析确定在可能影响质量的诸多因素中哪些对质量影响重要,哪些影响次要,这对于提高产品质量具有重要参考价值.

再比如,商品销售额主要受到价格因素和销售量因素的影响,提高价格有助于增加销售额,增加销售量也有助于增加销售额.利用指数体系作因素分析可以确定在可能影响销售额的两个因素中价格和销售量哪个影响重要.下面叙述它的原理:

商品价格指数×商品销售量指数=商品销售额指数,

用公式表示为

$$\frac{\sum p_1 q_0}{\sum p_0 q_0} \times \frac{\sum q_1 p_1}{\sum q_0 p_1} = \frac{\sum p_1 q_1}{\sum p_0 q_0}.$$

价格指数 $\frac{\sum p_1 q_0}{\sum p_0 q_0}$ 中的分子减分母 $= \sum p_1 q_0 - \sum p_0 q_0$,它是由于价格变动引起的销售额的增减额;销售量指数 $\frac{\sum q_1 p_1}{\sum q_0 p_1}$ 中的分子减分母 $= \sum q_1 p_1 - \sum q_0 p_1$,它是由于销售量变动引起的销售额的增减额.把两部分相加,得

$$\left(\sum p_1 q_0 - \sum p_0 q_0\right) + \left(\sum q_1 p_1 - \sum q_0 p_1\right) = \sum q_1 p_1 - \sum q_0 p_0,$$

即为销售额指数的分子与分母的差,它是两个时期真正销售额的增减额.当 $\sum p_1 q_0 - \sum p_0 q_0$ 比 $\sum q_1 p_1 - \sum q_0 p_1$ 大得多时,说明价格因素影响大;当 $\sum p_1 q_0 - \sum p_0 q_0$ 比 $\sum q_1 p_1 - \sum q_0 p_1$ 小得多时,说明销售量因素影响大;当 $\sum p_1 q_0 - \sum p_0 q_0$ 与 $\sum q_1 p_1 - \sum q_0 p_1$ 的大小差不多时,说明两因素影响相当.举一个实例分析.

例 4.2.6 有关资料见下表,要求对销售额进行因素分析.

商　品	计量单位	销售量		价格/元		销售额/万元	
		基期	报告期	基期	报告期	基期	报告期
彩电	台	800	900	3000	2900	240	261
冰箱	台	600	700	2500	2400	150	168
空调	台	1000	1200	2800	2600	280	312
合　计	—	—	—	—	—	670	741

解 销售额指数:$\frac{\sum q_1 p_1}{\sum q_0 p_0} = \frac{741}{670} = 110.6\%.$

增加总额:$\sum q_1 p_1 - \sum q_0 p_0 = (741 - 670)$ 万元 $= 71$ 万元.

其中,销售量变动的影响:

$$销售量指数:\frac{\sum q_1 p_0}{\sum q_0 p_0} = \frac{781}{670} = 116.6\%;$$

销售量变动对销售额影响:$\sum q_1 p_0 - \sum q_0 p_0 = (781 - 670)$ 万元 $= 111$ 万元.

价格变动影响:

$$价格指数:\frac{\sum q_1 p_1}{\sum q_1 p_0}=\frac{741}{781}=94.9\%;$$

价格变动影响销售额：$\sum q_1 p_1-\sum q_1 p_0=(741-781)$ 万元 $=-40$ 万元.

综合影响，销售总额的增加额＝各因素变动影响之和，即 71 万元＝111 万元－40 万元，由以上计算可知：由于销售量增长了 16.6%，影响销售额增加额为 111 万元；价格降低了 5.1%，影响销售额减少额为 40 万元.从而，总共使得销售额增长了 10.6%，共增加了 71 万元，因而销售量因素比价格因素对销售额变动的影响大.

4.2.4 常用指数介绍

一、价格指数

中国目前编制的价格指数(price index)主要有商品零售价格指数、居民消费价格指数、农产品收购价格指数、农业生产资料价格指数、工业品出厂价格指数、固定资产投资价格指数、股票价格指数和进出口商品价格指数等.其中与人们生活关系最为密切的是商品零售价格指数和居民消费价格指数.价格指数一般的编制方法基本一致，即在众多考察对象中选择代表性好的对象，去采集价格数据和销售量数据，多次运用固定权数算术平均指数公式计算得到.

1. 商品零售价格指数

中国商品零售价格指数(retail price index)是反映我国所有零售商品价格综合变动总指数.下面简述它的编制方法.首先，将所有零售商品分为若干类，如包括食品类、饮料和烟酒类、服装和鞋帽类等 14 个大类，每个大类分成若干中类，各中类再细分成小类.在每一小类中选择部分代表性好的商品.其次，选择部分地区作为抽样区域，就所选定的商品收集价格数据和销售量数据，在所采集价格数据基础上，先计算该品种的平均价格，再计算各单项商品的个体价格指数；取个体价格指数的平均作为小类指数；取小类指数的平均作为中类指数；取中类指数的平均作为大类指数；最后取大类指数的平均作为总指数.

计算过程中多次运用固定权数算术平均指数公式，即：

$$\overline{K}_p=\sum K_p\cdot\frac{\omega}{\sum\omega},$$

其中，K_p 为个体价格指数，或小类或中类或大类指数，$\frac{\omega}{\sum\omega}$ 代表在所在类中占有的比重，一般可用基期资料估计得到.

2. 居民消费价格指数

居民消费价格指数(consumer price index)是就居民购买消费品和服务的价格变化所编制的价格指数，综合反映其价格水平变动程度.

居民消费价格指数的编制按照国际标准，居民消费价格的调查内容分为食品、烟酒及用品、衣着、家庭设备用品及服务、医疗保健及个人用品、交通和通信、娱乐教育文化用品及服务、居住等八个大类.

3. 股票价格指数

股票价格指数(stock price index)是反映某一股票市场上多种股票价格综合变动的一种相对数,简称为股价指数,其单位一般以"点"表示,将基期指数作为100点,即基期指数的1%为"1点".

股票价格指数是反映一国或一个地区社会经济和政治形势变动情况的风向标.股价指数的计算方法有多种,但一般以发行量为权数进行加权综合平均.计算公式为

$$\overline{K}_p=\frac{\sum p_{1i}q_i}{\sum p_{0i}q_i},$$

其中,p_{1i}为第i种样本股票报告期价格;p_{0i}为第i种股票基期价格;q_i为第i种股票的发行量,它可以选基期,也可以选报告期,但大部分股票价格指数是以报告期发行量为权数计算的.下面举例说明计算方法.

例 4.2.7 有三种股票的资料如下表所示:

股票名称	周四收盘价/元	周五收盘价/元	发行量/万股
A	9.51	9.00	2000
B	6.83	4.68	1500
C	17.60	21.56	2800

计算股票价格指数.

解 股票价格指数 $\overline{K}_p=\frac{\sum p_{5i}q_i}{\sum p_{4i}q_i}=\frac{9.00\times2000+4.68\times1500+21.56\times2800}{9.51\times2000+6.83\times1500+17.60\times2800}$

$=1.0871.$

目前,世界各国的主要证券交易所都有自己的股票价格指数,其中较有名的有美国的道·琼斯平均数指数(DJ A)和标准普尔指数,英国的金融时报指数,法国的CAC指数,德国的DAX指数,日本的日经指数以及香港的恒生指数,等等,我国上海和深圳两证券交易所也编制了各自的股价指数.

下面对几种常见的股价指数作简单介绍:

1. 道·琼斯股票价格指数

它采用简单算术平均法计算.该指数选用30家工业公司、20家运输公司、15家公用事业单位,共65家公司的股票价格混合构成.道·琼斯股票价格指数以1928年10月1日为基期,在纽约交易所交易时间每30分钟发布一次,用当日当时的这65家公司的股票价格算术平均数与基期的比值求得,是被西方新闻媒介用得最多的股价指数.

2. 标准普尔指数

标准普尔指数由美国标准普尔公司1923年开始编制发表,现在它以500种采样股票通过加权综合平均计算,在交易时间每半小时发布一次.标准普尔指数以1941年至1943年为基期,用每种股票的价格乘以已发行的数量的总和为分子,以基期的股价乘以

股票发行数量的总和为分母，两者相除后的百分数来表示. 由于该指数是根据纽约证券交易所上市股票的绝大多数普通股票的价格计算而得到，能够灵活地对认购新股权、股份分红和股票分割等引起的价格变动作出调节，指数数值较精确，所以它一般比道·琼斯指数具有更好的代表性.

3. 恒生指数

恒生指数是香港股市历史最久的一种股价指数，由香港恒生银行于 1969 年 11 月 24 日开始发布使用. 现在恒生指数以 1996 年 7 月 31 日为基期，根据各行业在香港上市股票中的 33 种具有代表性的股票价格加权计算编制而成. 因为这 33 家公司的股票总值占全部在香港上市股票总值的 65%以上，所以恒生指数是目前香港股票市场最具权威性和代表性的股票价格指数.

4. 上证股价指数

上证股价指数最初是中国工商银行上海分行信托投资公司静安证券业务部根据上海股市的实际情况，参考国外股价指数的生成方法编制而成. 上证指数以 1990 年 12 月 19 日为基期，1991 年 7 月 15 日开始公布. 上证股价指数以上海股市的全部股票为计算对象. 由于采取全部股票进行计算，因此，上证指数可以较确切地反映上海股价的变化情况.

5. 深圳股价指数

深圳股价指数由深圳证券交易所编制. 它以 1991 年 4 月 3 日为基期，以在深圳证券交易所上市交易的全部股票为计算对象，用每日各种股票的收盘价分别乘以其发行量后求和得到的市价总值，除以基期市价总值后乘以 100 求得，它能较有效地反映深圳股市价格变动情况.

§4.3　一段时期的平均变动分析

4.3.1　平均增长量

定义 4.3.1　平均增长量(average increment)是用以阐明现象在一段时期内平均每期增加(或减少)的绝对数量. 其计算公式为：

$$\text{平均增长量}=\frac{\text{逐期增长量之和}}{\text{逐期增长量项数}}=\frac{\text{累计增长量}}{(\text{时间序列项数}-1)},$$

也可用下式表示：

$$\text{平均增长量}=\frac{(a_1-a_0)+(a_2-a_1)+\cdots+(a_n-a_{n-1})}{n}=\frac{a_n-a_0}{n}.$$

例 4.3.1　中国 1978 年国内生产总值(即 GDP)总额为 3645.2 亿元，2012 年为 519322 亿元，计算 1978—2012 年期间每年中国 GDP 的平均增长量.

解　$\text{平均增长量}=\frac{(519322-3645.2)\text{亿元}}{34}\approx 15166.96\text{亿元}.$

答　改革开放 34 年来每年中国 GDP 的平均增长量为 15166.96 亿元.

例 4.3.2 中国 1978 年贸易进出口总额为 206.4 亿美元，2012 年贸易进出口总额为 38668 亿美元，计算 1978—2012 年期间每年贸易进出口总额的平均增长量.

解 平均增长量$=\frac{(38668-206.4)\text{亿美元}}{34}\approx 1131.22$ 亿美元.

答 改革开放 34 年来每年贸易进出口总额的平均增长量为 1131.22 亿美元.

4.3.2 平均发展速度和平均增长速度

速度平均指标可分为平均发展速度和平均增长速度两种.

定义 4.3.2 **平均发展速度**(average development speed)定义为各个环比发展速度的几何平均数.

它说明现象在一段时期中逐年平均发展快慢的程度.

定义 4.3.3 **平均增长速度**(average growth speed)＝平均发展速度－1.

它反映现象在一段时期中逐年平均增减变化的快慢程度.

定义 4.3.4 设一批数据为 $X_1, X_2, \cdots, X_n$，定义这批数据的**几何平均数**为

$$\bar{X}_G=\sqrt[n]{\prod_{i=1}^{n} X_i}.$$

数据的几何平均数能反映这批数据的中间大小、平均程度，它也是一种平均指标. 如数 2,4 的几何平均数$=\sqrt{2\times 4}\approx 2.83$；数 3,5,8 的几何平均数$=\sqrt[3]{3\times 5\times 8}\approx 4.93$.

几何平均数一般用在计算比值(如比率)数据的平均效果较好.

例 4.3.3 在 2011 年 3 月中国银行各档次定期存款利率如下表所示：

存款期限	利率/(%)
3 月	2.6
半年	2.8
1 年	3
2 年	3.9
3 年	4.5
5 年	5

试计算银行定期存款平均利率.

解 平均利率 $\bar{X}_G=\sqrt[6]{2.6\%\times 2.8\%\times 3\%\times 3.9\%\times 4.5\%\times 5\%}=3.52\%$.

在实际统计工作中，计算平均发展速度有两种方法：公式法和方程法. 下面分别加以介绍.

1. 公式法

若已知最初水平、最末水平、时间长度 n，则可用几何平均法计算平均发展速度. 平均发展速度是各期环比发展速度的几何平均数，其计算公式为

$$\bar{X}_G=\sqrt[n]{\frac{a_1}{a_0}\frac{a_2}{a_1}\cdots\frac{a_n}{a_{n-1}}}=\sqrt[n]{\frac{a_n}{a_0}}.$$

上述两个公式可以根据所掌握资料的不同选择应用.如果只有逐期环比发展速度资料,可用前式计算;如果掌握最末水平和最初水平资料,则用后式计算.

若现象从最初水平 a_0 出发,每期用平均发展速度 $\overline{X}$ 发展,经过 n 期后,达到最末水平 a_n,则有变形公式

$$a_0\overline{X}^n = a_n.$$

例 4.3.4　中国 1978 年贸易进出口总额为 206.4 亿美元,2008 年贸易进出口总额为 25616.3 亿美元,计算 1978—2008 年期间每年贸易进出口总额的平均增长速度.

解　平均发展速度 $\overline{X}=\sqrt[30]{\dfrac{25616.3}{206.4}}\approx 117.43\%$,

平均增长速度 $=117.43\%-1=17.43\%$.

答　改革开放 30 年来每年贸易进出口总额的平均增长速度为 17.43%.

例 4.3.5　中国 1983 年实际使用外资额为 22.6 亿美元,2008 年为 952.5 亿美元,计算 1983—2008 年期间,中国实际使用外资额每年的平均增长速度.

解　平均发展速度 $\overline{X}=\sqrt[25]{\dfrac{952.5}{22.6}}\approx 116.14\%$,

平均增长速度 $=116.14\%-1=16.14\%$.

答　1983—2008 年期间,中国实际使用外资额每年的平均增长速度为 16.14%.

例 4.3.6　中国 1995 年研究与试验发展经费支出为 349 亿元,2008 年为 4570 亿元,计算 1996—2008 年期间,中国研究与试验发展经费支出每年的平均增长速度.

解　平均发展速度 $\overline{X}=\sqrt[13]{\dfrac{4570}{349}}\approx 121.88\%$,

平均增长速度 $=121.88\%-1=21.88\%$.

答　1996—2008 年期间,中国研究与试验发展经费支出每年的平均增长速度为 21.88%.

2. *方程法*

方程法,也称**累计法**.若已知最初水平、考察整个时期中各年发展水平的总和与时间长度 n,则可用方程法计算平均发展速度.

设 $\overline{X}$ 为平均发展速度,则有

$$a_0\overline{X}+a_0\overline{X}^2+\cdots+a_0\overline{X}^n = a_1+a_2+\cdots+a_n,$$

即

$$\sum_{i=1}^{n}\overline{X}^i = \frac{\sum\limits_{i=1}^{n}a_i}{a_0},$$

等号右边是个已知数,解关于 $\overline{X}$ 的方程可以得到平均发展速度 $\overline{X}$.

上式是一个超越方程,且有唯一正根,即为平均发展速度.当 $n>2$ 时,其值可通过数值方法计算得到.

例 4.3.7　某工厂 2003 年生产高端设备 168 台,计划到 2008 年的产量要达到 600

台.要求：

(1) 从2004年开始，应按怎样的增长速度进行生产，才能达到2008年的产量？

(2) 若每年按上述增长速度进行生产，则2004—2008年五年的总产量为多少？

(3) 已知2004和2005年两年共生产527台，这两年的平均发展速度为多少？

(4) 若该厂2006年高端设备产量要比2003年的翻两番，则平均增长速度为多少？

解 (1) 平均发展速度$=\sqrt[n]{\frac{a_{2008}}{a_{2003}}}=\sqrt[5]{\frac{600}{168}}=1.29=129\%$，

平均增长速度=平均发展速度$-1=29\%$.

(2) 若每年应按29%的增长速度进行生产，则2004—2008年五年的总产量为

$$\begin{aligned}a_{2004}+a_{2005}+a_{2006}+a_{2007}+a_{2008}&=a_{2003}\overline{X}+a_{2003}\overline{X}^2+a_{2003}\overline{X}^3+a_{2003}\overline{X}^4+a_{2003}\overline{X}^5\\&=168(\overline{X}+\overline{X}^2+\overline{X}^3+\overline{X}^4+\overline{X}^5)\\&=168(1.29+1.29^2+1.29^3+1.29^4+1.29^5)\\&\approx 1922(\text{台}).\end{aligned}$$

(3) 已知$a_{2004}+a_{2005}=527$，所以

$$\overline{X}+\overline{X}^2=\frac{a_{2004}+a_{2005}}{a_{2003}}=\frac{527}{168}=3.1369.$$

方程$\overline{X}^2+\overline{X}-3.1369=0$由求根公式，可解得

$$\overline{X}=\frac{-1\pm\sqrt{(-1)^2-4\times1\times(-3.1369)}}{2\times1}.$$

所以$\overline{X}=1.3403$(负根舍去).

(4) 平均发展速度$=\sqrt[n]{\frac{a_{2006}}{a_{2003}}}=\sqrt[3]{4}=1.5874=158.74\%$，

平均增长速度$=158.74\%-1=58.74\%$.

例 4.3.8 中国第七个五年计划期间基本建设投资额的资料见下表：

年　份	1985	1986	1987	1988	1989	1990
基本建设投资额/亿元	1074.37	1176.11	1343.10	1574.31	1551.74	1703.81

求：(1) “七五”期间平均增长量；

(2) “七五”期间平均增长速度.

解 (1) 平均增长量$=\frac{a_{1990}-a_{1985}}{5}=\frac{1703.81-1074.37}{5}=125.888$.

(2) 平均发展速度$=\sqrt[5]{\frac{a_{1990}}{a_{1985}}}=\sqrt[5]{\frac{1703.81}{1074.37}}=1.0966=109.66\%$.

平均增长速度$=109.66\%-1=9.66\%$.

答 第七个五年计划期间基本建设投资额平均增长量为125.888亿元，平均增长速度为9.66%.

注 在上一章与本章分别引入了算术平均数$\overline{X}$、调和平均数$\overline{X}_H$、几何平均数$\overline{X}_G$，它

们有相似的功能，而它们的大小有何关系呢？举例说明，若取数 2，4，则 $\overline{X}=3$，$\overline{X}_G\approx 2.83$，$\overline{X}_H\approx 2.67$，有 $\overline{X}\geqslant\overline{X}_G\geqslant\overline{X}_H$；若取数 3，5，8，则 $\overline{X}\approx 5.33$，$\overline{X}_G\approx 4.93$，$\overline{X}_H\approx 4.56$，也有 $\overline{X}\geqslant\overline{X}_G\geqslant\overline{X}_H$；一般这个结果也成立，证明略.

习　题　四

1. 某百货公司三种商品报告期及基期的销售量、价格资料如下表：

商　品	计量单位	销售量		价格/元	
		基期	报告期	基期	报告期
—	—	q_0	q_1	p_0	p_1
甲	千克(kg)	8000	8800	10.0	10.5
乙	件	2000	2500	8.0	9.0
丙	盒	10000	10500	6.0	6.5

试计算三种商品的销售量个体指数 K_q，销售量总指数 $\overline{K}_q$，销售价格总指数 $\overline{K}_p$.

2. 某公司两种产品的销售价格和销售量资料如下表所示：

产品名称	计量单位	销售量		销售价格/元	
		基期	报告期	基期	报告期
甲	米	1000	1100	1000	1050
乙	千克(kg)	8000	8500	500	530

试用拉氏指数法和派氏指数法分别计算产品的销售价格总指数和销售量总指数.

3. 已知某商场三种商品的销售情况如下表所示：

商　品	计量单位	基期销售额/万元	销售量个体指数/(%)
甲	件	10	102.0
乙	台	8	105.0
丙	千克(kg)	12	110.0

计算三种商品的销售量总指数.

4. 某厂三种产品的产量情况如下：

产　品	计量单位	出厂价格/元		产　量	
		基期	报告期	基期	报告期
A	件	8	8.5	13500	15000
B	个	10	11	11000	10200
C	千克(kg)	6	5	4000	4800

试分析出厂价格和产量的变动对总产值的影响.

5. 某地区三种水果的销售情况如下：

水果品种	本月销售额/万元	本月比上月价格增减/(%)
苹果	68	−10
草莓	12	12
橘子	50	2

试计算该地区三种水果的价格总指数及由于价格变动对居民开支的影响.

6. 某厂生产情况如下：

产　品	计量单位	产　量		基期产值/万元
		基期	报告期	
甲	台	1000	920	650
乙	双	320	335	290

请根据资料计算该厂的产量总指数和因产量变动而增减的产值.

7. 某市1999年第一季度社会商品零售额为36200万元，第四季度为35650万元，零售物价下跌0.5%. 试计算该市社会商品零售额指数，零售价格指数和零售量指数，以及由于零售物价下跌居民少支出的金额.

8. 某厂三种产品的产量情况如下表所示：

产　品	计量单位	单位成本/百元		产　量	
		基期	报告期	基期	报告期
A	套	26	24	30	32
B	吨(t)	10	11	46	54
C	台	50	45	6	6

试分析出厂价格和产量的变动对总产值的影响.

9. 某地区三种水果的销售情况如下：

水果品种	上月销售额/万元	本月比上月价格增减/(%)
苹果	68	−10
草莓	12	12
橘子	50	2

试计算该地区三种水果的价格总指数及由于价格变动对居民开支的影响.

10. 某市居民1994年以相同的人民币在物价上涨后比1993年少购商品15%，试计算该市1994年的物价指数.

11. 某商店报告期与基期相比，商品销售额增长6.5%，商品销售量增长6.5%，试计算该商店商品价格上涨幅度.

12. 单位产品成本报告期比基期下降6%，产量增长6%. 试计算生产总费用增减程度.

13. 在2010年12月我国银行各档次定期存款利率如下表所示：

存款期限	利率/(%)
3 月	2.25
半年	2.5
1 年	2.75
2 年	3.55
3 年	4.15
5 年	4.55

试计算银行定期存款平均利率.

14. 某地区 1996—2000 年国民生产总值数据如下：

年　份		1997	1998	1999	2000	2001
国民生产总值/亿元		40.9		68.5	58	
发展速度/(%)	环比	—				
	定基	—				151.34
增长速度/(%)	环比	—	10.3			
	定基	—				

要求:(1) 计算并填列表中所缺数字;

(2) 计算该地区 1997—2001 年间的平均国民生产总值;

(3) 计算 1998—2001 年间国民生产总值的平均发展速度和平均增长速度.

15. 某企业的科技投入 2010 年比 2005 年增长了 58.6%,计算该企业 2006—2010 年间科技投入的平均发展速度.

16. 某省对外贸易总额 1998 年较 1995 年增长 7.9%,1999 年较 1998 年增长 4.5%,2000 年较 1999 年增长 20%. 试计算 1995—2000 年间的平均增长速度.

17. 已知某油田 1995 年的原油总产量为 200 万吨,2000 年的原油总产量为 459 万吨. 试计算"九五"计划期间该油田原油总产量每年的平均增长速度.

18. 某机械制造企业有四个车间实行流水作业,2008 年第一季度各车间的产品合格率分别如下表所示：

车　间	产品合格率/(%)
毛坯	95
粗加工	92
精加工	90
组装	85
合　计	—

求各车间产品的平均合格率.

19. 某企业向银行申请一笔贷款,期限 8 年,以复利计息. 8 年的利率分配是:第 1 年为 2%,第 2 年至第 3 年为 3%,第 4 年至第 6 年为 4.5%,第 7 年至第 8 年为 6%. 求平均年利率.

注 银行的计息是以复利计算的，每年的利息是在上一年的存款额（本金＋利息）基础上计算的，因此必须先将各年利率换算成各年本利率，即1＋年利率.

20. 中国第七个五年计划期间基本建设投资额的资料见下表：

年份	1985	1986	1987	1988	1989	1990
基本建设投资额/亿元	1074.37	1176.11	1343.10	1574.31	1551.74	1703.81

求平均发展速度.

21. 某产品产量1995年比1990年增长了105％，2000年比1995年增长了306.8％. 试计算该产品产量在1990—2000年间的平均增长速度.

阅读资料1　全球各国或地区竞争力排名

瑞士国际管理发展学院（IMD）在2013年6月发布了"2013年度全球各国或地区竞争力排名"，美国、瑞士、中国香港地区位居排名前三位，中国大陆位居第21位，排名有所上升.这是该机构第25次发布该榜单，排名主要依据各国经济状况、政府效率、企业效率和基础设施等各项综合竞争力打分.排在榜首的是美国，2至10名依次为瑞士、中国香港、瑞典、新加坡、挪威、加拿大、阿联酋、德国以及卡塔尔.瑞士国际管理发展学院在发布的新闻稿指出，中国大陆在2013年的榜单中位居第21位，比2012年上升两名，国家竞争力整体有所上升.韩国与日本的排名比中国稍落后，韩国第22位、日本第24位.

报告还称，金砖国家的排名表现优劣不一，中国与俄罗斯（第42位）的排名上升，印度（第40位）、巴西（第51位）的排名则下跌，主要原因是"新兴经济体通常仍然高度依赖全球经济复苏，但是目前复苏态势仍较缓慢".

该机构指出，近年来，竞争力明显上升的国家有中国、德国、以色列、韩国等；明显跌落的国家包括法国、希腊等国家.但该机构强调，虽然美国、加拿大、新加坡的国家竞争力并没有显著提高，但它们在科技、教育及基础设施等领域的持续创新和进步保证了三国持久和稳定的国家竞争力.

瑞士国际管理发展学院世界竞争力中心主任格拉里表示，欧元区的表现如今仍然止步不前，稳健复苏的美国一跃升为榜首.他认为，结构性改革不可避免，但经济增长仍然是考量竞争力的先决条件，各国需要保持社会的凝聚力来促进繁荣.格拉里还表示，衡量一国国家竞争力的主要原则为：制造业、多样化、出口、对基础设施及教育的投资、对中小企业的支持、加强财政纪律及保持社会凝聚力.竞争力排名靠前的几个国家都有一些共同点，包括发达的制造业，以出口为导向的多元化经济，而且充分支持中小型企业.讲究政府效率、商务效率以及重视基础设施建设等.

阅读资料2　人类发展指数

联合国发展计划署主编的"人类发展指数"（Human Development Index）的计算以3个分指数为基础.3个分指数分别衡量人类生活的3个基本方面：

（1）出生时预期寿命——反映人的寿命和健康状况.

（2）成年人识字率（占2/3权重）及小学、中学和大学综合入学率（占1/3权重）——反映人的平均知识水平.

（3）实际人均国内生产总值（美元购买力平价计算）——反映舒适生活所需资源的满足程度.

人类发展指数是健康、教育和收入3个分指数的算术平均值.

按人类发展指数的大小可以给出各国的排名，2013年排在前10名的国家或地区是：

1.挪威；　2.澳大利亚；　3.美国；　4.荷兰；　5德国；　6.新西兰；

7.爱尔兰；　8.瑞典（指数相同并列）；　9.瑞士；　10.日本.

中国仅排在101名，属于中游，即现处于中等人类发展状态.联合国发展计划署称，这一排名的意义在于告诉人们不管经济增长如何，国家都不能依赖单一方面的发展.人类发展指数在一定程度上建立了经济发展与社会发展之间的二维指标联系，综合考察发展状况.如人的健康长寿、受教育机会、生活水平、生存环境和自由程度等指标的综合发展状况，它是衡量一个国家综合国力的重要指标.

中国改革开放以来GDP(国内生产总值)年均近10%的速度实现了快速增长，高等教育也得到迅速发展，与之同步，中国人类发展指数也快速提升.这表明，中国百姓的生活水平正在得到极大改善.中国人类发展指数(HDI)从1975年的0.53上升到2013年的0.699.(注：如果某国或地区的人类发展指数高于0.80，则是高人类发展水平；指数在0.50—0.79之间是中等人类发展水平；低于0.50则是低人类发展水平.)改革开放以来中国人类发展水平取得重要进步，现已进入新阶段，但依然面临诸多挑战.尤其是发展的不平衡状况显得更加突出，城乡差别、贫富差距，环境污染，医疗条件等诸多问题都仍然存在.要把国内的人类发展水平提高到高水平，任重而道远.

第五章　统计数据关系的分析

客观现象不是孤立存在的，而是相互联系、影响的．一种现象的变化往往取决于其他现象的变化，当现象用变量描述时，则现象之间的关系变成变量间的关系．变量之间的关系一般可分为两类：一类是变量之间存在着完全确定的关系，即一个变量或一些变量值可以确定另一变量的值，这种关系通常被称为**函数关系**．例如，正方形的面积与它的边长之间的关系是函数关系，边长定了，面积也就定了，当边长为 3 cm 时，面积为 9 cm^2；而当边长为 10 cm 时，面积为 100 cm^2．又如，圆的周长 C 与半径 r 之间存在着函数关系 $C=2\pi r$．再比如，销售收入 y 与所销售的产品数量 x 之间存在着函数关系 $y=px$（p 表示单位产品的价格）．另一类是变量之间存在着的关系具有某种程度的不确定性．如正常人的血压与年龄有一定的关系，一般而言，年龄大的人血压容易高一些，但是年龄大小与血压高低之间的关系不能用一个确定的函数式表示．又如，粮食产量与施肥量有关，加点肥料有助于提高产量，但施肥量相同的田块，粮食产量仍会有些差异．这种变量之间不完全确定的关系称为**相关关系**．

相关分析与回归分析都是研究变量间的相关关系的，它们均是统计中应用较广的方法．下面分别加以介绍．

§5.1　相关分析

相关分析（correlation analysis）是描述与探索现象间是否具有相关关系及其规律性的统计方法．相关关系的表现形态大体上可以分为线性相关、非线性相关、完全相关和不相关等几种．在相关关系中，如果两个变量的变动方向相同，一个变量的数值增大（或减少），另一个变量的数值也随之增大（或减少），则称为**正相关关系**；如果两个变量的变动方向相反，一个变量的数值增大（或减少），另一个变量随之减少（或增大），则称为**负相关关系**．

相关关系的特点是，一个变量的取值不能由另一个变量唯一确定．

5.1.1　直观分析法

要判别现象之间有无相关关系，以及相关关系的类型，可以用直观分析法．直观分析法（intuitive analysis method）借助于图形考察，它的一个常用工具是散点图．

一、散点图

散点图（scatter chart），它是画在直角坐标平面上，以 x 轴表示自变量，y 轴表示因变量，将两个变量的成对变量值 (x_i, y_i) $(i=1,2,\cdots,n)$ 在直角坐标平面上以坐标点的形式描绘出来．散点图显示了两个变量之间的大致关系，从中可以直观地看出变量之间的关系形态和相关方向等信息.图 5.1.1 散点图中有若干种相关关系的表现形态.

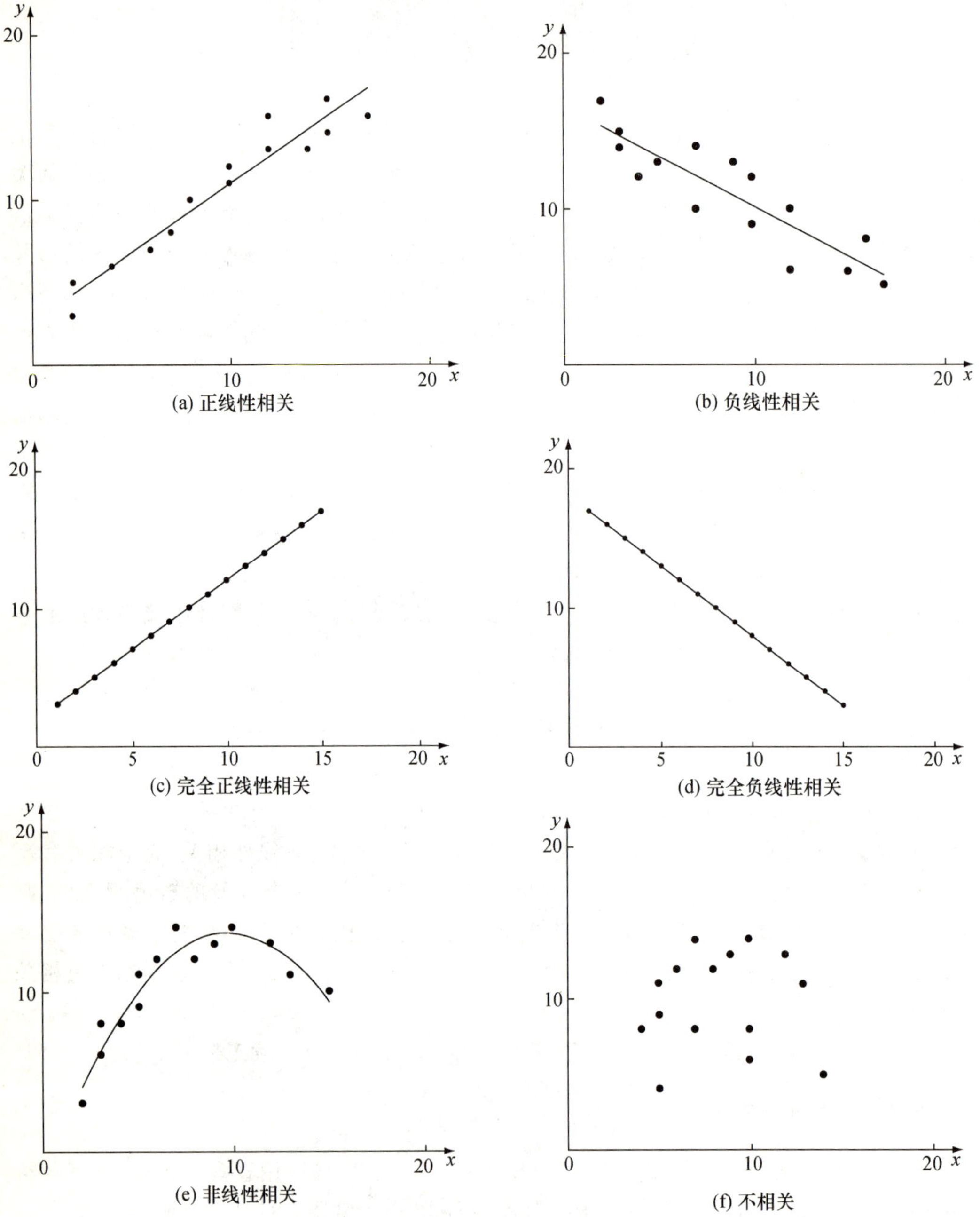

图 5.1.1 散点图

二、相关系数

通过散点图可以大致考察两个变量的相关关系的方向、形态等,对于两个变量情形,要考察它们是否具有线性相关关系及相关程度和相关方向的情况,还可以通过计算.

设两个变量 X 和 Y，通过观察或试验我们可以得到若干组成对样本数据，记为 $(X_i,Y_i),i=1,2,\cdots,n$. 令 $\bar{X}=\frac{1}{n}\sum_{i=1}^{n}X_i,\bar{Y}=\frac{1}{n}\sum_{i=1}^{n}Y_i$.

定义 5.1.1 设样本为 $(X_i,Y_i),i=1,2,\cdots,n$，称

$$r=\frac{\sum_{i=1}^{n}X_iY_i-n\bar{X}\bar{Y}}{\sqrt{\sum_{i=1}^{n}X_i^2-n\bar{X}^2}\sqrt{\sum_{i=1}^{n}Y_i^2-n\bar{Y}^2}}\overset{\text{记为}}{=\!=}\frac{\sum XY-n\bar{X}\bar{Y}}{\sqrt{\sum X^2-n\bar{X}^2}\sqrt{\sum Y^2-n\bar{Y}^2}}$$

为 X 与 Y 的样本**相关系数**(related coefficient). 它的另一形式为

$$r=\frac{n\sum_{i=1}^{n}X_iY_i-\sum_{i=1}^{n}X_i\sum_{i=1}^{n}Y_i}{\sqrt{n\sum_{i=1}^{n}X_i^2-\left(\sum_{i=1}^{n}X_i\right)^2}\sqrt{n\sum_{i=1}^{n}Y_i^2-\left(\sum_{i=1}^{n}Y_i\right)^2}}$$

$$\overset{\text{记为}}{=\!=}\frac{n\sum XY-\sum X\sum Y}{\sqrt{n\sum X^2-\left(\sum X\right)^2}\sqrt{n\sum Y^2-\left(\sum Y\right)^2}}.$$

显然 r 的符号与分子 $\left(\sum XY-n\bar{X}\bar{Y}\right)$ 的符号相同，而

$$\sum XY-n\bar{X}\bar{Y}=\sum(X-\bar{X})(Y-\bar{Y}).$$

下面作个直观分析，绘制有 n 个点的散点图，同时绘制直线 $x=\bar{x},y=\bar{y}$. 计算 $y_i-\bar{y}$ 的值，它表示观察值 y_i 到其变量均值的离差；同样，计算 $x_i-\bar{x}$ 的值，它表示观察值 x_i 到其变量均值的离差；以及计算 $(x_i-\bar{x})(y_i-\bar{y})$ 的值. 若以点 $(\bar{x},\bar{y})$ 为新坐标系的原点，直线 $x=\bar{x},y=\bar{y}$ 分别为新坐标系的坐标轴建立新直角坐标系，新坐标系有 4 个象限. 从图 5.1.2 中很明显地可以看出对于第一和第二象限的点 $y_i-\bar{y}$ 的值为正，而第三和第四象限值为负；同样，对于 $x_i-\bar{x}$，在第一和第四象限值为正，而另外两个象限值为负. 从而在第一、三象限值 $(x_i-\bar{x})(y_i-\bar{y})$ 为正，而在第二、四象限值 $(x_i-\bar{x})(y_i-\bar{y})$ 为负. 图 5.1.2 中显示变量 X 和 Y 之间存在正相关关系，因为一、三象限内点的个数明显多于二、四象限，从而所有点构成的 $(x_i-\bar{x})(y_i-\bar{y})$ 的和 $\sum(x_i-\bar{x})(y_i-\bar{y})$ 很可能为正. 反过来，如果 $\sum(x_i-\bar{x})(y_i-\bar{y})$ 为正时，则两变量间存在正相关关系；同样，如果两变量间有负相关关系，则二、四象限内点的个数比一、三象限内的多，和 $\sum(x_i-\bar{x})(y_i-\bar{y})$ 为负，反之，如果和 $\sum(x_i-\bar{x})(y_i-\bar{y})$ 为负时，则表明两变量间存在负相关关系；如果两个变量间无相关关系，分布在一、三象限内的点和二、四象限的点差不多一样多时，和 $\sum(x_i-\bar{x})(y_i-\bar{y})$ 接近于零，反之，如果和 $\sum(x_i-\bar{x})(y_i-\bar{y})$ 接近于零时，也就表明两个变量间无相关关系. 因此，用 r 测定两个变量间的关系. 如果 r 的符号为正，表明存在正线性相关关系；如果 r 的符号为负，表明存在负线性相关关系；如果 r 值为零，表明无线性相关关系. 虽然 $\sum(x_i-\bar{x})(y_i-\bar{y})$ 能度量两个变量间的线性相关关系的方向，但若直接用

$\sum(x_i-\bar{x})(y_i-\bar{y})$，却对相关强度的测定无能为力．其绝对值越大并不表明线性相关关系越强．例如，当两个变量采用不同的单位进行度量时，$\sum(x_i-\bar{x})(y_i-\bar{y})$ 的大小可能不一样，但相关关系是一样的．为了克服这种影响．著名统计学家卡尔·皮尔逊设计了统计指标——相关系数．他将 $\sum(x_i-\bar{x})(y_i-\bar{y})$ 除以两个变量各自的标准差，即得到 r．它不仅具有判别相关方向的功能，而且可以描述变量间直线相关关系的密切程度．如果相关系数是根据总体全部数据计算得到的，称为**总体相关系数**；如果是根据样本计算得到的，则称为**样本相关系数**．

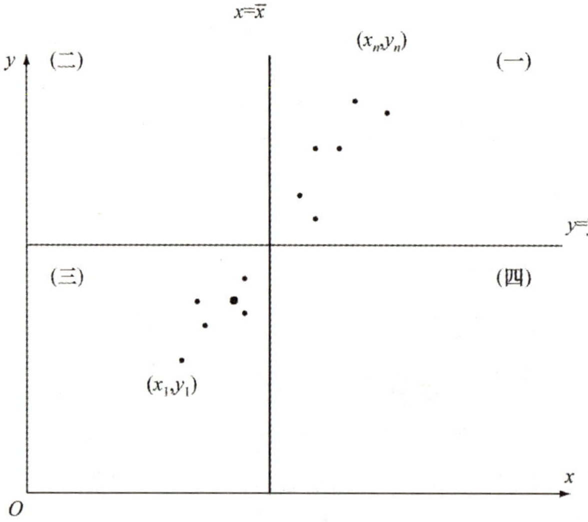

图 5.1.2　示意图

相关系数 r 的值介于 -1 与 $+1$ 之间，即 $-1\leqslant r\leqslant+1$．其性质如下：

(1) $|r|$ 为 1 时，Y 与 X 是完全的直线关系；

(2) $|r|$ 为 0 时，Y 与 X 没有一点直线关系；

(3) $|r|$ 接近 1 时，Y 与 X 的直线关系越强；

(4) $|r|$ 接近 0 时，Y 与 X 的直线关系越弱．

进一步可以给出如下等级分类：

(1) $|r|\geqslant0.8$，高度直线相关；

(2) $0.5<|r|\leqslant0.8$，显著直线相关；

(3) $0.3<|r|\leqslant0.5$，低度直线相关；

(4) $|r|\leqslant0.3$，微弱直线相关．

相关系数能描述线性关系密切程度的原理分析将在下一节叙述．

例 5.1.1　中国 2001 年至 2008 年出版图书种数和总印数资料如下表：

年　份	2001	2002	2003	2004	2005	2006	2007	2008
种数/万种	15.5	17.1	19.0	20.8	22.2	23.4	24.8	30.7
总印数/亿册	63.1	68.7	66.7	64.1	64.7	64.1	62.9	68.7

要求:(1) 以图书种数和总印数为变量绘制散点图;

(2) 计算图书种数和总印数两个变量的相关系数.

解　(1) 用横轴表示图书种数,纵轴表示总印数,描点得散点图如下:

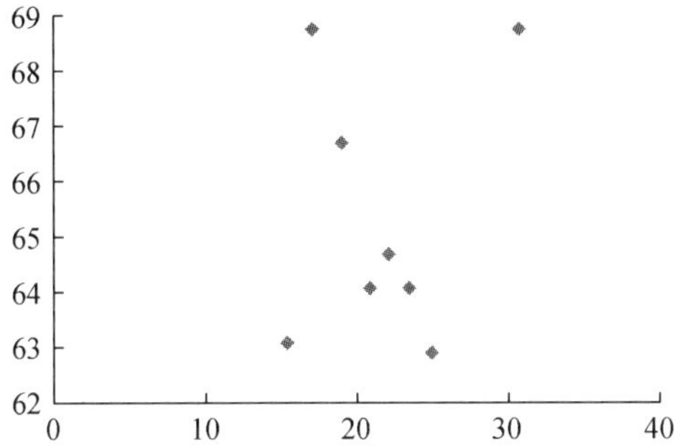

从散点图中可以看出图书种数和总印数两个变量几乎没有直线关系.

(2) 两个变量的相关系数计算如下:

$$r=\frac{n\sum_{i=1}^{n}X_iY_i-\sum_{i=1}^{n}X_i\sum_{i=1}^{n}Y_i}{\sqrt{n\sum_{i=1}^{n}X_i^2-\left(\sum_{i=1}^{n}X_i\right)^2}\sqrt{n\sum_{i=1}^{n}Y_i^2-\left(\sum_{i=1}^{n}Y_i\right)^2}}$$

$$=\frac{8\sum_{i=1}^{8}X_iY_i-\sum_{i=1}^{8}X_i\sum_{i=1}^{8}Y_i}{\sqrt{8\times\sum_{i=1}^{8}X_i^2-\left(\sum_{i=1}^{8}X_i\right)^2}\sqrt{8\times\sum_{i=1}^{8}Y_i^2-\left(\sum_{i=1}^{8}Y_i\right)^2}},$$

其中

$$\sum_{i=1}^{8}X_iY_i=15.5\times 63.1+17.1\times 68.7+\cdots+30.7\times 68.7=11358.69,$$

$$\sum_{i=1}^{8}X_i=15.5+17.1+\cdots+30.7=173.5,$$

$$\sum_{i=1}^{8}Y_i=63.1+68.7+\cdots+68.7=523,$$

$$\sum_{i=1}^{8}X_i^2=15.5^2+17.1^2+\cdots+30.7^2=3924.23,$$

$$\sum_{i=1}^{8}Y_i^2=63.1^2+68.7^2+\cdots+68.7^2=34230,$$

则

$$r=\frac{8\times 11358.69-173.5\times 523}{\sqrt{8\times 3924.23-173.5^2}\sqrt{8\times 34230-523^2}}=0.2036<0.3.$$

相关系数 r 为 0.2036,说明图书种数和总印数两个变量的线性关系微弱,可以认为没有直线相关关系,与散点图的观察结果一致.

例 5.1.2　用 X 表示中国电力消费较上一年的增幅,Y 表示中国能源消费较上一年

的增幅,中国2001年至2008年关于 X,Y 资料如下表:

年　份	2001	2002	2003	2004	2005	2006	2007	2008
X/(%)	9.3	11.8	15.6	15.4	13.5	14.6	14.4	5.6
Y/(%)	3.4	6	15.3	16.1	10.6	9.6	7.8	4

要求:(1) 以 X,Y 为变量绘制散点图;

(2) 计算 X 与 Y 两个变量的相关系数.

解　(1) 用横轴表示 X,纵轴表示 Y,描点得散点图如下:

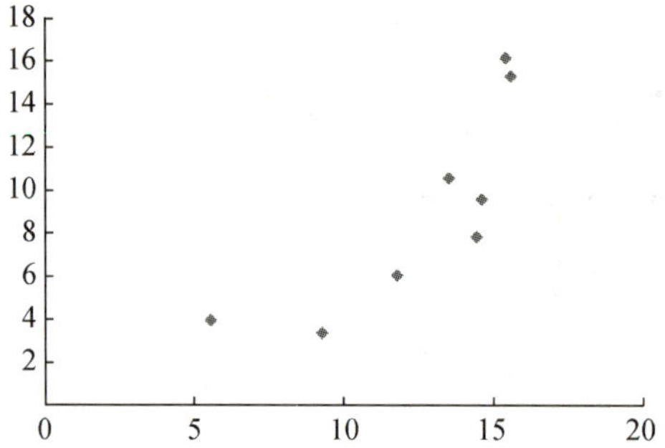

从散点图看出 X 与 Y 两个变量有较强的直线关系.

(2) 两个变量的相关系数计算如下:

$$\sum_{i=1}^{8} X_i Y_i = 9.3\% \times 3.4\% + 11.8\% \times 6\% + \cdots + 5.6\% \times 4\% = 0.100702,$$

$$\sum_{i=1}^{8} X_i = 9.3\% + 11.8\% + \cdots + 5.6\% = 1.002,$$

$$\sum_{i=1}^{8} Y_i = 3.4\% + 6\% + \cdots + 4\% = 0.728,$$

$$\sum_{i=1}^{8} X_i^2 = (9.3\%)^2 + (11.8\%)^2 + \cdots + (5.6\%)^2 = 0.134038,$$

$$\sum_{i=1}^{8} Y_i^2 = (3.4\%)^2 + (6\%)^2 + \cdots + (4\%)^2 = 0.082222,$$

则

$$r = \frac{8 \times 0.100702 - 1.002 \times 0.728}{\sqrt{8 \times 0.134038 - 1.002^2}\ \sqrt{8 \times 0.082222 - 0.728^2}} = 0.8152 > 0.8.$$

相关系数为0.8152,说明 X 与 Y 两个变量有高度的直线关系,与散点图的观察结果一致.

这里需要指出的是,相关系数有一个明显的缺点,即它接近于1的程度与数据组数 n 相关,这容易给人一种假象.因为,当 n 较小时,相关系数的波动较大,对有些样本相关系数的绝对值易接近于1;当 n 较大时,相关系数的绝对值容易偏小;特别是当 $n=2$ 时,相关系数的绝对值总为1.因此在样本容量 n 较小时,我们仅凭相关系数较大就判定变量 X

与 Y 之间有密切的线性关系是不妥当的. 这也说明,仅凭 r 的计算值的大小判断相关程度有一定的缺陷. 在实际判断两个变量的关系时,应该将散点图和相关系数结合起来使用. 否则,就容易作出错误的推断.

§5.2 回归分析

5.2.1 一元线性回归分析

一、模型的建立

下面通过一个实例引入回归分析(regression analysis)的一些概念.

例 5.2.1 从某大学男生中随机抽取 10 名,测得其身高(m)、体重(kg)数值如下:

(1.71,65),(1.63,63),(1.84,70),(1.90,75),(1.58,60),

(1.60,55),(1.75,64),(1.78,69),(1.80,65),(1.64,58).

考察体重与身高的关系.

先画散点图(见图 5.2.1),用 X 表示身高,Y 表示体重,在坐标平面上描点(X_i,Y_i),$i=1,2,\cdots,n$.

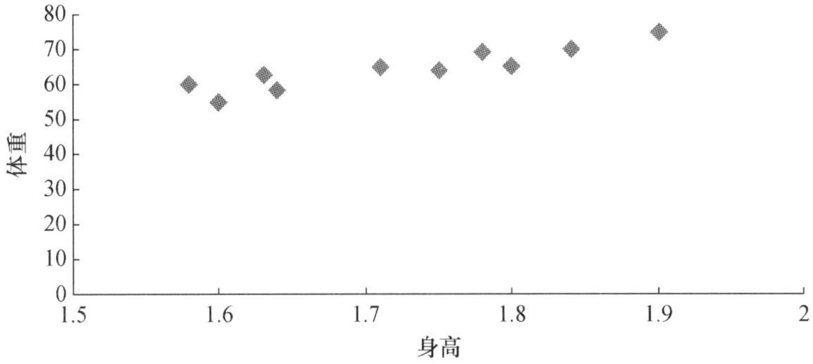

图 5.2.1 散点图

从上图可知,X 对 Y 有直线关系的影响,点不完全在一条直线上表明还有其他随机因素的影响. Y 与 X 的关系是有两部分叠加而成,可以建立模型:$Y=a+bX+\varepsilon$.

定义 5.2.1 称模型 $Y=a+bX+\varepsilon$ 为**一元线性回归模型**,其中 a,b 被称为**回归参数**,b 也被称为**回归系数**,其中要求 X,Y 为可观测变量,ε 为不可观测变量,a,b 是常数.

接下去的任务是找 a,b 的估计,代入后扔掉 ε,建立 $\hat{Y}=\hat{a}+\hat{b}X$.

二、a,b 的最小二乘估计

1. 计算

设来自(X,Y)的样本为:(X_i,Y_i),$i=1,2,\cdots,n$. 应适合

$$Y_i=a+bX_i+\varepsilon_i,\quad i=1,2,\cdots,n.$$

$$\hat{Y}_i=a+bX_i,\quad i=1,2,\cdots,n.$$

令

$$Q(a,b)=\sum_{i=1}^{n}(Y_i-\hat{Y}_i)^2=\sum_{i=1}^{n}(Y_i-a-bX_i)^2,$$

称此式为**误差平方和**.使 $Q(a,b)$ 达到最小的 a,b 的值称为 a,b 的**最小二乘估计**(least square estimation)或**最小平方估计**,这时称 $\hat{Y}=\hat{a}+\hat{b}X$ 为一元线性回归方程,它的图像称为**回归直线**.

通过求 $Q(a,b)$ 的最小值点,得

$$\hat{b}=\frac{\sum_{i=1}^{n}X_iY_i-n\bar{X}\bar{Y}}{\sum_{i=1}^{n}X_i^2-n\bar{X}^2}.$$

$$\hat{a}=\bar{Y}-\hat{b}\bar{X}.$$

推导略.

有了 a,b 的估计值,回归方程 $\hat{Y}=\hat{a}+\hat{b}X$ 就可以建立了.

例 5.2.2 求例 5.2.1 中体重关于身高的线性回归方程.

解 $\sum XY=1114.88,\bar{X}=1.723,\bar{Y}=64.4,\sum X^2=29.7935,n=10$,则

$$\hat{b}=\frac{\sum XY-n\bar{X}\bar{Y}}{\sum X^2-n\bar{X}^2}=\frac{1114.88-10\times1.723\times64.4}{29.7935-10\times1.723^2}=49.6,$$

$$\hat{a}=\bar{Y}-\hat{b}\bar{X}=64.4-49.6\times1.723=-21.06.$$

故所求的一元线性回归方程为 $\hat{Y}=-21.06+49.6X$.

2. 性质

若一元线性回归模型为 $Y_i=a+bX_i+\varepsilon_i,i=1,2,\cdots,n$,建立的模型是否有效?可以利用一个分解式讨论.

记 $SSY=\sum_{i=1}^{n}(Y_i-\bar{Y})^2$ 为**总偏差平方和**,$SSR=\sum_{i=1}^{n}(\hat{Y}_i-\bar{Y})^2$ 为**回归平方和**,$SSE=\sum_{i=1}^{n}(Y_i-\hat{Y}_i)^2$ 为**误差平方和**.

定理 5.2.1 分解式 $SSY=SSR+SSE$ 成立.

证明

$$\begin{aligned}SSY&=\sum_{i=1}^{n}(Y_i-\bar{Y})^2=\sum_{i=1}^{n}(Y_i-\hat{Y}_i+\hat{Y}_i-\bar{Y})^2\\&=\sum_{i=1}^{n}(Y_i-\hat{Y}_i)^2+2\sum_{i=1}^{n}(Y_i-\hat{Y}_i)(\hat{Y}_i-\bar{Y})+\sum_{i=1}^{n}(\hat{Y}_i-\bar{Y})^2,\end{aligned}$$

式中,

$$\begin{aligned}\sum_{i=1}^{n}(Y_i-\hat{Y}_i)(\hat{Y}_i-\bar{Y})&=\sum_{i=1}^{n}(Y_i-\hat{a}-\hat{b}X_i)(\hat{a}+\hat{b}X_i-\bar{Y})\\&=\sum_{i=1}^{n}(Y_i-\bar{Y}+\hat{b}\bar{X}-\hat{b}X_i)(\bar{Y}-\hat{b}\bar{X}+\hat{b}X_i-\bar{Y})\\&=\hat{b}\sum_{i=1}^{n}(Y_i-\bar{Y}+\hat{b}\bar{X}-\hat{b}X_i)(X_i-\bar{X})\end{aligned}$$

$$= \hat{b}\Big[\sum_{i=1}^{n}(X_i-\bar{X})(Y_i-\bar{Y})-\hat{b}\sum_{i=1}^{n}(X_i-\bar{X})^2\Big]$$

$$= \hat{b}\Big[\sum_{i=1}^{n}X_iY_i-n\bar{X}\bar{Y}-\hat{b}\Big(\sum_{i=1}^{n}X_i^2-n\bar{X}^2\Big)\Big]=0.$$

故分解式 $SSY=SSR+SSE$ 成立.　证毕

总偏差平方和 SSY 能反映 $Y_1,Y_2,\cdots,Y_n$ 取值的分散程度,由于

$$\bar{\hat{Y}}=\frac{1}{n}\sum_{i=1}^{n}\hat{Y}_i=\frac{1}{n}\sum_{i=1}^{n}(\hat{a}+\hat{b}X_i)=\hat{a}+\hat{b}\bar{X}=\bar{Y}-\hat{b}\bar{X}+\hat{b}\bar{X}=\bar{Y},$$

所以

$$SSR=\sum_{i=1}^{n}(\hat{Y}_i-\bar{Y})^2=\sum_{i=1}^{n}(\hat{Y}_i-\bar{\hat{Y}})^2,$$

故 SSR 能反映 $\hat{Y}_1,\hat{Y}_2,\cdots,\hat{Y}_n$ 取值的分散程度.

由 $\hat{Y}_i=a+bX_i,i=1,2,\cdots,n$ 可知,$(X_i,\hat{Y}_i),i=1,2,\cdots,n$ 是回归直线上的点,所以 SSR 反应的 $\hat{Y}_1,\hat{Y}_2,\cdots,\hat{Y}_n$ 的分散性实质上取决于 $X_1,X_2,\cdots,X_n$ 的分散性,而 SSE 反应的是除 X 对 Y 的直线关系影响以外的其他因素对 Y 数据波动的影响.

由此可见,当 SSR 越大,而 SSE 越小时,回归方程效果会越好. 显然有

$$0\leqslant\frac{SSR}{SSY}\leqslant 1.$$

其性质如下:

(1) 比值为 1 时,Y 与 X 是完全的直线关系;

(2) 比值为 0 时,Y 与 X 没有一点直线关系;

(3) 比值接近 1 时,Y 与 X 的直线关系越强;

(4) 比值接近 0 时,Y 与 X 的直线关系越弱.

定理 5.2.2　平方和 SSR,SSY 和 X 与 Y 的样本相关系数 r 满足关系式

$$\frac{SSR}{SSY}=r^2.$$

证明　$$SSR=\sum_{i=1}^{n}(\hat{Y}_i-\bar{Y})^2=\sum_{i=1}^{n}(\hat{a}+\hat{b}X_i-\bar{Y})^2$$

$$=\sum_{i=1}^{n}(\bar{Y}-\hat{b}\bar{X}+\hat{b}X_i-\bar{Y})^2=\hat{b}^2\sum_{i=1}^{n}(X_i-\bar{X})^2, \tag{4.1.5}$$

再把计算 $\hat{b}$ 的公式代入,SSR/SSY 与 r^2 比较得两式相等.　证毕

应用此定理可得前述的 r 的一些结果.

例 5.2.3　计算例 5.2.1 中体重与身高的样本相关系数.

解　$\sum XY=1114.88,\bar{X}=1.723,\bar{Y}=64.4,\sum X^2=29.7935,\sum Y^2=41790$, $n=10$,则

$$r=\frac{1114.88-10\times 1.723\times 64.4}{\sqrt{29.7935-10\times 1.723^2}\ \sqrt{41790-10\times 64.4^2}}=0.9088.$$

可见 X 与 Y 之间有高度的直线相关关系.

一元线性回归方程的有效性检验的直观检验法：

方法 1 根据散点图作判断，散点图上显示点分布在一条直线附近时，可认为一元线性回归方程有效；

方法 2 根据样本相关系数 r 作判断，$|r|\geqslant 0.8$ 时，可认为一元线性回归方程有效. 应用这两种直观检验法都可以说明例 5.2.1 中建立的体重关于身高的线性回归方程有效.

3. 预测

回归预测(forecast)是用自变量的值预测因变量的值. 设线性回归方程为 $\hat{Y}=\hat{a}+\hat{b}X$，经检验有效后可应用它进行预测. 仅介绍点预测，即当 $X=x_0$ 时，Y_0 的预测值为

$$\hat{Y}_0=\hat{a}+\hat{b}x_0.$$

例 5.2.4 利用例 5.2.1 中建立的体重关于身高的线性回归方程，若假定该校有一个男生身高为 $X=1.62\,\mathrm{m}$，试预测他的体重.

解 前面已用两种方法说明方程有效，所以可用它来作预测. 当 $X=1.62\,\mathrm{m}$ 时，

$$\hat{Y}=-21.06+49.6\times 1.62=59.29\,\mathrm{kg},$$

即他的体重预测值为 59.29 kg.

5.2.2 多元线性回归分析

在许多实际问题中，影响一个事物的因素往往有多种，要涉及多个自变量，在含有多个自变量的回归模型中最简单的是多元线性回归模型.

一、k 元线性回归模型

定义 5.2.2 形如 $Y=\beta_0+\beta_1X_1+\cdots+\beta_kX_k+\varepsilon$ 的模型称为 k **元线性回归模型**，其中 $\beta_0,\beta_1,\cdots,\beta_k$ 是参数，$X_1,X_2,\cdots,X_n,Y$ 是可观测变量，ε 是不可观测变量.

这些规定同一元的情形类似.

设样本为$(Y_i,X_{i1},X_{i2},\cdots,X_{ik})$，$i=1,2,\cdots,n$，代入模型得

$$Y_i=\beta_0+\beta_1X_{i1}+\cdots+\beta_kX_{ik}+\varepsilon_i,\quad i=1,2,\cdots,n.$$

为讨论方便，记

$$\widetilde{Y}=\begin{pmatrix}Y_1\\Y_2\\\vdots\\Y_n\end{pmatrix},\quad X=\begin{bmatrix}1&X_{11}&X_{12}&\cdots&X_{1k}\\1&X_{21}&X_{22}&\cdots&X_{2k}\\\vdots&\vdots&\vdots&\cdots&\vdots\\1&X_{n1}&X_{n2}&\cdots&X_{nk}\end{bmatrix},\quad \widetilde{\beta}=\begin{bmatrix}\beta_0\\\beta_1\\\vdots\\\beta_k\end{bmatrix},\quad \widetilde{\varepsilon}=\begin{bmatrix}\varepsilon_1\\\varepsilon_2\\\vdots\\\varepsilon_n\end{bmatrix}.$$

模型可用矩阵形式表示为

$$\widetilde{Y}=X\widetilde{\beta}+\widetilde{\varepsilon}.$$

二、$\widetilde{\beta}$ 的最小二乘估计

多元线性回归模型的处理类似于一元的情形. 也要寻找参数 $\beta_0,\beta_1,\cdots,\beta_k$ 比较好的估计代入后扔掉 ε.

令

$$Q(\beta_0,\beta_1,\cdots,\beta_k)=\sum_{i=1}^{n}(Y_i-\hat{Y}_i)^2=\sum_{i=1}^{n}(Y_i-\beta_0-\beta_1X_{i1}-\cdots-\beta_kX_{ik})^2$$
$$=(\widetilde{Y}-X\widetilde{\beta})'(\widetilde{Y}-X\widetilde{\beta}).$$

误差平方和 $Q(\beta_0,\beta_1,\cdots,\beta_k)$ 达到最小时，相应的 $\beta_0,\beta_1,\cdots,\beta_k$ 的值依次称为 β_0，$\beta_1,\cdots,\beta_k$ 的最小二乘估计，记

$$\hat{\widetilde{\beta}}=\begin{pmatrix}\hat{\beta}_0\\ \hat{\beta}_1\\ \vdots\\ \hat{\beta}_k\end{pmatrix}$$

为 $\widetilde{\beta}$ 的最小二乘估计. 这时称 $\hat{Y}=\hat{\beta}_0+\hat{\beta}_1X_1+\hat{\beta}_2X_2+\cdots+\hat{\beta}_kX_k$ 为 k 元线性回归方程.

定理 5.2.3　多元线性回归模型中 $\widetilde{\beta}$ 的最小二乘估计为

$$\hat{\widetilde{\beta}}=(X'X)^{-1}X'\widetilde{Y}.$$

推导略.

5.2.3　可线性化模型的回归分析

一、一元曲线回归模型

散点图上若点分布在曲线附近，则可以建立曲线回归模型，其中有些模型可以线性化处理.

例 5.2.5　双曲线回归模型为 $Y=a+b\dfrac{1}{X}+\varepsilon$.

解　令 $X^*=\dfrac{1}{X}$，原模型可化为

$$Y=a+bX^*+\varepsilon.$$

应用数据 $(X_i^*,Y_i)=\left(\dfrac{1}{X_i},Y_i\right)$，$i=1,2,\cdots,n$. 先求得 Y 关于 X^* 的一元线性回归方程 $\hat{Y}=\hat{a}+\hat{b}X^*$.

再用等量代换 $X^*=\dfrac{1}{X}$，可得双曲线回归方程

$$\hat{Y}=\hat{a}+\hat{b}\frac{1}{X}.$$

此双曲线回归方程的有效性可以用检验线性回归方程 $\hat{Y}=\hat{a}+\hat{b}X^*$ 的有效性说明.

二、多项式回归模型

多项式回归模型为 $Y=b_0+b_1X+b_2X^2+\cdots b_kX^k+\varepsilon$.

令 $X_1=X,X_2=X^2,\cdots,X_k=X^k$，则原模型化为 k 元线性回归模型：

$$Y=b_0+b_1X_1+\cdots+b_kX_k+\varepsilon.$$

设样本为 (X_i,Y_i)，$i=1,2,\cdots,n$. 由 $X_{ji}=(X_j)^i$，$j=1,2,\cdots,n$，可以得到 X_i 的取值，

$i=1,2,\cdots,k$,从而可求得 $b_0,b_1,\cdots,b_k$ 的最小二乘估计.

由 k 元线性回归方程 $\hat{Y}=\hat{b}_0+\hat{b}_1X_1+\cdots+\hat{b}_kX_k$,等量代换后得 k 阶多项式回归方程:

$$\hat{Y}=\hat{b}_0+\hat{b}_1X+\cdots+\hat{b}_kX^k.$$

§5.3 动态数列分析

动态数列(dynamic series)也称**时间数列**,或**时间序列**.时间数列分析是统计学应用较广的一个分支,在经济、气象、水文、通信、机械、医学等众多领域有广泛应用.时间数列分析研究有时间先后关系的现象或有因果关系的现象,它能描述现象、事物随时间推移的变化规律性;还能用现象、事物过去和现在的数据资料预测其将来的数据.

5.3.1 动态数列的影响因素

建立模型时考虑时间数列数据的影响因素.时间数列各项指标数值的不同,是由许多因素共同作用的结果,影响因素归纳起来大体有下列四类:

(1) 长期趋势(T)指现象在一段较长的时间内指标数值持续的沿着一个方向,逐渐向上或向下变动或保持平稳的趋势.例如,粮食生产由于种植方法的不断改良、日益发达的农田水利等因素的影响,从较长时间来看,总趋势是持续增加,向上发展的.

(2) 季节变动(S)指现象受季节性因素影响而发生的变动.其变动的特点是,在一年或更短的时间内使现象呈周期性重复的变化.例如,蔬菜生产受季节气候变化的影响,有淡季、旺季之分,淡季产量低价格高,旺季产量高价格低;建筑业施工受季节性因素影响等.引起季节变动的原因既有自然因素,也有人为因素,如气候条件、节假日等.

(3) 循环变动(C)指现象发生周期比较长的涨落起伏的变动.通常以年为时间单位时,周期少则 3 年,一般在 5 年以上.它可以是按月、日以至小时、分秒计算的短周期,也可以是以 3 年、5 年或数十年的长周期.

(4) 不规则变动(R)指除了受以上各种变动的影响以外,还受偶然因素或不明原因而引起的变动.其变化无规则可循.例如,地震、火山爆发、水灾等自然灾害归于不规则变动.

5.3.2 动态数列模型

一、加法模型与乘法模型的定义

设 X 表示指标值,T,S,C,R 分别表示四种构成因素.加法模型与乘法模型是两种常见的时间数列模型.

定义 5.3.1(加法模型) 设

$$X_t=T_t+S_t+C_t+R_t,$$

其中,T_t 取非负值,S_t,C_t 取值可正可负,但要求它们的平均值 $\bar{S}=0,\bar{C}=0$.则称此模型为**加法模型**.

定义 5.3.2(乘法模型)　设

$$X_t = T_t \times S_t \times C_t \times R_t,$$

这时 T_t, S_t, C_t 均取非负值，要求平均值 $\bar{S}=1, \bar{C}=1$. 则称此模型为**乘法模型**.

二、模型选择

1. 加法模型

当时间数列指标值是年度数据，这时不能考虑 S，当时间数列指标值只有若干年(<10 年)的月份或季度数据，这时不能考虑 C，有下面特例：

$$X_t = T_t + C_t + R_t \text{ 或 } X_t = T_t + S_t + R_t.$$

2. 乘法模型

与加法模型类似也有相应的两种特例：

$$X_t = T_t \times C_t \times R_t \text{ 或 } X_t = T_t \times S_t \times R_t.$$

模型的选择可以通过散点图或时间数列图来选，若时间数列图夹在两条平行线之间，可选用加法模型；若时间数列图夹在两条喇叭型线之间，可选用乘法模型. 下面的图 5.3.1 是后一种情况下的示意图.

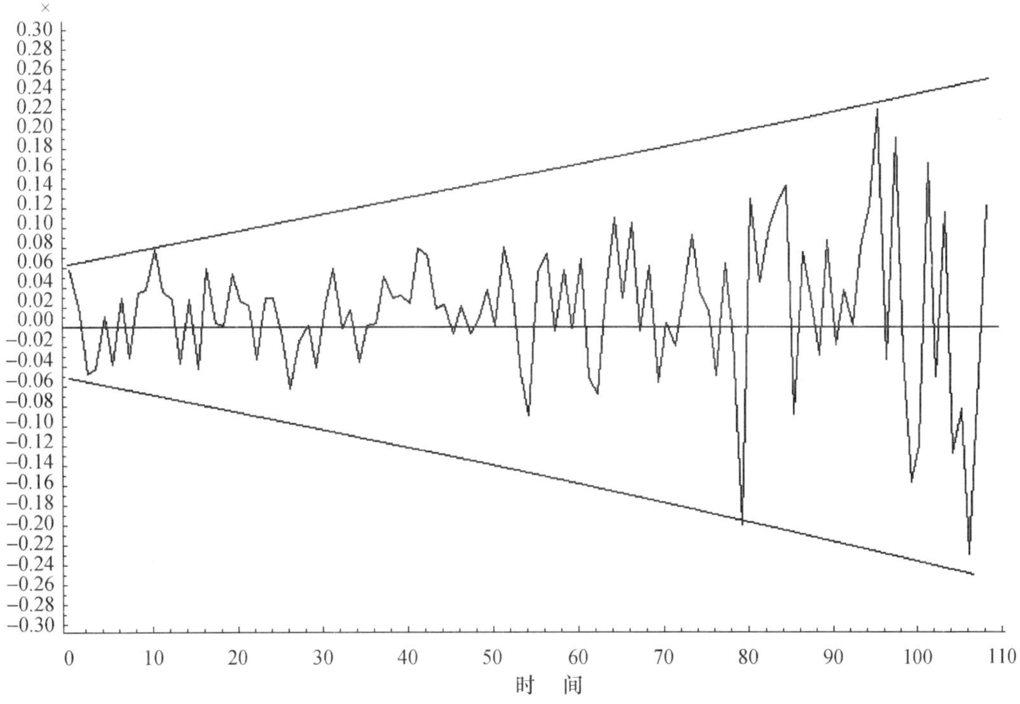

图 5.3.1　NASDAQ 指数 1992 年 1 月至 2001 年 1 月月平均收益率

5.3.3　动态数列的直观预报法

直观预报法中简单易用的是建立趋势方程进行预报.

一、直线趋势方程

设指标值用 X 表示，时间用 t 表示. 先建立趋势方程 $X=f(t)$，若趋势方程有效就可用作预报. 常见的趋势方程可分为直线趋势方程和曲线趋势方程，可以通过散点图或时间数列图来进行选择.

设时间数列为下表所示：

时间	t_1	t_2	…	t_n
指标值	x_1	x_2	…	x_n

在坐标平面上描点 (t_i, x_i)，$i=1,2,\cdots,n$，这些点组成的图就是散点图. 若散点分布在一条直线附近可选用直线趋势方程；若散点分布在一条曲线附近可选用曲线趋势方程. 可由一元回归分析中的最小二乘法，建立直线趋势方程为

$$\hat{x}=\hat{a}+\hat{b}t,$$

其中，$\hat{a}$，$\hat{b}$ 可由下面公式计算得到：

$$\hat{b}=\frac{\sum_{i=1}^{n}x_it_i-n\bar{x}\bar{t}}{\sum_{i=1}^{n}t_i^2-n\bar{t}^2},\quad \hat{a}=\bar{x}-\hat{b}\bar{t},$$

其中，$\bar{x}=\frac{1}{n}\sum_{i=1}^{n}x_i$，$\bar{t}=\frac{1}{n}\sum_{i=1}^{n}t_i$.

在应用上述公式计算时，注意自变量是时间变量，它的值要处理一下以利计算. 如果直接用日历时间代入计算会增加计算量，为简化运算，可以对日历时间取代码. 具体方法有两种. 其一是一般法：依次用 $1,2,\cdots,n$ 来代替原来时间 $t_1,t_2,\cdots,t_n$；其二是简易法：找时间代码 t'_i，使它们的和为 0，即 $\sum_{i=1}^{n}t'_i=0$，以时间数列的中间位置为起点. 当时间数列为奇数项时，起点代码取为 0；当时间数列为偶数项时，起点有两项，代码分别取为 ±1，相邻的取 ±3，以此类推取代码：$\cdots,-5,-3,-1,1,3,5,\cdots$ 不同代码求出的直线方程虽然不一样，但是最终得出的趋势值相同.

用简易法计算时，$\hat{b}$ 和 $\hat{a}$ 的值分别为

$$\hat{b}=\frac{\sum_{i=1}^{n}x_it_i}{\sum_{i=1}^{n}t_i^2},\quad \hat{a}=\bar{x}.$$

思考 为什么可以应用时间代码呢？

例 5.3.1 根据表 5.1 某地 1995 年至 2000 年粮食产量的资料应用最小二乘法建立直线趋势方程.

表 5.1　某地 1995 年—2000 年粮食产量的资料

年　份	时间代码	粮食产量/万吨
1995	1	85.6
1996	2	91.0
1997	3	96.1
1998	4	101.2
1999	5	107.0
2000	6	112.2

解　散点图如下：

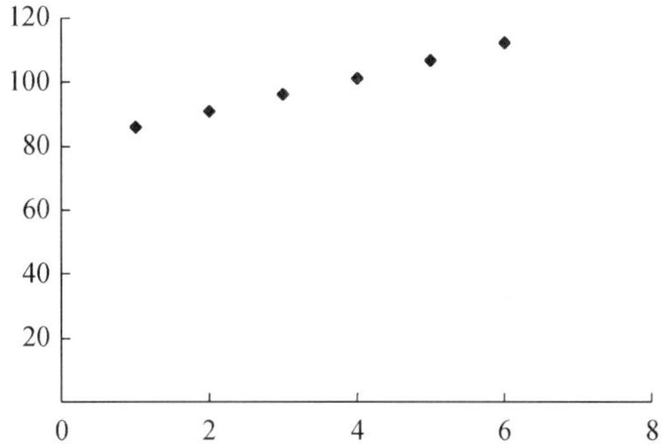

从散点图可知，可以建立直线趋势方程：

$$\sum_{i=1}^{6} t_i = 21,\quad \sum_{i=1}^{6} x_i = 593.1,\quad \sum_{i=1}^{6} t_i^2 = 91,\quad \sum_{i=1}^{6} x_i t_i = 2168.9,$$

$$\hat{b} = \frac{\sum_{i=1}^{n} x_i t_i - n\bar{x}\bar{t}}{\sum_{i=1}^{n} t_i^2 - n\bar{t}^2} = \frac{2168.9 - 6\times\frac{593.1}{6}\times\frac{21}{6}}{91 - 6\times\left(\frac{21}{6}\right)^2} = 5.32,$$

$$\hat{a} = \bar{x} - \hat{b}\bar{t} = \frac{593.1}{6} - 5.32\times\frac{21}{6} = 80.23.$$

由此，所求的直线趋势方程为

$$\hat{x}=80.23+5.32t.$$

有了趋势方程可以进行预测. 在本例中，若要预测 2002 年该地的粮食产量，把 2002 年对应的时间代码 $t=8$ 代入即可得到预测值，即

$$\hat{x}_{2002}=(80.23+5.32\times 8)\text{万吨}=122.79\text{ 万吨}.$$

二、曲线趋势方程

若散点分布在一条曲线附近可以考虑建立曲线趋势方程.

5.3.4 加法模型与乘法模型的预报方法

一、时间数列因素的确定

1. *长期趋势的确定常用方法之一是移动平均法*

从时间数列的第一项开始，按一定项数，求平均数，逐项移动，得出一个由移动平均数构成的时间数列，由这些平均数形成的新的时间数列对原时间数列的波动起到一定修匀作用，削弱了原数列中短期偶然因素的影响，从而呈现出现象发展的长期趋势.

按 K 项移动的计算公式：

$$\bar{X}_1=\frac{X_1+X_2+\cdots+X_K}{K},\quad \bar{X}_2=\frac{X_2+X_3+\cdots+X_{K+1}}{K},\quad \cdots,$$

$$\bar{X}_i=\frac{X_i+X_{i+1}+\cdots+X_{K+i-1}}{K}.$$

例 5.3.2 以中国 1988—2000 年的茶叶产量(表 5.2)为例，说明其计算方法.

表 5.2 中国茶叶产量移动平均计算表

年份	茶叶产量(1)	三年移动平均(2)	四年移动平均(3)	四年移动平均的移正平均(4)
1988	54.5	—		—
			—	
1989	53.5	54.0		—
			54.1	
1990	54.0	53.9		54.3
			54.4	
1991	54.2	54.7		55.3
			56.1	
1992	56.0	56.7		56.7
			57.3	
1993	60.0	58.3		57.9
			58.4	
1994	58.8	59.2		58.9
			59.3	
1995	58.9	59.0		59.5
			59.6	
1996	59.3	59.8		60.6
			61.5	
1997	61.3	62.4		62.6
			63.7	
1998	66.5	65.1		64.8
			65.9	
1999	67.6	67.5		—
			—	
2000	68.3	—		—

移动平均法根据资料的特点及研究的具体任务，选择移动平均的项数. 奇数项移动平均的所得值应放在中间一项对应的位置上，偶数项移动平均的所得值应放在中间二项位置中间，它需要移正平均，即再作一次二项移动平均，才得到最后的趋势值. 被移动平均的项数越多，对原数列的修匀作用就越大，但得到的新时间数列的项数越少. 移动平均法是一种比较简单、有效的方法.

2. *季节变动的确定主要方法是移动平均趋势剔除法*

该方法的基本思想是先将时间数列中的长期趋势予以消除，然后再计算季节比率来确定季节变动，其中数列中的长期趋势值可采用移动平均法求得.

定义 5.3.3　称同月(或同季度)平均数除以所有月(或季度)平均数为**季节比率**,表示为

$$S_i=\frac{\bar{X}_i}{\bar{X}},\quad i=1,2,\cdots,N,\quad \text{一般 } N=4 \text{ 或 } 12.$$

季节比率能反映季节变动影响的大小,季节比率大,受季节变动影响处于高峰;季节比率小,受季节变动影响处于低潮.计算前提条件是要有若干年的分期(如月或季度)资料.

对乘法模型,当 $\sum S_i \neq N$,即 $\bar{S}\neq 1$ 时,要计算调整的季节比率:

$$S_i^*=\frac{S_i}{\bar{S}},\quad i=1,2,\cdots,N.$$

对加法模型,当 $\sum S_i \neq 0$ 时,要计算调整的季节比率:

$$S_i^*=S_i-\bar{S},\quad i=1,2,\cdots,N.$$

假定时间数列模型为 $X_t=T_t\times S_t\times R_t$.移动平均趋势剔除法测定季节变动的步骤概括如下:

(1) 根据各年的月(季)资料,计算 12 项(或 4 项)移动平均趋势值 T_t;

(2) 将各实际值除以相应的趋势值,即得$\frac{X_t}{T_t}=S_t\times R_t$,若加法模型 $X_t=T_t+S_t+R_t$,则用 $X_t-T_t=S_t+R_t$ 剔除趋势值;

(3) 将 $S_t\times R_t$ 重新按月(季)排列,求得同月(同季)平均数,再将其除以总平均数,即得季节比率 S_i.

二、加法模型和乘法模型的预报

若模型为 $X_t=T_t\times S_t\times R_t$,预报公式为 $\hat{X}_l=\hat{T}_l\times S_i$.

若要用过去和现在的资料预报将来某时刻 l 的指标值.可以先计算趋势值数列 (t_i,T_i),利用此数列给出将来某时刻 l 的估计值 $\hat{T}_l$,再用移动平均趋势剔除法计算得季节比率 S_i,这样再用预报公式可得预报值.下面举例说明预报方法.

例 5.3.3　某地区记录的 4 年中为某类商品登的广告数资料如下:

年　份	第一季度	第二季度	第三季度	第四季度
2003	59	71	43	65
2004	62	80	52	75
2005	62	82	48	72
2006	65	85	55	82

假定乘法模型适合,试预测 2007 年第一季度和第二季度的广告数.

解　计算表如下:

年份	季度	广告数	四项移动平均值	二项移动平均值	X/T	时间代码 t
2003	1	59	——	——	——	
	2	71	59.5	——	——	
	3	43	60.25	59.9	0.7	1
	4	65	62.5	61.4	1.1	2
2004	1	62	64.75	63.6	1.0	3
	2	80	67.25	66	1.2	4
	3	52	67.25	67.3	0.6	5
	4	75	67.75	67.5	1.1	6
2005	1	62	66.75	67.3	0.9	7
	2	82	66	66.4	1.2	8
	3	48	66.75	66.4	0.7	9
	4	72	67.5	67.2	1.1	10
2006	1	65	69.25	68.4	1.0	11
	2	85	71.25	70.5	1.2	12
	3	55	——	——	——	
	4	82		——	——	

建立直线趋势方程：$\hat{T}=\hat{a}+\hat{b}t$，其中 t 一般要取时间代码.

$$\hat{b}=\frac{\sum Tt-n\bar{T}\,\bar{t}}{\sum t^2-n\bar{t}^2}=0.71,$$

$$\hat{a}=\bar{T}-b\bar{t}=61.38,$$

$$\hat{T}=61.38+0.71t,$$

$$\hat{T}_{2007.1}=61.38+0.71\times 15=72.03,$$

$$\hat{T}_{2007.2}=61.38+0.71\times 16=72.74.$$

计算季节比率表如下：

X/T 季度 / 年份	第一季度	第二季度	第三季度	第四季度
2003	——	——	0.7	1.1
2004	1.0	1.2	0.8	1.1
2005	0.9	1.2	0.7	1.1
2006	1.0	1.2	——	——
平均数 $\bar{X}_i$	0.97	1.2	0.73	1.1
S_i	0.97	1.2	0.73	1.1

注 这时总平均 $\bar{X}=\frac{1}{4}\sum_{i=1}^{4}\bar{X}_i=\frac{1}{4}(0.97+1.2+0.73+1.1)=1$，所以

$$S_i=\frac{\bar{X}_i}{\bar{X}}=\bar{X}_i,\quad i=1,2,3,4,$$

$$\hat{X}_{2007.1}=\hat{T}_{2007.1}\times S_1=72.03\times 0.97\approx 70(\text{个}),$$

$$\hat{X}_{2007.2}=\hat{T}_{2007.2}\times S_2=72.74\times 1.2\approx 87(\text{个}).$$

即该地区 2007 年第一季度和第二季度的广告数的预测值依次是 70,87 个.

此题是在乘法模型的假设下讨论的,它是否符合实际问题呢？有兴趣的读者可以自己去验证,若与实际不符,那么如何处理呢？留作一个思考题.

习 题 五

1. 某企业的利润水平 Y(万元)与它的研究费用 X(万元)的资料如下：

X/万元	10	8	8	12	12	11
Y/万元	130	230	190	270	310	300

(1) 根据资料作散点图；

(2) 试计算 Y 关于 X 的线性回归方程.

2. 某企业某产品的产量与单位成本资料如下：

产量 X/件	单位成本 Y/(元/件)
2000	73
3000	72
4000	71
3000	73
4000	69
5000	68

(1) 建立 Y 关于 X 的线性回归方程；

(2) 计算 X 与 Y 的样本相关系数；

(3) 当线性回归方程有效时,预测产量为 6000 件时,单位成本为多少？

3. 某企业生产线上员工人数 X 与每小时产量 Y 间的关系如下表所示：

员工人数 X/人	每小时产量 Y/件
2	10
3	15
5	30
5	25
7	40

根据上述资料,计算 X 与 Y 的样本相关系数 r,并指出相关程度属于何等级？

4. 考察温度对产量的影响,得到如下数据：

温度 X/℃	20	25	30	35	40	45	50	55	60	65
产量 Y/kg	13.2	15.1	16.4	17.1	17.9	18.7	19.6	21.2	22.5	24.3

要求:(1) 建立 Y 关于 X 的线性回归方程;

(2) 当线性回归方程有效时,预测温度 $X=70$(℃)时的产量.

5. 某百货公司最近几年的销售额和流通费率资料如下:

年份	销售额 X/亿元	流通费率 Y/(%)
1991	0.7	6.4
1992	1.5	4.5
1993	2.1	2.7
1994	2.9	2.1
1995	3.4	1.8
1996	4.3	1.5
1997	5.5	1.4
1998	6.4	1.3
1999	6.9	1.3
2000	7.8	1.2

要求:(1) 根据上表所给数据作散点图;

(2) 若选用双曲线回归模型 $Y=a+\frac{b}{X}+\varepsilon$,求出回归方程;

(3) 检验方程的有效性,并预则 $X_0=9$ 时,流通费率 Y_0 的值.

6. 已知某地平均粮食产量与浇水深度资料如下:

浇水深度 X/cm	平均亩产量 Y/kg
0	160
1.0	430
1.5	580
2.0	630
2.5	760
3.0	860
3.5	870

根据以上资料建立 Y 关于 X 的线性回归方程,并预测浇水深度为 4cm 时平均粮食产量.

7. 某公司 1990—2000 年的产品销售数据(万元)如下:

年份	1990	1991	1992	1993	1994	1995
销售额/万元	80	83	87	89	95	101
年份	1996	1997	1998	1999	2000	
销售额/万元	107	115	125	134	146	

要求:(1) 应用三年和五年移动平均法计算趋势值;

(2) 应用最小二乘法求直线趋势方程,并计算各年的趋势值;

(3) 试预测 2001 年和 2002 年该公司的产品销售额.

8. 某市某产品连续四年各季度的出口额(万元)资料如下:

季　度		1	2	3	4
出口额/万元	第一年	16	2	4	51
	第二年	28	4.3	6.7	77.5
	第三年	45	7.1	14.2	105
	第四年	50	5.1	16.8	114

要求:计算该市该产品出口额的季节比率,并应用加法模型预测该市第五年该产品第 1 季度和第 3 季度的出口额.

阅读资料 1 “盖洛普”的传奇

美国盖洛普民意调查研究所是全球最负盛名的民意调查机构，它创立于1935年，创始人是盖洛普(1901—1984)——一位统计学家.盖洛普民意调查研究所作出了不少令人佩服的选举预测.下表是他们对连续十届美国总统选举的预测情况.

盖洛普公司对1952—1988美国总统选举的预测情况表

年份	样本容量	当选者	预测得票率/(%)	实际得票率/(%)	误差/(%)
1952	5385	艾森豪威尔	51	55.4	4.4
1956	8144	艾森豪威尔	59.5	57.8	1.7
1960	8015	肯尼迪	51	50.1	0.9
1964	6625	约翰逊	64	61.3	2.7
1968	4414	尼克松	43	43.5	0.5
1972	3689	尼克松	62	61.8	0.2
1976	3439	卡特	49.5	51.1	1.6
1980	3500	里根	55.3	51.6	3.7
1984	3456	里根	59.0	59.2	0.2
1988	4089	布什	56.0	53.9	2.1

这段时期每一届美国总统选举至少有几千万选民，作预测时抽取的选民数占总数的通常万分之一都不到，可见其预测的效率非常高.

阅读资料 2 选举预测达人

现已30多岁的美国人内特·希尔沃在2008年美国大选中曾准确预测了49个州的选举结果，而2012年的美国大选，他则准确预测了全部50个州的选举结果.2012年的选举开票夜，“你们知道谁是今晚的赢家吗?”美国微软全国广播公司节目新闻主播自问自答，“是内特·希尔沃”.推特瞬间沸腾了，其他各大博客网站也为希尔沃沸腾了，美国公众沸腾了.希尔沃的处女作——《信号和噪音:预测学的艺术与科学》的销量一夜间增长了8倍，排到了畅销榜第二位.这本书是希尔沃在成功预测了2008年美国大选结果后签下一份价值70万美元的出版合约后出版的.但当时没有人能料到他会有多大的成就.不过，当时就连希尔沃自己也不知道这本书会有什么样的反响.内特·希尔沃成了超级选举预测明星，媒体称他为“算法之神”，一些媒体认为本次大选预测的成功并不只是希尔沃个人的胜利，它还使所有书呆子都扬眉吐气.希尔沃凭他的数学模型打败了所有时政记者、政党媒体顾问和政治评论员.

希尔沃小时候已成为数据的爱好者.“我一直都被人称做书呆子.”他出生在密歇根州，家乡的棒球队“底特律猛虎”在他6岁的时候赢得了美国职业棒球全国锦标赛的冠军，而他也是在那个时候接触了各种统计数据并爱上了数据.他在芝加哥大学攻读经济学学位，打下了一定的预测理论和方法基础，毕业后，他开始追求他的爱好——棒球预测.棒球这项体育运动正在不断地改变中，而希尔沃是最早发现这项运动有数据导向潜在可能性的少数人之一.他后来建立了专门网站,该网站建模分析预测美国职业棒球大联盟运动员的职业前景,后来他又把该网站卖给了《棒球简介》杂志.希尔沃说:"我当时在寻找像棒球分析那样的,有庞大的数据库而且鲜有竞争者的新领域,就在那个时候我找到了政治这个领域".起初,他使用笔名.几个月后,他开始使用真名.美国政治领域原本就充斥着许多数据,为预测提供了有利条件.在2007年他建立了提供以数据为主的时政分析的博客,2010年,他把博客转移到了《纽约时报》的网站上.希尔沃那界面简陋的博客在大选前为《纽约时报》网站带来了约20%的浏览量.

从芝加哥大学毕业后,他曾一度迷上了网络扑克.扑克就像希尔沃生命中的天然磁石,不仅教会了他抓住机遇,还使他明白机遇在人生中扮演怎样的角色."玩扑克对我而言是最好的训练,我从中学会了怎样衡量新信息的作用,怎样辨别信息的重要性.我们的直觉在分析信息方面并不是十分在行,我们总是倾向于高估新信息的重要性."

希尔沃的成功预测主要靠能高效综合已有的民调结果,另外,建模分析的关键在于如何衡量某一数据的重要性.这些数据在历史上有何作用,又有怎样的偏向性,还有什么别的信息可以借鉴?在美国政治评论圈里,希尔沃的选情分析却是前所未有地准确.

希尔沃不会见说客、党派媒体顾问、竞选经理及新闻发言人之类的人.希尔沃说:"我尽量回避和两边的竞选团队打交道,因为他们所给的信息大都是干扰性的噪音."少受干扰,有助于作出更客观有效的评价,这是希尔沃的经验之谈.希尔沃说:"我必须首先说明,大家应该知道兼听则明,而不是把某个人的意见当成神谕."希尔沃谦逊而不招摇,他认为"书呆子"才是他获得成功的"秘密武器"."我总觉得自己是个局外人.我身边总有朋友,可是我总是有跟他们不一样的观点.我觉得这点很重要."希尔沃渐渐开始担心:他的能力是否意味着将来他不仅能预测选举结果,还将影响选情.此外,他还担心失去旁观者的优势.

第六章　其他一些统计数据分析方法简介

本章介绍一些有实用价值的统计方法，其中有的方法内容已较丰富，甚至有专著. 限于篇幅，本章仅对这些方法作初步介绍，重点说明处理问题的思想或举例说明其用途.

*§6.1　判别分析

人们在工作和生活中，经常会遇到判别问题. 如对购买的商品判别其质量好还是差；医生根据病人的症状判别病人患了哪种病；在地质勘探中需要从岩石标本提供的信息判别该地区是否有矿，是何种类型的矿等.

判别问题的一般提法：把考察的事物先分成若干类，如何根据一个待判事物的特征，判别它归于哪一类.

每一类考察事物可以组成一个总体，分 k 类可以得到 k 个总体. 设 $G_1, G_2, \cdots, G_k$ 是 k 个 p 维总体. 这时一个待判事物可用 p 维向量 $\widetilde{X}$ 表示. 要判别 $\widetilde{X}$ 属于哪个总体，判别分析是处理这类问题有效的方法. 判别分析(discriminant analysis)有多种方法，常用的有距离判别法、Fisher 判别法和 Bayes 判别法. 本节主要介绍距离判别法.

为介绍距离判别法，首先引入距离的概念. 设 $\widetilde{X}, \widetilde{Y}$ 是两个 p 维实向量，

$$\widetilde{X} = \begin{bmatrix} X_1 \\ X_2 \\ \vdots \\ X_p \end{bmatrix}, \quad \widetilde{Y} = \begin{bmatrix} Y_1 \\ Y_2 \\ \vdots \\ Y_p \end{bmatrix},$$

$\widetilde{X}$ 与 $\widetilde{Y}$ 的欧氏距离为

$$d(\widetilde{X}, \widetilde{Y}) = \sqrt{(X_1 - Y_1)^2 + (X_2 - Y_2)^2 + \cdots + (X_p - Y_p)^2} = \sqrt{(\widetilde{X} - \widetilde{Y})'(\widetilde{X} - \widetilde{Y})}.$$

在多元统计分析中，欧氏距离有明显的缺陷. 印度统计学家 Mahalanobis 提出了改进，定义了马氏距离，它能弥补欧氏距离的缺陷.

定义 6.1.1(马氏距离)　设总体 G 服从 p 维正态分布 $N_p(\widetilde{\mu}, \Sigma)$，$\widetilde{X}, \widetilde{Y}$ 是来自 G 的样品，定义 $\widetilde{X}, \widetilde{Y}$ 两点之间的距离为

$$d(\widetilde{X}, \widetilde{Y}) = \sqrt{(\widetilde{X} - \widetilde{Y})'\Sigma^{-1}(\widetilde{X} - \widetilde{Y})}.$$

$\widetilde{X}$与总体 G 的距离为

$$d(\widetilde{X}, G) = \sqrt{(\widetilde{X} - \widetilde{\mu})'\Sigma^{-1}(\widetilde{X} - \widetilde{\mu})},$$

即 $\widetilde{X}$ 到一个总体的距离定义为到这个总体均值的距离.

一、两总体情形

设 $G_1 \sim N_p(\tilde{\mu}_1, \Sigma_1)$，$G_2 \sim N_p(\tilde{\mu}_2, \Sigma_2)$，$\tilde{X}$ 表示一样品. 判别规则：

若 $d(\tilde{X}, \tilde{\mu}_1) < d(\tilde{X}, \tilde{\mu}_2)$ 时，判 $\tilde{X} \in G_1$；

若 $d(\tilde{X}, \tilde{\mu}_1) > d(\tilde{X}, \tilde{\mu}_2)$ 时，判 $\tilde{X} \in G_2$；

若 $d(\tilde{X}, \tilde{\mu}_1) = d(\tilde{X}, \tilde{\mu}_2)$ 时，则需要进一步判别.

二、多总体情形

设共有 k 个总体，$G_1, G_2, \cdots, G_k$，$G_i \sim N_p(\tilde{\mu}_i, \Sigma_i)$，$i=1,2,\cdots,k$. 对于某个 i，若对于任意的 $j=1,2,\cdots,k$，$j \neq i$，成立 $d(\tilde{X}, \tilde{\mu}_i) < d(\tilde{X}, \tilde{\mu}_j)$，则判 $\tilde{X} \in G_i$；若对于某个 j，$j \neq i$，成立 $d(\tilde{X}, \tilde{\mu}_i) = d(\tilde{X}, \tilde{\mu}_j)$，则需要进一步判别.

直观的说：考察的样品离哪个总体的均值距离最近，就判此样品属于此总体. 在实际问题中总体均值向量、协方差矩阵 Σ 常常未知，应利用样本均值向量、样本协方差矩阵先对它们进行估计.

设来自总体 $G \sim N_p(\tilde{\mu}, \Sigma)$ 的样本为：$\tilde{X}_1, \tilde{X}_2, \cdots, \tilde{X}_n$，则可以用

$$\hat{\tilde{\mu}} = \bar{\tilde{X}} = \frac{1}{n}\sum_{i=1}^{n}\tilde{X}_i, \quad \hat{\Sigma} = \frac{1}{n}\sum_{i=1}^{n}(\tilde{X}_i - \bar{\tilde{X}})(\tilde{X}_i - \bar{\tilde{X}})'$$

分别代替 $\tilde{\mu}$，Σ 后，再计算马氏距离.

对非正态总体也可以类似处理，但此时马氏距离的合理性解释不如正态总体的直观、清楚.

要判别就存在错判的可能，当错判时会造成一定损失，为使错判造成的损失达到最小，这是 Bayes 判别法的独特功能；判别分析方法还有 Fisher 判别法等.

下面举一个具体例子说明距离判别法的应用.

例 6.1.1　根据经验，今天与昨天湿度差 X_1 及今天的压温差（气压与温度之差）X_2 是预报明天下雨或不下雨的两个重要因素. 表 6.1 是已收集到的一批数据：

表 6.1　数据资料

雨天		非雨天	
X_1（湿度差）	X_2（压温差）	X_1（湿度差）	X_2（压温差）
−1.9	3.2	0.2	6.2
−6.9	10.4	−0.1	7.5
5.2	2.0	0.4	14.6
5.0	2.5	2.7	8.3
7.3	0.0	2.1	0.8
6.8	12.7	−4.6	4.3
0.9	−15.4	−1.7	10.9
−12.5	−2.5	−2.6	13.1

（续表）

雨天		非雨天	
X_1（湿度差）	X_2（压温差）	X_1（湿度差）	X_2（压温差）
1.5	1.3	2.6	12.8
3.8	6.8	−2.8	10.0

现测得 $X_1=8.1, X_2=2.0$. 试预报明天是否下雨.

解 用 G_1 表示总体"雨天"，$\tilde{\mu}_1, \Sigma_1$ 分别表示 G_1 的均值向量、协方差矩阵；用 G_2 表示总体"非雨天"，$\tilde{\mu}_2, \Sigma_2$ 分别表示 G_2 的均值向量、协方差矩阵，则

$$\hat{\tilde{\mu}}_1 = \bar{\tilde{X}} = \frac{1}{n}\sum_{i=1}^{n}\tilde{X}_i = \begin{pmatrix} 0.92 \\ 2.1 \end{pmatrix},$$

$$\hat{\Sigma}_1 = \frac{1}{n}\sum_{i=1}^{n}(\tilde{X}_i - \bar{\tilde{X}})(\tilde{X}_i - \bar{\tilde{X}})' = \begin{pmatrix} 36.81 & 5.73 \\ 5.73 & 53.72 \end{pmatrix};$$

$$\hat{\tilde{\mu}}_2 = \begin{pmatrix} -0.38 \\ 8.85 \end{pmatrix}, \quad \hat{\Sigma}_2 = \begin{pmatrix} 5.59 & -0.30 \\ -0.30 & 16.69 \end{pmatrix}.$$

记 $\tilde{X} = \begin{pmatrix} 8.1 \\ 2.0 \end{pmatrix}$，计算得

$$d(\tilde{X}, G_1) = \sqrt{(\tilde{X} - \hat{\tilde{\mu}}_1)'\hat{\Sigma}_1^{-1}(\tilde{X} - \hat{\tilde{\mu}}_1)} = 1.545, \quad d(\tilde{X}, G_2) = 14.35.$$

因为 $d(\tilde{X}, G_1) < d(\tilde{X}, G_2)$，所以应用距离判别法判明天下雨.

*§6.2 聚类分析

一、概述

聚类分析(cluster analysis)是研究分类问题的一种统计方法. 人类认识世界的第一步是要学会区别不同事物，首先需要把事物进行分类. 所谓类，直观地说，就是相似事物的集合，给出类的严格定义是困难的.

在早期的分类学中，人们主要靠经验和专业知识进行分类. 随着生产技术和科学的发展，人类对"类"的认识不断加深，分类也越来越细，以致有时只凭经验和专业知识不能精确地进行分类，于是数学工具逐渐被引用来解决分类问题，后来统计方法也被应用于解决分类问题，形成了聚类分析. 和其他的多元统计分析方法相比，聚类分析发展较晚，在方法和理论上还不完善. 但由于它能解决不少实际问题，因而受到人们重视，现在已应用到生物、地质、电子工程、图像识别、优化生产条件等许多领域，聚类分析的方法有多种，本节将介绍其中应用最广的方法——系统聚类法.

聚类问题可以分为两类：一是对样品聚类，二是对变量聚类. 样品就是指个体，而变量是指个体的特征.

通常采用距离来描述样品接近程度，用相似系数描述变量接近程度. 距离有常见的欧氏距离等，而相似系数有样本相关系数等.

设有 n 个样品，对每个样品测量了 p 项指标值，得到如下的数据表 6.2：

表 6.2　数据表

序号＼指标	X_1	X_2	…	X_p
1	X_{11}	X_{12}	…	X_{1p}
2	X_{21}	X_{22}	…	X_{2p}
⋮	⋮	⋮	⋮	⋮
n	X_{n1}	X_{n2}	…	X_{np}

根据上表资料可以做两方面的工作：一是对样品聚类，二是对指标（变量）聚类. 不论对样品聚类还是对指标聚类，应把相似程度好的样品或指标归于同一类. 样品和指标的相似程度分别用距离和相似系数度量.

设第 i 个和第 j 个样品向量为 $\widetilde{y}_i=(x_{i1},x_{i2},\cdots,x_{ip})'$，$\widetilde{y}_j=(x_{j1},x_{j2},\cdots,x_{jp})'$，它们常用的距离有多种定义. 在聚类分析中，最常用的一种距离计算方式是：

闵可夫斯基距离　$$d_{ij}(q)=\left(\sum_{k=1}^{p}|x_{ik}-x_{jk}|^{q}\right)^{\frac{1}{q}}.$$

特例：

(1) 绝对值距离：$d_{ij}(1)=\sum\limits_{k=1}^{p}|x_{ik}-x_{jk}|$；

(2) 欧氏距离：$d_{ij}(2)=\left(\sum\limits_{k=1}^{p}|x_{ik}-x_{jk}|^{2}\right)^{\frac{1}{2}}$；

(3) 切贝雪夫距离：$d_{ij}(\infty)=\max\limits_{1\leqslant k\leqslant p}|x_{ik}-x_{jk}|$.

设两个变量 $\widetilde{x}_i=(x_{1i},x_{2i},\cdots,x_{ni})'$，$\widetilde{x}_j=(x_{1j},x_{2j},\cdots,x_{nj})'$，常用的相似系数也有多种定义.

1. 变量 $\widetilde{x}_i$ 与 $\widetilde{x}_j$ 的夹角

$$C_{ij}(1)=\frac{\sum\limits_{k=1}^{n}x_{ki}x_{kj}}{\left[\left(\sum\limits_{k=1}^{n}x_{ki}^{2}\right)\left(\sum\limits_{k=1}^{n}x_{kj}^{2}\right)\right]^{\frac{1}{2}}}.$$

2. 变量 $\widetilde{x}_i$ 与 $\widetilde{x}_j$ 的样本相关系数

$$C_{ij}(2)=\frac{\sum\limits_{k=1}^{n}(x_{ki}-\bar{x}_i)(x_{kj}-\bar{x}_j)}{\sqrt{\sum\limits_{k=1}^{n}(x_{ki}-\bar{x}_i)^{2}\sum\limits_{k=1}^{n}(x_{kj}-\bar{x}_j)^{2}}}=\frac{\sum\limits_{k=1}^{n}x_{ki}x_{kj}-n\bar{x}_i\bar{x}_j}{\sqrt{\sum\limits_{k=1}^{n}x_{ki}^{2}-n\bar{x}_i^{2}}\sqrt{\sum\limits_{k=1}^{n}x_{kj}^{2}-n\bar{x}_j^{2}}},$$

式中，$\bar{x}_i=\dfrac{1}{n}\sum\limits_{k=1}^{n}x_{ki}$，$\bar{x}_j=\dfrac{1}{n}\sum\limits_{k=1}^{n}x_{kj}$.

3. 类与类的距离

描述样品所成类与类的接近程度也用距离. 设 G_p 和 G_q 分别有 l 和 m 个样品，它们

之间的距离用 $D(p,q)$ 表示.

(1) 最短距离法

$$D_s(p,q)=\min\{d_{jk}\mid j\in G_p,k\in G_q\};$$

(2) 最长距离法

$$D_L(p,q)=\max\{d_{jk}\mid j\in G_p,k\in G_q\};$$

(3) 重心法

$$D_C(p,q)=d_{\bar{\widetilde{X}}_p,\bar{\widetilde{X}}_q},$$

重心分别是 $\bar{\widetilde{X}}_p$ 和 $\bar{\widetilde{X}}_q$,即 $\bar{\widetilde{X}}_p=\frac{1}{l}\sum\limits_{\widetilde{X}_i\in G_p}\widetilde{X}_i,\bar{\widetilde{X}}_q=\frac{1}{m}\sum\limits_{\widetilde{X}_i\in G_q}\widetilde{X}_i$;

(4) 类平均法

$$D_G(p,q)=\frac{1}{lm}\sum_{i\in G_p}\sum_{j\in G_q}d_{ij}.$$

描述变量所成类与类的接近程度也用相似系数,可以类似讨论.

二、聚类方法

聚类分析已有多种方法,其中系统聚类法是目前使用最多的一种方法,其基本思想是逐步将相似程度好的类合并在一起.

下面以对样品聚类来说明具体做法:首先将 n 个样品各自看成一类,即有 n 个类,此时类间距离即为样品间距离,可以用上述距离公式来计算,选择距离最小的合并成一个新类.由于在新类中不止一个样品,所以需要定义类与类之间的距离;然后再将距离最小的合并,这样每次合并至少要减少一类.如此,一直进行到所有样品都合并成一类为止.将上述并类过程画出聚类图,再决定分多少类,每类各有什么样品.具体步骤如下:

(1) 构造 h 个类,每个类只含一个对象;

(2) 计算两两对象间的距离 d_{ij},写出距离矩阵(对称矩阵)

$$D^{(0)}=\begin{pmatrix}0 & d_{12} & \cdots & d_{1h}\\ d_{21} & 0 & \cdots & d_{2h}\\ \vdots & \vdots & \ddots & \vdots\\ d_{h1} & d_{h2} & \cdots & 0\end{pmatrix};$$

(3) 选最优值,记为 $d_{i_1j_1}$,把 i_1 与 j_1 合并一个新类,称做第 $h+1$ 类,而原来第 i_1,j_1 类取消,这样得到 $h-1$ 类;

(4) 计算新类与剩余各类的距离(这时根据不同的距离公式,得到不同的聚类方法),其他各类间的距离不变.于是得到降一阶的新距离矩阵

$$D^{(1)}=(d_{ij}^{(1)})_{(h-1)\times(h-1)},$$

重复(3)、(4)步,直至剩余类的个数为 1 或并类距离高于临界值为止;

(5) 画出聚类图;

(6) 确定出类的个数和类.

例 6.2.1 现有 5 个样品,每个只有一个指标,它们分别是 1,2,4.5,6,8,试将它们用最短距离法分类.

解　(1) 令 $G_1=\{1\},G_2=\{2\},G_3=\{4.5\},G_4=\{6\},G_5=\{8\}$. 距离矩阵

$$D^{(0)}=\begin{pmatrix} 0 & & & & \\ 1 & 0 & & & \\ 3.5 & 2.5 & 0 & & \\ 5 & 4 & 1.5 & 0 & \\ 7 & 6 & 3.5 & 2 & 0 \end{pmatrix}\begin{matrix}(1)\\(2)\\(3)\\(4)\\(5)\end{matrix}.$$

(列标：(1)　(2)　(3)　(4)　(5))

取最优值(即最小值)$d_{12}=1$,令 $G_6=G_1\cup G_2=\{1,2\}$.

(2) 计算

$$D_s(6,3)=\min\{d_{13},d_{23}\}=2.5,$$
$$D_s(6,4)=\min\{d_{14},d_{24}\}=4,$$
$$D_s(6,5)=\min\{d_{15},d_{25}\}=6.$$

得新的距离矩阵

$$D^{(1)}=\begin{pmatrix} 0 & & & \\ 2.5 & 0 & & \\ 4 & 1.5 & 0 & \\ 6 & 3.5 & 2 & 0 \end{pmatrix}\begin{matrix}(6)\\(3)\\(4)\\(5)\end{matrix}.$$

(列标：(6)　(3)　(4)　(5))

取最优值(即最小值)$d_{34}=1.5$,令 $G_7=G_3\cup G_4=\{4.5,6\}$.

(3) 计算

$$D_s(7,6)=\min\{d_{36},d_{46}\}=2.5,$$
$$D_s(7,5)=\min\{d_{35},d_{45}\}=2.$$

得新的距离矩阵

$$D^{(2)}=\begin{pmatrix} 0 & & \\ 2.5 & 0 & \\ 6 & 2 & 0 \end{pmatrix}\begin{matrix}(6)\\(7)\\(5)\end{matrix}.$$

(列标：(6)　(7)　(5))

取最优值 $d_{57}=2$,令 $G_8=G_5\cup G_7=\{4.5,6,8\}$.

(4) 计算

$$D_s(8,6)=\min\{d_{56},d_{76}\}=2.5.$$

得新的距离矩阵

$$D^{(3)}=\begin{pmatrix} 0 & \\ 2.5 & 0 \end{pmatrix}\begin{matrix}(6)\\(8)\end{matrix}.$$

(列标：(6)　(8))

令 $G_9=G_6\cup G_8=\{1,2,4.5,6,8\}$.

(5) 画聚类图,见图 6.2.1.

确定分类的个数及每一类的成员,一般可以规定一个并类距离的临界值,再结合聚类图来确定. 如上例中,若规定并类距离的临界值为 1.8,则应分 3 类,分别是{1,2},{4.5,6},{8}. 若规定并类距离的临界值为 2.3,则应分 2 类,分别是{1,2},{4.5,6,8}.

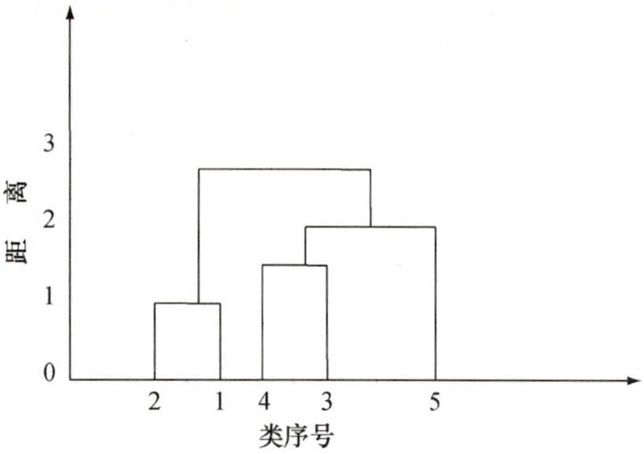

图 6.2.1 聚类图

有些实际问题事先已规定分类的个数,则并类过程进行到所剩类个数与要求一致就可以结束,聚类图也不用画了.

注 为使聚类图唯一,有几个约定:

(1) 当两个个体对象合并时,较大序号者放在左侧;

(2) 当两个不同相似水平的类合并时,相似水平高的放在左侧;

(3) 当一个个体对象与一个较高相似水平的类合并时,较高水平的类放在左侧.

聚类分析除了系统聚类法外还有多种方法.如分解法,它的程序与系统聚类法相反:先把所有的样品组成一类,然后用某种最优化准则将它分成两类;再把这两类各自分成两类,从中选出一个目标函数较好者先分类,另一类不动,这样,经过这一步由两类分成了三类;如此下去,一直分到每类只有一个样品为止(或用停止规则将上述分类过程画一个图,由图来确定各个类).其他聚类方法有加入法、动态聚类法、模糊聚类、有序样品的聚类等.

*§6.3 正交试验设计

6.3.1 正交试验设计的概念

一个事物的发展变化,常常受到多种因素的影响.例如,产品质量的高低要受到原材料、工艺条件、工人的技术水平等影响.如何通过试验数据的分析确定在可能影响质量的诸多因素中哪些对产品质量指标有显著影响,哪些没有显著影响;并确定因素处于哪个状态(也称为水平)将最有利于事物的发展变化.这是为提高质量要解决的重要问题,要解决这一问题需要做许多试验,每次试验都要花一定的费用,有的试验的代价还很大.假如只做少量的试验,就能得出满意的结果,那么可以省时、省力、省费用.如何合理、有效地安排试验以收集数据是统计学的分支——试验设计的研究内容.试验设计的方法有不少,正交试验设计(orthogonal experiment design)是其中实用价值大、应用广的一种方法,它对于分清因素的主次,确定因素的最佳状态提供了有效方法.本节将介绍这一方法.

正交表(orthogonal table)是正交试验设计的工具,表 6.3 和表 6.4 列出了两张最常

用的正交表 $L_8(2^7)$ 和 $L_9(3^4)$，一些《数学手册》和《数理统计》书中附有其他一些常见的正交表.

表 6.3　正交表 $L_8(2^7)$

试验序号 \ 列号	1	2	3	4	5	6	7
1	1	1	1	1	1	1	1
2	1	1	1	2	2	2	2
3	1	2	2	1	2	1	2
4	1	2	2	2	1	2	1
5	2	1	2	1	1	2	2
6	2	1	2	2	2	1	1
7	2	2	1	1	2	2	1
8	2	2	1	2	1	1	2

表 6.4　正交表 $L_9(3^4)$

试验序号 \ 列号	1	2	3	4
1	1	1	1	1
2	1	2	2	2
3	1	3	3	3
4	2	1	2	3
5	2	2	3	1
6	2	3	1	2
7	3	1	3	2
8	3	2	1	3
9	3	3	2	1

记号 $L_n(l^k)$ 的含义如下：

L—正交表；

n—表中行数，即试验次数；

l—表中不同数字个数，也是每个因素取的水平数；

k—表中列数，至多可安排的因素个数.

由此可知，$L_9(3^4)$ 表有 9 行 4 列，需要做 9 次试验，至多可以安排 4 个因素，且每个因素取 3 个水平. 类似地，$L_8(2^7)$ 表有 8 行 7 列，需要做 8 次试验，至多可以安排 7 个因素，且每个因素取 2 个水平.

考虑 4 因素 3 水平的试验. 每个因素取 1 个水平搭配起来可以做一次试验，所有可能的搭配数就是总试验次数，4 因素 3 水平的总试验次数是 $3^4=81$ 次，利用 $L_9(3^4)$ 表只要安排 9 次试验就行，试验次数大大减少. 同样，7 因素 2 水平的总试验次数是 $2^7=128$ 次，

利用 $L_8(2^7)$ 表只要安排 8 次试验就行，仅是总试验次数的 1/16，可见应用正交表的效益是显著的.

正交表成效显著的主要原因是它的结构，选做的试验的代表性好. 正交表具有下列两个特点：

(1) 每列中不同水平出现的次数相等. 如 $L_8(2^7)$ 表中 1 水平，2 水平在每列中各出现 4 次. 再如 $L_9(3^4)$ 表中 1 水平，2 水平，3 水平在每列中各出现 3 次.

(2) 任意二列同一行的 2 个水平按原有顺序可以组成一个数字对，每种数字对在表中出现的次数相等. 如 $L_8(2^7)$ 表中不同的数字对共有 4 种：(1,1)，(1,2)，(2,1)，(2,2)，它们在表中各出现 2 次. 再如 $L_9(3^4)$ 表中不同的数字对共有 9 种：(1,1)，(1,2)，(1,3)，(2,1)，(2,2)，(2,3)，(3,1)，(3,2)，(3,3)，它们在表中各出现 1 次.

正交表的这两个特点表明：正交表具有搭配均衡、分布整齐的性质，从而保证了选做的试验的代表性好.

凡满足上述两个特点的搭配方案称为"正交表"，关于正交表的构造原理，要用到较深的抽象代数知识，在这里不作介绍了.

所谓正交试验设计就是应用正交表安排试验方案. 光介绍不考虑交互作用的正交试验设计.

6.3.2 不考虑交互作用的正交试验设计

1. *应用正交表安排试验*

例 6.3.1 钢材热处理问题. 为了考察淬火温度(用 A 表示)，回火温度(用 B 表示)，回火时间(用 C 表示)对钢材强度的影响. 根据经验，A,B,C 各取 3 种水平，列表 6.5 如下：

表 6.5

因子 水平	淬火温度 A/℃	回火温度 B/℃	回火时间 C/min
1	840	410	40
2	850	430	60
3	860	450	80

假如不考虑 A,B,C 的交互作用，试问 A,B,C 对钢材强度有无显著影响?

第一步要选一张合适的正交表. 由于此例是一个三水平试验，应该从三水平表 $L_9(3^4)$，$L_{27}(3^{13})$……中选一张. $L_9(3^4)$ 有 4 列至多可以安排 4 个因素，而本例只有 3 个因素可以使用，而该表安排的试验数又少，因此选 $L_9(3^4)$ 较合适.

第二步要进行表头设计. 在表中可以任选 3 列(在 4 列中选 3 列)把因素 A,B,C 随机地填在列的上方，表头设计也就完成了. 表 6.6 给出了一种表头设计：

表　6.6

表头设计	A		B	C
试验序号 \ 列号	1	2	3	4
1	1	1	1	1
2	1	2	2	2
3	1	3	3	3
4	2	1	2	3
5	2	2	3	1
6	2	3	1	2
7	3	1	3	2
8	3	2	1	3
9	3	3	2	1

第三步要严格按表 6.6 中指定条件做完各次试验，并将试验数据填入表格右端. 如第 5 号试验为 A_2, B_3, C_1，即试验条件因素 A 取 2 水平(850℃)，因素 B 取 3 水平(450℃)，因素 C 取 1 水平(40 分钟).

为便于统计分析再把同一列同水平的几个试验结果相加，其和放在此列的下方. 用 $\mathrm{I}_j, \mathrm{II}_j, \mathrm{III}_j$ 分别表示第 j 列 1 水平，2 水平，3 水平对应的试验数据的和. 计算极差

$$R_j = \max\{\mathrm{I}_j, \mathrm{II}_j, \mathrm{III}_j\} - \min\{\mathrm{I}_j, \mathrm{II}_j, \mathrm{III}_j\},$$

并放在该列的最下方. 本例完成这一步工作得到下表 6.7：

表 6.7　试验数据表

表头设计	A		B	C	试验数据
试验序号 \ 列号	1	2	3	4	Y_i
1	1	1	1	1	190
2	1	2	2	2	200
3	1	3	3	3	175
4	2	1	2	3	165
5	2	2	3	1	183
6	2	3	1	2	212
7	3	1	3	2	196
8	3	2	1	3	178
9	3	3	2	1	187
I_j	565		580	560	
II_j	560		552	608	
III_j	561		554	518	
R_j	5		38	90	

表中

$\mathrm{I}_1 = 565 = 190 + 200 + 175$；$\mathrm{II}_1 = 560 = 165 + 183 + 212$；$\mathrm{III}_1 = 561 = 196 + 178 + 187$.

2. 直观分析法

考察同一列同水平的几个试验数据相加得到的和，由于正交表的特点使它们的大小不同主要是由于该列对应的因子取了不同水平造成的，其他因子对它们的大小不同没有

产生影响，这样就可选出每个因子的最优水平. 试验数据有时越大越好，有时越小越好. 当越大越好时，只要选使试验数据和达到最大的水平为最优水平；当越小越好时，只要选使试验数据和达到最小的水平为最优水平. 对本例而言，试验数据大的好，因子 A 水平数据和中，最大的是 565，所以 1 水平最优；同理因子 B 的 1 水平，因子 C 的 2 水平为最优. 用直观分析法不仅可以选出每个因子的最优水平，而且可以选出对试验指标影响最大的因子. 直观上看，取了不同水平造成试验指标波动大的因子的影响重要. 所以可以根据极差的大小确定因子的影响程度. 对本例极差最大的为 90，可以认为因子 C 影响最大，其次是因子 B. 主要因子要从有利于提高产品数量或质量选水平，而次要因子可以从方便、经济角度选水平. 用直观分析法得到的例 6.3.1 的两个结论为：

(1) 因子影响的重要性顺序为：C,B,A；

(2) 最优工艺条件为：$A_1B_1C_2$；

若对此最优工艺条件的结果仍不满意，可以寻找进一步改善质量的方案. 画草图有助于寻找进一步改善质量的方向.

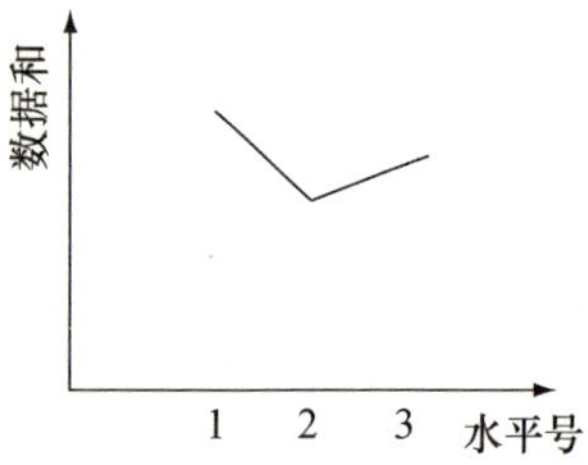

因子A图

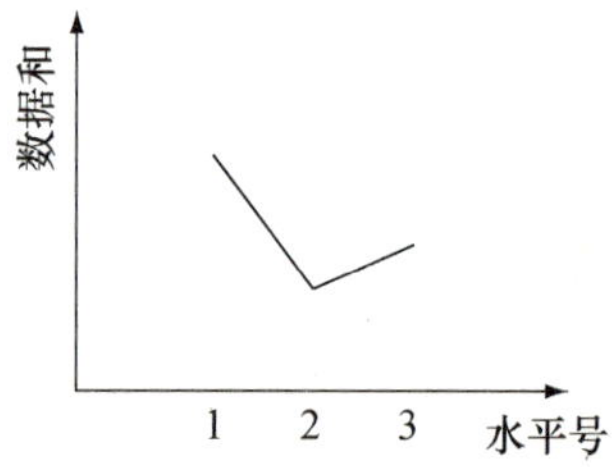

因子B图

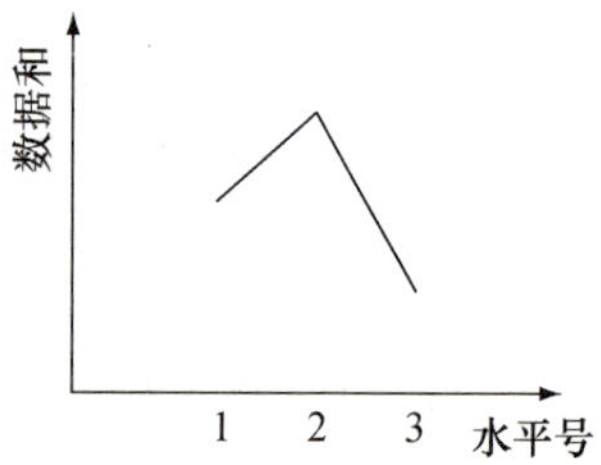

因子C图

上图显示进一步可能改善质量的方向：淬火温度 A 降低到 840℃(1 水平)以下，回火温度 B 降低到 410℃(1 水平)以下，时间在 60 分(2 水平)附近取值.

直观分析法简单易用，但较粗糙，更精细的分析方法可参阅文献[1].

6.3.3 考虑交互作用的正交试验设计

考虑交互作用的正交试验设计与不考虑交互作用的正交试验设计在方法上大同小异，主要的差异是表头设计，这时除每个因子各占一列外，要考虑的每个交互作用因子也要各占一列，还要保证至少有一空白列，这是选表时要注意的.

若考虑了 l 个因子，任意两个因子的交互作用都考虑，则所选表的列数应大于或等于 $l+C_l^2+1=\frac{l^2+l+2}{2}$，如有三个因子且每个有可能产生的交互作用因子都考虑时，所选表的列数至少应有 7 列. 选好表后，还要找到该表对应的交互作用列表. 进行表头设计时应优先安排考虑交互作用的因子，它们交互作用因子所排的列由"交互作用列表"确定. 表头设计好后，若把交互作用因子看做新因子，后面要做的工作类似不考虑交互作用的情形，包括统计分析.

下面举一个例子说明.

例 6.3.2 研究小麦产量是否受小麦品种、施肥量及农田管理的影响.

因子与水平 A：小麦品种 A_1＝甲， A_2＝乙；

因子与水平 B:施肥量(kg/亩)　　$B_1=16$，　$B_2=12$；

因子与水平 C:浇水遍数　　$C_1=1$，　$C_2=2$；

因子与水平 D:锄草遍数　　$D_1=2$，　$D_2=3$.

除上述4个因子外,由于历史情况,已知甲、乙两种小麦品种虽都是优良品种,但它们各自的需肥量并不同,因此 A,B 二因子之间的交互作用 $A\times B$ 应该考虑,其他因子的交互作用不必考虑.

(1) 选表.考虑4个二水平的因子,并考虑一个交互作用 $A\times B$ 因子,因此要选二水平且至少要有6列的表,满足此条件的最小的表可选用正交表 $L_8(2^7)$.

(2) 表头设计.A,B 间的交互效应要考虑,所以应优先安排 A,B,查正交表 $L_8(2^7)$ 对应的交互作用列表,见表6.8:

表6.8　$L_8(2^7)$ 交互作用列表

列号 \ 列号	1	2	3	4	5	6
7	6	5	4	3	2	1
6	7	4	5	2	3	
5	4	7	6	1		
4	5	6	7			
3	2	1				
2	3					

在上表中,A,B 排在第1列、第2列,A,B 间的交互效应 $A\times B$ 排在第3列,再把 C 排在第4列,A,C 间的交互效应 $A\times C$ 排在第5列,而 B,C 间的交互效应 $B\times C$ 应排在第6列,现虽然不考虑这两个交互效应,但也可能是交互效应很微弱所以忽略了.有条件的话要尽可能避免混杂,故把 D 排在第7列为好.表头设计完成.

(3) 严格按表中指定条件做完各次试验,并将试验数据填入表格右端.见表6.9:

表6.9　试验数据及计算表

表头设计	A	B	$A\times B$	C			D	试验数据
试验号 \ 列号	1	2	3	4	5	6	7	y_i/(kg/亩)
1	1	1	1	1	1	1	1	115
2	1	1	1	2	2	2	2	160
3	1	2	2	1	1	2	2	145
4	1	2	2	2	2	1	1	155
5	2	1	2	1	2	1	2	140
6	2	1	2	2	1	2	1	155
7	2	2	1	1	2	2	1	100
8	2	2	1	2	1	1	2	125
I_j	575	570	500	500	540	535	525	
II_j	520	525	595	595	555	560	570	
R_j	55	45	95	95	15	25	45	

用直观分析法作分析.因子影响是否重要可以用该因子所在列的极差与空白列的极差和比较得出,若比空白列的极差和大得多时,则判别该因子影响重要;若该因子所在列的级差比空白列的极差和小或差不多时,则判别该因子影响不重要.本例空白列的极差和为 40,所以可得结论:$A\times B$ 和 C 的影响重要,而 A,B,D 的影响均不重要.为进一步分析,必须作因子 A 与因子 B 的搭配效果表,以选取 A 和 B 的合适水平搭配,查本例计算表制作下表 6.10:

表 6.10 辅助计算表

B \ A	一水平	二水平
一水平	$\frac{Y_1+Y_2}{2}=137$	$\frac{Y_5+Y_6}{2}=139.5$
二水平	$\frac{Y_3+Y_4}{2}=150$	$\frac{Y_7+Y_8}{2}=112.5$

从上表可知 A 和 B 的搭配:A 取一水平,B 取二水平为好,即小麦品种用甲,而施肥量为 12(kg/亩).

以生产条件 $A_1B_2C_2D_1$ 为最适宜.其中 D 选一水平(锄草 2 遍比取二水平少锄草一遍)是基于 D 的影响不显著,节省劳动力成本的考虑.

§6.4 样本容量的确定方法

用统计方法解决问题,前提条件是必须有样本数据,样本从抽样得到,要抽多少个体呢?样本容量的确定是一个非常重要的问题.

设 $\hat{\theta}$ 是 θ 的估计量,称 $\hat{\theta}-\theta$ 为用 $\hat{\theta}$ 估计 θ 的误差,$|\hat{\theta}-\theta|$ 为用 $\hat{\theta}$ 估计 θ 的绝对误差.再设 Δ 表示用 $\hat{\theta}$ 估计 θ 的允许误差(也称极限误差),即希望用 $\hat{\theta}$ 估计 θ 时有 $|\hat{\theta}-\theta|\leqslant\Delta$,把希望与概率联系起来.要求 $P(|\hat{\theta}-\theta|\leqslant\Delta)=1-\alpha$.

下面介绍两种最常用情形.

情形 1 要用样本均值 $\bar{X}$ 估计总体均值 μ.

这时 $\theta=\mu,\hat{\theta}=\bar{X}$.由 $P(|\bar{X}-\mu|\leqslant\Delta)=1-\alpha$,得

$$P(\bar{X}-\Delta\leqslant\mu\leqslant\bar{X}+\Delta)=1-\alpha.$$

由总体均值 μ 的区间估计公式,得

$$P\left(\bar{X}-z_{1-\frac{\alpha}{2}}\frac{S}{\sqrt{n}}\leqslant\mu\leqslant\bar{X}+z_{1-\frac{\alpha}{2}}\frac{S}{\sqrt{n}}\right)\doteq 1-\alpha.$$

比较两式,取

$$\Delta=z_{1-\frac{\alpha}{2}}\frac{S}{\sqrt{n}}.$$

这就是确定样本容量的方程.

注 式中的 S 是用过去的数据对总体标准差 σ 的估计;当 σ 已知时,可用 σ 代替 S.

例 6.4.1 某市拟组织城镇居民家庭生活月消费支出水平抽样调查,根据以往资料得知,城镇居民家庭生活月消费支出水平的标准差为 1420 元,试求在 95.45%的概率保证下,允许误差为 150 元,采用等可能性的重复随机抽样方式时,应从全市 40000 户居民中抽选多少户?

解 已知 $\hat{\sigma}=S=1420$ 元,$1-\alpha=0.9545$,$\Delta=150$ 元,$N=40000$ 户.

计算,得 $z_{1-\frac{\alpha}{2}}=2$. 由 $\Delta=z_{1-\frac{\alpha}{2}}\frac{\hat{\sigma}}{\sqrt{n}}$,得

$$n=z_{1-\frac{\alpha}{2}}^2\frac{\hat{\sigma}^2}{\Delta^2}=2^2\times\frac{1420^2}{150^2}=358.47\text{ 户}\approx 358\text{ 户}.$$

故应抽 358 户.

在抽样调查中还可以采用不重复抽样方式. 这时确定样本容量的方程变为

$$\Delta=z_{1-\frac{\alpha}{2}}\frac{\hat{\sigma}}{\sqrt{n}}\sqrt{1-\frac{n}{N}},$$

其中 N 是组成总体的个体数.(推导略)

对例 6.4.1 中若改为不重复抽样方式,则样本容量

$$n=\frac{1}{\dfrac{\Delta^2}{\hat{\sigma}^2 z_{1-\frac{\alpha}{2}}^2}+\dfrac{1}{N}}=\frac{1}{\dfrac{150^2}{1420^2\times 2^2}+\dfrac{1}{40000}}=355.28\text{ 户}\approx 355\text{ 户}.$$

所以要抽 355 户.

同样的概率保证程度,同样的允许误差条件下,不重复抽样比重复抽样可以少抽 3 户,这意味着不重复抽样的效率较高.

情形 2 要用样本比率 $\hat{p}$ 估计总体比率 p.

情形 2 是情形 1 的特例. 此时,$\mu=p$,$\hat{p}=\bar{X}$,$\hat{\sigma}=\sqrt{\hat{p}(1-\hat{p})}$. 确定样本容量的方程为

$$\Delta=\begin{cases} z_{1-\frac{\alpha}{2}}\dfrac{\sqrt{\hat{p}(1-\hat{p})}}{\sqrt{n}}, & \text{重复抽样时}, \\ z_{1-\frac{\alpha}{2}}\dfrac{\sqrt{\hat{p}(1-\hat{p})}}{\sqrt{n}}\sqrt{1-\dfrac{n}{N}}, & \text{不重复抽样时}. \end{cases}$$

例 6.4.2 欲对某市参加家庭财产保险的户数进行调查,要求允许误差为 5%,根据过去统计资料,投保户占总户数的 30%,现用等可能性的重复随机抽样方式,在 99.73% 把握程度下,试问要抽多少户?

解 已知 $\hat{p}=30\%=0.3$,$1-\alpha=0.9973$,$\Delta=5\%=0.05$. 计算,得 $z_{1-\frac{\alpha}{2}}=3$,由

$$\Delta=z_{1-\frac{\alpha}{2}}\frac{\sqrt{\hat{p}(1-\hat{p})}}{\sqrt{n}}$$

得

$$n=z_{1-\frac{\alpha}{2}}^2\frac{\hat{p}(1-\hat{p})}{\Delta^2}=3^2\times\frac{0.3\times(1-0.3)}{0.05^2}=756\text{ 户}.$$

所以要抽 756 户.

习 题 六

1. 设总体 $A=\{3,5,8\}$，总体 $B=\{2,6,9\}$，现有一个样品 $X=5.46$，试判别此样品应判归于哪个总体？

2. 设有一批数据：1,3,4,6.5,8,11，试用系统聚类法中的最短和最长距离法，将它们分类.

3. 要用正交试验设计来提高某种产品的得率 $Y(\%)$ 得到如下资料：

表头设计	A	B	C		试验数据
列号 / 试验序号	1	2	3	4	$Y_i/(\%)$
1	1	1	1	1	31
2	1	2	2	2	54
3	1	3	3	3	33
4	2	1	2	3	53
5	2	2	3	1	49
6	2	3	1	2	42
7	3	1	3	2	57
8	3	2	1	3	62
9	3	3	2	1	64

试用直观分析法指出最优工艺条件及因子影响的主次顺序.（注：得率高为好）

4. 合成氨最佳工艺条件试验. 设有三个因子：反应温度、反应压力、催化剂种类. 根据某单位已积累的经验，各取三个不同的水平具体如下：A（反应温度℃）：460、490、520；B（反应压力，1 大气压）*：250、270、302；C（催化剂种类）：甲、乙、丙（均以还原为主，各种催化剂内加入了不同的 K_2O 及 Al_2O_3）. 试用直观分析法找合成氨产量最高的最佳工艺条件及各因素的影响主次顺序.

表头设计	A		B	C	试验结果
列号 / 试验号	1	2	3	4	
1	1	1	1	1	1.72
2	1	2	2	2	1.82
3	1	3	3	3	1.80
4	2	1	2	3	1.92
5	2	2	3	1	1.83
6	2	3	1	2	1.98
7	3	1	1	2	1.59
8	3	2	3	3	1.60
9	3	3	2	1	1.81

* 1 atm＝360 mmHg＝1.01×10^5 Pa（帕）.

5. 欲了解某市现在参加家庭财产保险的比率情况，根据以往资料得知，该市约有20％家庭财产参加保险. 要求在95.45％的概率保证下，允许误差为2％，采用简单随机抽样方式，应从全市居民家庭中抽选多少户进行调查？

6. 现对某油田2500口油井的平均年产油量进行重复简单随机抽样调查. 根据以往的调查资料，油井年产油量的标准差为300 t，试问在把握程度为95.45％，抽样极限误差不超过20 t条件下，需要抽取多少口油井进行调查？

阅读资料 1　十项全能运动员的统计选拔方案

有人利用统计方法对奥林匹克运动会十项全能的比赛成绩作研究，收集了 160 组数据，以 $X_1, X_2, \cdots, X_{10}$ 分别表示十项全能成绩的标准化得分，这里十项全能项目依次为：100 m 短跑、跳远、铅球、跳高、400 m 跑、110 m 跨栏、铁饼、撑杆跳高、标枪、1500 m 跑. 研究分析主要由哪些因素决定了十项全能的成绩，以指导运动员的选拔.

他们应用统计的因子分析方法来处理这一问题，取得了有应用价值的结果. 最后得出的**统计选拔方案为**：选拔十项全能运动员主要从短跑速度、爆发性臂力、爆发性腿力及耐力四个方面都较强的人中进行选拔. 可认为这四项是公因子；此外，在单个项目上还有一些特殊要求，特别是标枪，110 m 跨栏等特殊因子方差较大的项目上，要注意选拔有某方面特长的人.

他们的研究结果为十项全能运动员的选拔提供了有价值的参考意见.

因子分析是统计的实用技术之一，它是一种降维、简化数据的技术，其目的是找出少数几个变量(称为公因子)，去描述具有相关性的多个变量，即能反映原来多个变量的主要信息. 原始的变量是可观测的变量，而公因子一般是不可观测的变量. 因子分析在心理学、社会学、体育学和经济学等学科中都取得了不少成功的应用.

阅读资料 2　莎士比亚新诗的统计鉴定

1985 年 11 月的一天，一位学者泰勒(G. Taylor)在堆放莎士比亚文稿的图书馆，发现一张纸上有一首从未见过的诗，这首诗有 429 个字，但没有时间，无作者可考. 不知它是谁写的，是不是莎士比亚写的呢？成了一个谜. 后来美国斯坦福大学统计学家埃弗龙(B. Efron)带领他的学生用统计方法对它作了鉴定. 不少人具有自己独特的写作风格，像莎士比亚，他特别喜欢用新词，有的词仅用一次就不再用了，这似乎意味着莎士比亚具备较强的创新意识. 最终这首诗作者之谜被统计方法破解，莎士比亚就是新诗的作者. 这一鉴定成果被誉为统计学的一首赞歌.

第七章 Excel 数据分析简介

随着计算机在各领域的应用日益增多,掌握一些统计软件的使用方法,将会给工作、学习、生活带来很大方便.常用的著名统计软件有 SAS,SPSS 等,而用来存储和处理数据的 Excel 软件也有很强的统计分析功能,它是当前使用最普遍的电子表格软件,使用它能轻松地完成图表的制作、统计、分析以及数据处理,它不但功能强大,而且简单易用.本章简明介绍应用 Excel 对数据进行统计分析方法.

§7.1 Excel 操作简介

Excel 是电子表格数据处理软件.本节以 Excel 2007 版为平台,从实用出发简要地讲解电子表格的基本工作环境和操作方法.先介绍工作表和工作簿的概念.

工作表是 Excel 进行数据管理作业的基本单位,通常也称做电子表格,一张工作表可以包含 16553 行,256 列.工作表由单元格组合而成,单元格是工作表的基本元素,是 Excel 独立操作的最小单位,通过行号和列号来定位.单元格中可以输入文字、数值或公式,也可以对单元格进行格式设置.

在 Excel 中,数据和图表都是以工作表的形式存储在工作簿文件中的,若干个工作表组成一个工作簿,而每一工作簿可由 1～255 个工作表组成,通过文档窗底部的标签来标识.工作簿是用来处理和存储数据的文件,是 Excel 存储在磁盘上的最小独立单位,其扩展名为.xls.

数据输入注意要点 数据输入时应注意的是:输入字符型的数字时,应在数字字符串前加单引号,如'123.输入分数时整数和分数间应加空格,如 1 1/3,表示 1 又 3 分之 1.切换单元格可以用移位键、Tab 键或 Enter 键进行.选取一个区域输入数据时,则可以使用 Tab 键(按行)或 Enter 键(按列)的顺序输入数据,当区域内一行或一列输入结束,会自动进入该区域的下一行或列的第一个单元格.

一、数据输入技巧

数据输入尤其是大量数据的输入,不仅繁琐而且容易出错.Excel 提供了几种有效的手段来提高效率,减少差错.

1. 自动填充柄

输入系列数据把鼠标移到任意选中的单元格或区域的右下角,鼠标会成细"十字"状,称为填充柄.利用填充柄可向单元格输入系列数据.自动填充的数据可以是等差数列,也可以是文字序列,如星期、月份、季度、甲乙丙等.自动填充文字序列只需输入第一项,然后拖动填充柄即可自动填充(文字序列必须通过"工具/选项"命令先行定义).

2. 选择列表

在准备输入数据的单元格单击右键，在快捷菜单上选择“选择列表”命令，Excel 会显示该列已输入的数据项列表供选择.

3. 记忆式键入

在单元格中键入首字符后，Excel 立即会与该列中已输入的数据项进行匹配，找出前面相符的数据项，自动显示其余的字符. 按 Enter 键就可以完成输入；否则，继续键入欲输的后面字符.

4. 导入外部数据

Excel 可以从多种外部来源，如文本文件、其他数据库、网络等获得数据. 在工作中，Excel 经常需要和其他数据库交换数据，也需要把表格和文本相互转换，以兼容计算和统计等功能，为此就需要用到 Excel 中的导出功能.

二、区域的选取和命名

区域是由一组单元格围成，可以是连续的，也可以是非连续的. 对选定的区域可以进行多种操作，如移动、复制、删除、计算等. 连续区域的引用以区域左上角与右下角的单元格地址间用冒号分隔来表示，如 B3:C5，它表示 B 列，C 列，第 3 行与第 5 行所围成区域；D6：H11，它表示 D 列，H 列，第 6 行与第 11 行所围成区域. 非连续的区域的引用，在区域间用逗号分隔，如 E4，E10:E13，它表示 E 列的第 4 行，第 10 行至第 13 行.

1. 区域选取

(1) 单个区域的选取. 先单击选定区域左上角单元格，再用 Shift 键＋单击选定区域右下角单元格；或直接鼠标拖拽选取区域.

(2) 多个区域的选取. 选定一个区域后，用 Ctrl 键＋鼠标拖曳选取其他区域.

2. 区域命名

在编辑工具栏名称框内输入区域名，如“学生成绩”，按 Enter 键结束. 区域命名后，在名称框的下拉列表中会显示该区域名. 区域调用在名称框下拉列表中选“学生成绩”就可选中所命名区域.

三、单元格编辑

在已有数据的单元格输入新数据就可覆盖旧数据，或在编辑栏编辑修改，或双击选中单元格，使单元格进入编辑状态. 编辑完成后要按 Enter 键或单击“输入”按钮来锁定数据. 若单击选定单元格或区域时，可以按 Del 键删除整个单元格或区域内的内容. 但在双击单元格进入编辑状态后，按 Del 键不能删除整个单元格的内容，必须使用编辑栏中的“取消”按钮.

四、插入、清除和删除插入单元格、区域、行或列

(1) 在工作表中插入空白的单元格、区域、行或列，那么表中现有数据就会自动迁移，以让出插入空间. 先选定插入范围，然后选择插入菜单上的“单元格”、“行”和“列”命令.

(2) 清除单元格或区域数据. 单元格数据由内容(数值、公式)、格式和批注等成分组成. 利用“编辑/清除”命令，可以清除单元格或区域数据的某一成分或全部成分，但不删除其位置. 操作方法：先选取单元格或区域，然后选择“编辑/清除”命令，在子菜单上可选

择清除的有：全部、格式、内容或批注.

注　用 Del 键删除选定单元格或区域数据时，它仅清除内容，而保留数据格式及批注. 用“编辑/删除”命令删除单元格或区域，不仅删除选定对象中的数据，同时也删除单元格或区域本身. 当删除选定单元格或区域时，会显示“删除”对话框，在选项中选择后，才能删除.

(3) 删除整行或整列. 要删除整行或整列只需单击、拖曳行号或列标来选取行或列，然后选择“编辑/删除”，命令即可.

(4) 剪切，复制，粘贴. 在 Excel 中，剪切、复制、粘贴操作和 Windows 应用程序中基本类似. 但是，剪切、复制单元格或区域时，必须保持数据源现场(四周有闪烁的虚线框)才能完成粘贴操作. 在 Excel 中，鼠标光标移向选定单元格或区域的边框线时，光标由空心十字形变为四向箭头时，用单纯拖动就可以将数据对象移动到新位置；使用 Ctrl 键＋拖动(指针右上方出现小加号)，可以完成复制操作. 若要将数据复制到它相邻的若干单元格中，还可用拖曳“填充柄”填充的方法. 在复制或移动后，公式中的单元格引用将自动调整.

(5) 选择性粘贴. 用“编辑/选择性粘贴”命令，可用来对选定的单元格数据的各种成分进行有选择的复制. 方法是：第一步，选取源单元格或区域，用“编辑/复制”命令将数据(内容、格式和批注)录入剪贴板；第二步，选取目标单元格或区域，用“编辑/选择性粘贴”命令，打开“选择性粘贴”对话框. 对话框上部是“粘贴”单选域，可选择需要粘贴到目标的内容有：全部、公式、数值、格式、批注或其他组合；下边是“运算”单选框，可将源区域和目标区域的数据通过被选的运算符来计算后存入目标区域. “转置”选项是“选择性粘贴”另一个重要功能，通过“转置”可在粘贴时实现行列转换.

§7.2　Excel 统计分析方法

一、Excel 统计分析功能简介

Excel 数据分析功能已很强了，共提供了 18 种统计分析工具，已具备大部分统计分析的功能. 如含有属于描述统计部分的“排序”、“相关系数计算”、“描述统计”、“画直方图”、“随机数发生器”等功能；含有属于推断统计部分的“估计以及各种检验方法”等功能；另外还含有属于应用方法的，如“回归分析”和“时间序列分析”等功能；内置较为专业的统计分析工具——数据分析. Excel 也提供了相当多的函数可以辅助统计分析；还能够作出各种不同用途的统计图.

使用 Excel 进行数据分析时，需要首先确定 Excel 是否已有数据分析功能. 因为并非所有安装 Excel 的用户，初次运行时，都能有数据分析功能可供选取. 如果用户在“工具”菜单中并未发现“数据分析”项，可以单击【Office】按钮，再单击【Excel 选项】按钮. 在弹出的“Excel 选项”对话框中选择“加载项选项卡”，再单击【转到】按钮，在弹出的“加载宏”对话框中选中“分析工具库”和“分析工具库 VBA”复选框，单击【确定】按钮，这使“分析工具库”和“分析工具库 VBA”从非活动应用程序项变为了活动应用程序项. 这样，在“工具”菜单中应看到有“数据分析”项了.

二、Excel统计辅助函数简介

函数是快速简便进行复杂运算的工具. Excel 2007 版提供了众多内部函数,如求和、计算平均值等,可以满足金融财务、统计分析、经济管理等许多领域计算的需要. 函数可以嵌套使用. 使用插入函数“对话框”或选用“插入/函数”命令打开. Excel 共有 11 大类函数,它们分别是财务函数、日期与时间函数、数学和三角函数、查找与引用函数、数据库函数、文字函数、逻辑函数、信息函数、工程函数以及用户自定义函数. Excel 统计函数能够对选定数据区域进行统计分析. 这里将简要介绍几个常用的统计函数.

1. 求参数的算术平均值(AVERAGE)

该函数的语法为

AVERAGE(numberl,number2,…),

其中 numberl,number2,…为计算平均值的参数,参数可以是数字,也可以是涉及数字的名称、数组或引用. 如果数组或单元格引用参数中有文字、逻辑值或空单元格,则忽略其值. 但是,如果单元格包含零值则计算在内.

2. 求区域中数据的频率分布(FREQUENCY)

该函数的语法为

FREQUENCY(dataray,binsaray).

为一数组或对一组数值的引用,用来计算频率. 如果 dataray 中不包含任何数值,函数 FREQUENCY 则返回零数值. binsaray 为一数组或对数组区域的引用,用于设定频率计算的分割点. 如果 binsaray 中不包含任何数,函数 FREQUENCY 则返回 data m,即元素的个数. FREQUENCY 的用处很大,可以计算不同工资段的人员分布、公司员工的年龄分布、学生成绩的分布情况等.

3. 求数据集的最大值(MAX)与最小值(MIN)

这两个函数的用法非常简单,其语法为

MAX(numberl,number2,…)和 MIN(number1,number2,…),

其中,numbers1,number2…为参数,最多能设定 255 个. 如果要计算的数组包含空白单元格、逻辑值或文本,那么它们将被忽略.

4. 求数据集中第 k 个最大值(LARGE)与第 k 个最小值(SMALL)

这两个函数与 MAX、MIN 非常相似,区别在于它们返回的不是极值,而是第 k 个值. 该函数的语法为

LARGE(array,k)和 SMALL(array,k),

其中,array 为需要找到第 k 个最大值/最小值的数组或数字型数据区域,k 为返回数据在数组或数据区域中的位置. 若函数名为 LARGE,则是从大到小排序;若为 SMALL,则从小到大排序.

5. 求数据集中的中位数(MEDIAN)

返回给定数值集合的中位数,该函数的语法为

MEDIAN(number1,number2,…),

其中,number1,number2…是待确定的参数,最多可有 30 个. 如果数组或引用参数中包含有文字、逻辑值或空白单元格,则忽略这些值,但是值为零的单元格会计算在内.

6. 求数据集的众数(MODE)

用来返回在某一数组的众数(出现频率最高的数),其语法为

MODE(numberl,number2,…),

其中,numberl,number2,…是用于众数计算的参数,最多可有 30 个. 若选定的范围中不包含重复值,该公式就返回 #N/A 错误.

7. 一个数值在一组数值中排序的函数(RANK)

该函数返回的是某数字在一列数字中相对于其他数字的大小排名,其语法为

RANK(number,ref,order),

其中,number 为需要找到排位的数字表,ref 为数字列表数组,order 为一个指明排位的方式的数字,若 order 为 0 或省略,则对数字按照降序排列,否则按照升序排列. 当然如果数据序列单调,已经排过序了,则数值的排序就是它当前的位置.

8. 计算样本标准差函数(STDEV)

该函数的语法为

STDEV(numberl,number2,…),

其中 number1,number2,…为要计算标准差的参数,最多可设定 255 个参数.

9. 皮尔逊相关系数(PEARSON)

皮尔逊相关系数是一个范围在 -1 至 1 之间(包括 -1.0 和 1.0 在内)的无量纲数. 该函数的语法为

PEARSON(arrayl,array2),

其中,arrayl,array2 为需要计算相关系数的数组或数据区域.

三、Excel 一些常用统计分析方法介绍

1. 统计作图

Excel 提供了多种统计作图功能,可以非常方便得到直方图、散点图、折线图、饼图、柱图等多种图形. 下面举例说明用 Excel 绘制几种常用统计图表的方法.

(1) 直方图

点击菜单栏中的"工具"→"数据分析",选择"直方图",将出现以下对话框:

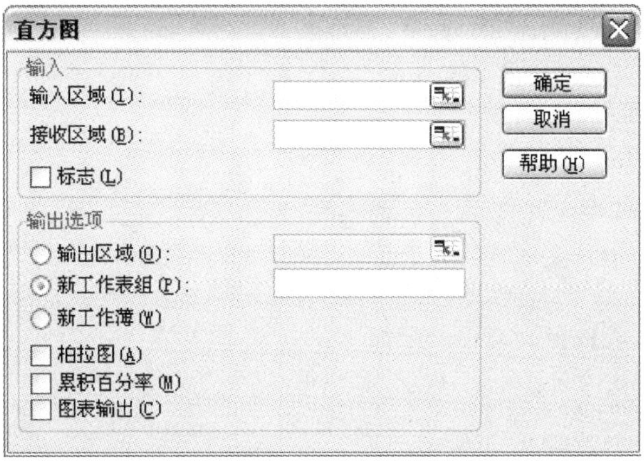

在“输入区域”中输入需要作图的数据区域，可以点击后，直接拖选所需的数据区域. 在接受区域内输入分组的界限数据列，此格若空缺则将以系统默认的分组方式进行分组. 在输出选项中可选择输出的位置，还可选择其他一些输出选项. 若勾选“柏拉图”，则输出图表中将按降序来显示数据；若勾选“累计百分率”，将同时输出累计百分率；若勾选“图表输出”，将输出图形，否则只会输出各组中数据的个数列表.

例 7.2.1 某工厂随机调查了 20 位工人某天生产产品的数量，数据如下：

160 196 164 148 170 175 178 166 181 162

161 168 166 162 172 156 170 157 162 154

若将其分为 5 组，试画出频数分布直方图.

解 首先将样本数据输入 Excel 中，可利用 Excel 中的 MAX 和 MIN 函数求得其中最大值和最小值，进而计算出极差. 这里求得样本中最小值为 148，最大值为 196，极差为 48，因此考虑每组组距为 10，分组结果为

$$(147,157],\ (157,167],\ (167,177],\ (177,187],\ (187,197].$$

此处每组的取值包含上限而不包含下限，是因为 Excel 中作直方图时是如此设定的. 然后按照如下图的方式输入分组数据，并进行上述的操作，这里我们需要勾选图表输出.

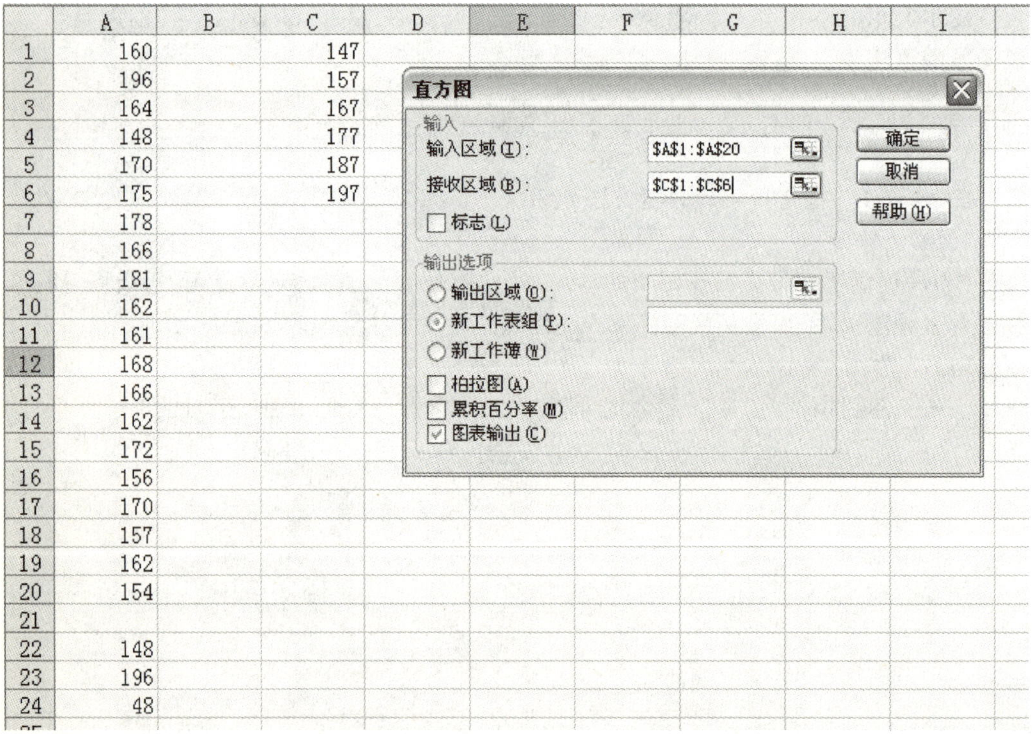

点击“确定”后，可以得到输出结果如下：

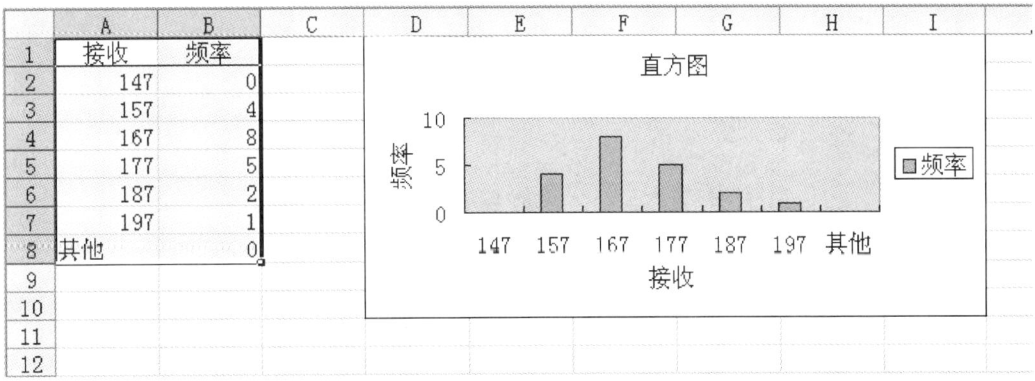

此时上图右侧的直方图与我们常用的形式还稍有不同，为了使之更为美观，需要进行下述调整：

a. 将不需要的图例(即直方图中右侧的小方框)删去，鼠标左键点击图例，然后按Del键即可.

b. Excel中的频率实际上指的就是频数，我们可以在图中空白处点击鼠标右键，选择“图表选项”，将Y轴标题由“频率”改为“频数”. 同样还可修改X轴的标题，将“接收”改为“产品数量”.

c. 上图中条形下方的坐标显示的是各组的上限，我们需要调整坐标显示，这可以直接在左侧的表格上直接修改. 我们将“147”和“其他”删去，将“157”改为“148－157”，“167”改为“158－167”，以此类推.

d. 调整直方图中条形的宽度，去除其间距. 这需要在条形上点击鼠标右键，在弹出菜单中选择“数据系列格式”，在弹出的对话框中选择“选项”标签，将“分类间距”改为0.

e. 我们可以让直方图单独作为一个工作表显示. 在图中空白处点击鼠标右键，选择“位置”，改选为作为新工作表即可.

进行完以上的调整，再适当地调整图表区域大小、图中字体大小和坐标轴标题的位置，即可得到直方图如下所示：

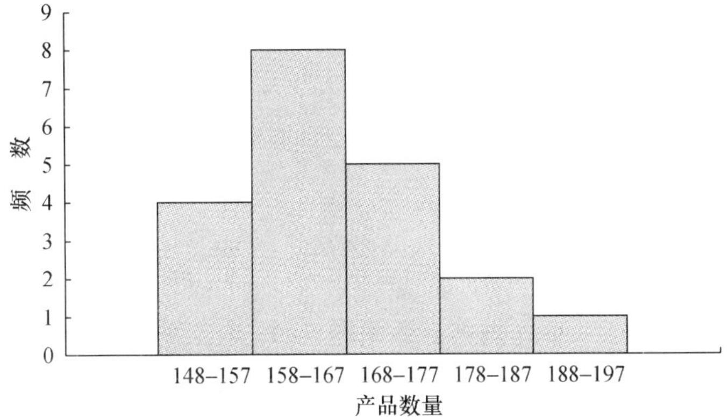

(2) 散点图

点击菜单栏中的“插入”→“图表”，或者直接点击工具栏上的“图表向导”按钮，将会出现如下对话框：

选择图表类型为“XY 散点图”，点击“下一步”，对话框变为如下：

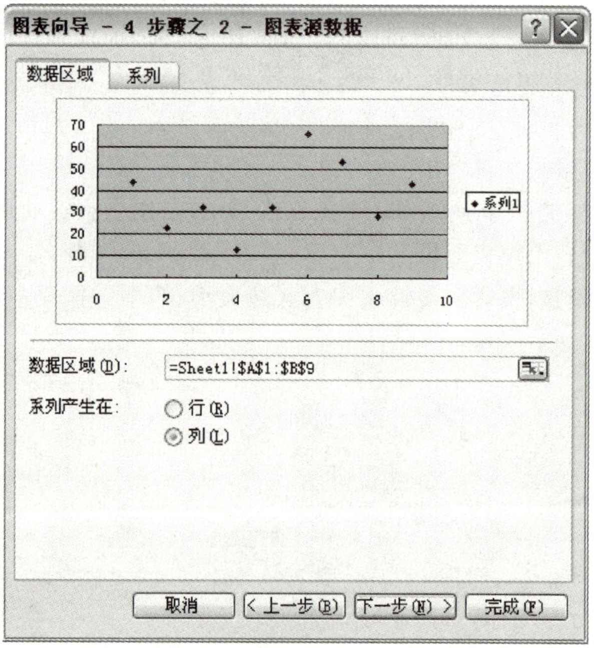

在“数据区域”内输入所要作图得到数据的区域，并选择按行或按列划分. 之前可以先选定数据再点击“图表向导”按钮，则此时数据区域即为之前所选择的. 对于 XY 散点图，输入的数据至少应有两列：第一列将作为散点的 X 坐标，第二列为 Y 坐标. 也可点击“系列”选项卡，进行更为准确的数据输入. 输入数据区域后，上方会显示所作图表的预览图. 之后再点击“下一步”，得到如下对话框：

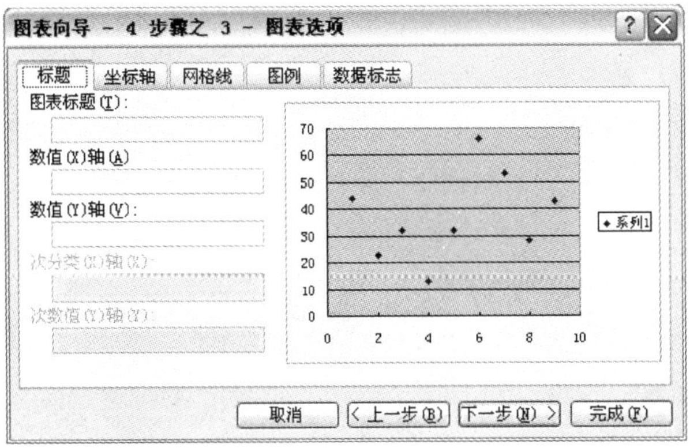

可在此对话框中进行图标的各项设置，包括标题、坐标轴、网格线、图例和数据标志等，上图右侧是所作图表的预览图. 再点击“下一步”，出现选择储存位置的对话框如下. 最后点击完成，即可输出图表.

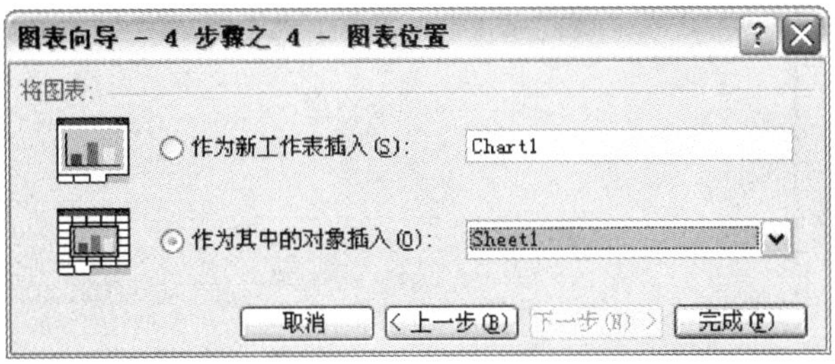

在输出图表后，可在图表中空白区域点击鼠标右键，在弹出菜单中可选择“图表类型”、“源数据”、“图表选项”和“位置”，重新进行以上的设置. 也可在图表中的元素(比如坐标轴、数据点等)上点击鼠标右键，对各图表元素进行具体设置.

例 7.2.2　某城市一天 24 小时的气温和相对湿度列于下表：

时　刻	0	1	2	3	4	5
气温/℃	18.1	17.8	17.4	17.1	16.9	16.7
相对湿度/(%)	60	62	64	65	67	68
时　刻	6	7	8	9	10	11
气温/℃	16.4	16.7	18.4	22	22.9	23.2
相对湿度/(%)	70	70	63	49	45	40
时　刻	12	13	14	15	16	17
气温/℃	24.3	24.1	24.3	23.5	23	22.1
相对湿度/(%)	40	35	34	33	35	44
时　刻	18	19	20	21	22	23
气温/℃	21.1	20.6	20.3	20.1	19.8	19.4
相对湿度/(%)	49	49	48	49	50	52

以气温为 X 轴，相对湿度为 Y 轴，作出散点图.

解　在 Excel 电子表中如下输入数据，并且选中数据，然后点击“图表向导”，选择

"XY 散点图"，点击"下一步". 从下图中可以看到，此时数据已经选定，无需再选，可直接点击"下一步".

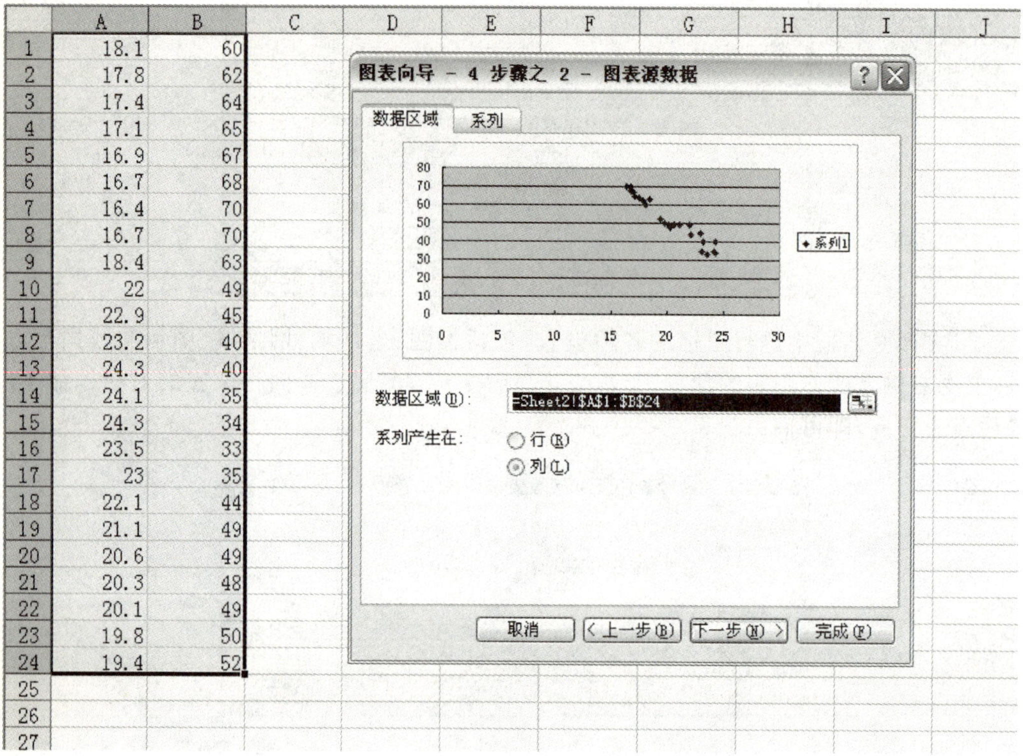

	A	B
1	18.1	60
2	17.8	62
3	17.4	64
4	17.1	65
5	16.9	67
6	16.7	68
7	16.4	70
8	16.7	70
9	18.4	63
10	22	49
11	22.9	45
12	23.2	40
13	24.3	40
14	24.1	35
15	24.3	34
16	23.5	33
17	23	35
18	22.1	44
19	21.1	49
20	20.6	49
21	20.3	48
22	20.1	49
23	19.8	50
24	19.4	52
25		
26		
27		

之后进入"图表选项"对话框，首先可填写图表标题以及坐标轴标志. 再点击其他选项卡进行各项设定，这里我们不勾选显示网格线和图例. 再点击"下一步"，选择"作为新工作表"，点击完成. 即可得到某市一天气温与相对湿度散点图如下：

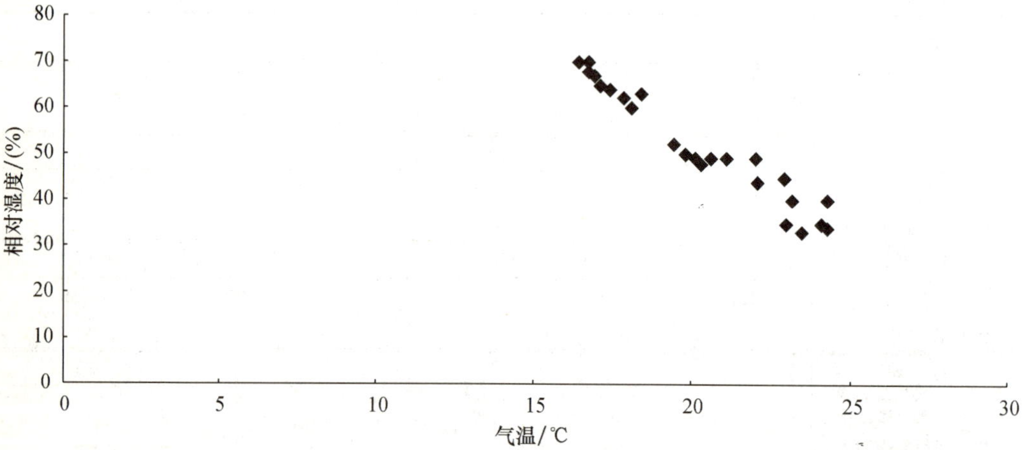

这里我们可以看到，由于系统设定 X 轴和 Y 轴是相交于 0 点的，此时数据点均位于图的右上角，不够美观. 我们可以对坐标轴进行设置，在坐标轴上点击鼠标右键，选择"坐

标轴格式”.在出现的对话框中选择“刻度”选项卡，将最小值进行修改，这里我们将 X 轴坐标的最小值修改为 15，如下图所示：

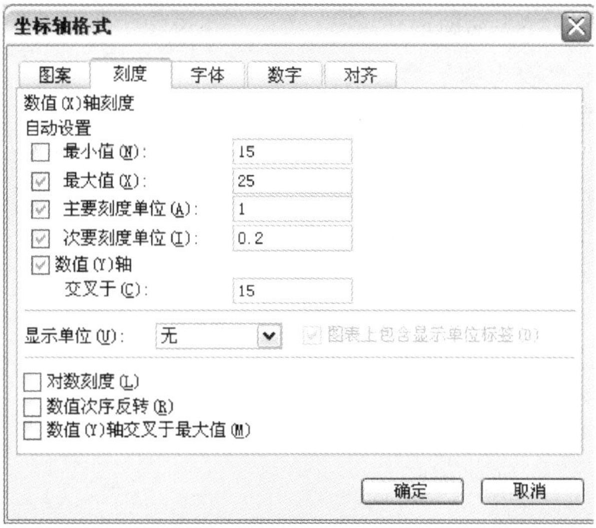

同样将 Y 轴的最小值改为 30.然后再适当调整图表区域大小、图中字体大小和坐标轴标题的位置，即可得到某市一天气温与相对湿度散点图如下所示：

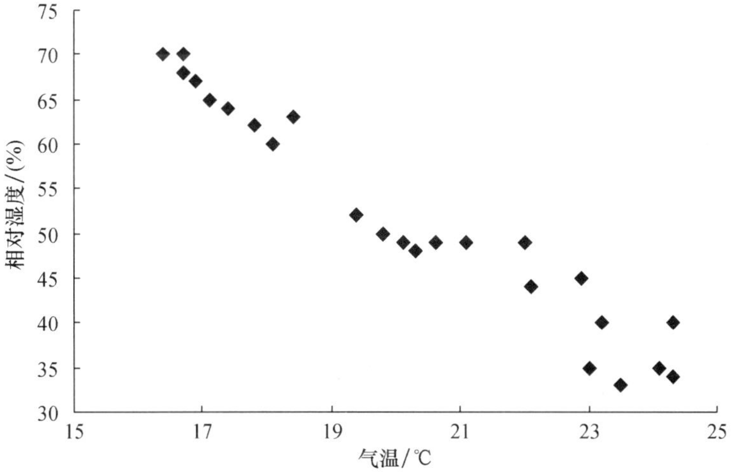

(3) 圆形结构图

同样点击菜单栏中的“插入”→“图表”，或者点击“图表向导”按钮，选择“饼图”或“圆环图”，之后的操作与绘制散点图时类似.值得注意的是，若选择作饼图，输入的数据只能有一个系列(即标志列和数据列各一列)；否则，若有两个以上的系列，第二个系列的图形将不能显示出来.

例 7.2.3　某学院有 80 名应届毕业生，这些学生毕业后的去向统计结果如下：

毕业后去向	出国留学	国内深造	就业	自主创业	其他
人数	27	19	47	4	3

试作该学院应届毕业生去向的圆形结构图.

解 在 Excel 电子表中如下输入数据并选中，点击“图表向导”，这里我们选择“饼图”，之后的操作与散点图类似. 此时图表选项对话框与之前有所不同，只有“标题”、“图例”和“数据标志”三个选项卡，如下图所示. 在“标题”选项卡中，输入图表标题；在“数据标志”选项卡中，我们勾选“类别名称”、“百分比”及“显示引导线”；由于已勾选过数据标志，故“图例”选项卡中不勾选“显示图例”.

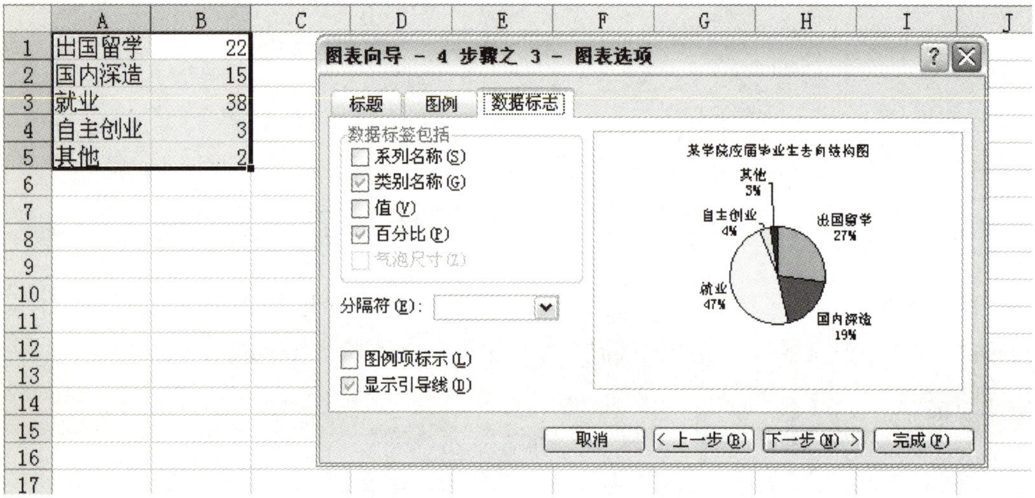

点击“下一步”后，选择在新工作表中输出，即可得到圆形结构图. 同样对图表区域大小、字体大小等进行适当调整，最后可得某校院应届毕业生去向结构图如下：

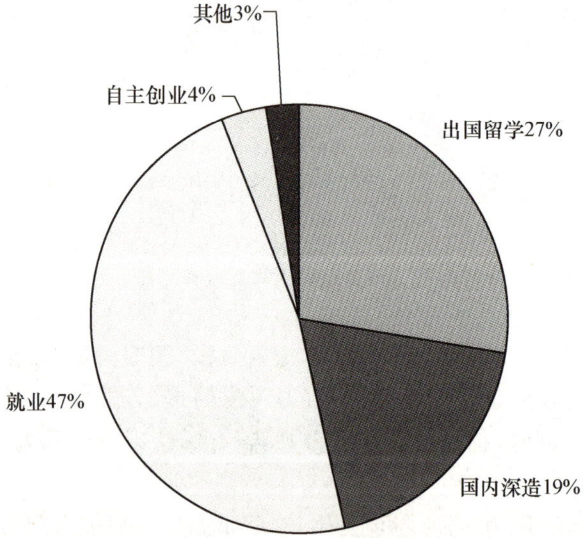

2. 数据排序和分类汇总

(1) 数据排序

在一些统计分析中,需要对数据进行排序,使用 Excel 可以十分简便地完成排序. 首先需要选中需要排序的数据行或数据列,然后点击菜单栏中的"数据"→"排序",显示如下对话框:

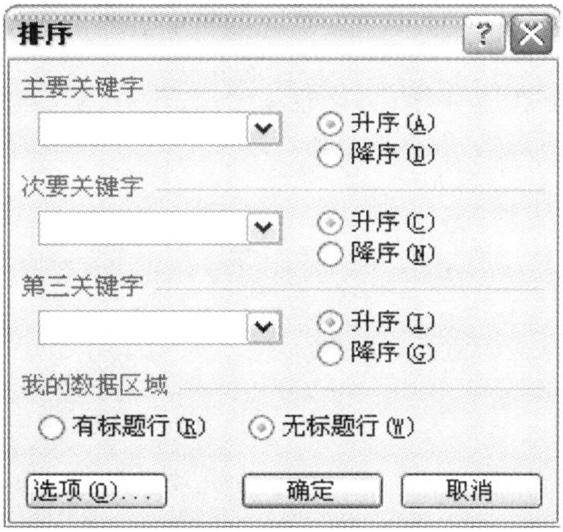

分别在下拉菜单中选择主要关键字、次要关键字和第三关键字,并相应地选择排序方式(升序或降序). 主要关键字是必须选择的,次要关键字和第三关键字可以空缺,而且主要关键字、次要关键字和第三关键字不能够相同. 此外,还可根据数据,选择是否有标题行. 之后点击"确定",即可得到排序的结果.

(2) 分类汇总

Excel 的分类汇总功能可以对数据进行求和、计数、平均值、最大值、最小值、乘积和标准差等统计量进行分类计算和汇总计算. 选择需要分类汇总的数据区域,所选数据的第一行应作为标签,且需有一列作为分类(事先需对分类进行排序). 然后点击菜单栏中的"数据"→"分类汇总",将出现以下对话框:

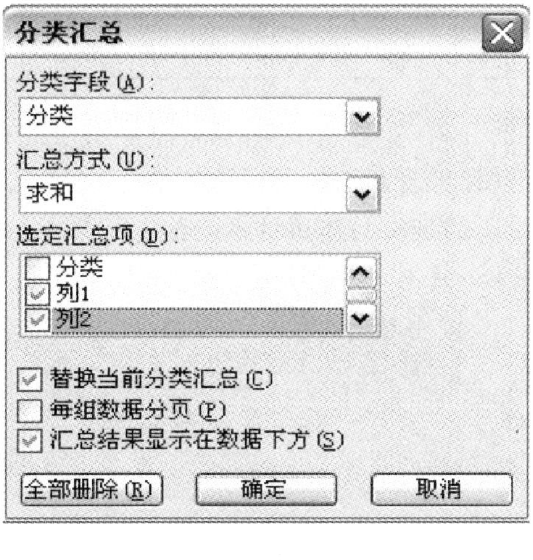

在“分类字段”下拉菜单中，选择作为分类的列. 再选择汇总方式，即所需要求的统计量，可选的有求和、计数、平均值、最大值、最小值、乘积、标准差和方差等. 然后勾选需要汇总的项，以及其他一些选项. 最后点击“确定”，即可输出结果.

另外，若已进行过分类汇总，可将数据全部选中后再打开此对话框，点击“全部删除”，可以删除原有的分类汇总结果. 若同时还要进行新的分类汇总，则无需先删除原来的结果，可以直接在修改选项后，勾选“替换当前分类汇总”，点击“确定”，则新的分类汇总结果将直接替换掉原来的.

例 7.2.4 随机抽取 20 名中学生，记录其性别、年龄、身高和体重如下表：

编号	性别	年龄	身高/cm	体重/kg
01	男	17	172	59
02	男	18	180	62
03	女	17	166	56
04	女	17	160	48
05	男	18	175	60
06	男	16	170	56
07	男	17	177	58
08	女	18	165	51
09	女	17	162	49
10	男	18	182	64
11	女	16	164	48
12	女	18	168	53
13	男	16	176	58
14	男	17	174	60
15	男	18	178	65
16	女	18	162	50
17	男	17	181	70
18	男	16	175	54
19	女	16	161	47
20	女	17	165	54

(1) 将男生和女生数据分离，并分别按年龄排序(年龄小的在前)；

(2) 对男生和女生分别计算身高与体重的平均值；

(3) 计算所有 20 名学生的身高与体重的平均值.

解 将上表数据输入 Excel 电子表，并全部选中，如上所述地打开“排序”对话框，主要关键字选择“性别”，第二关键字选择“年龄”，均选择“升序”，并选择“有标题行”，如下图所示：

编号	性别	年龄	身高(cm)	体重(kg)
1	男	17	172	59
2	男	18	180	62
3	女	17	166	56
4	女	17	160	48
5	男	18	175	60
6	男	16	170	56
7	男	17	177	58
8	女	18	165	51
9	女	17	162	49
10	男	18	182	64
11	女	16	164	48
12	女	18	168	53
13	男	16	176	58
14	男	17	174	60
15	男	18	178	65
16	女	18	162	50
17	男	17	181	70
18	男	16	175	54
19	女	16	161	47
20	女	17	165	54

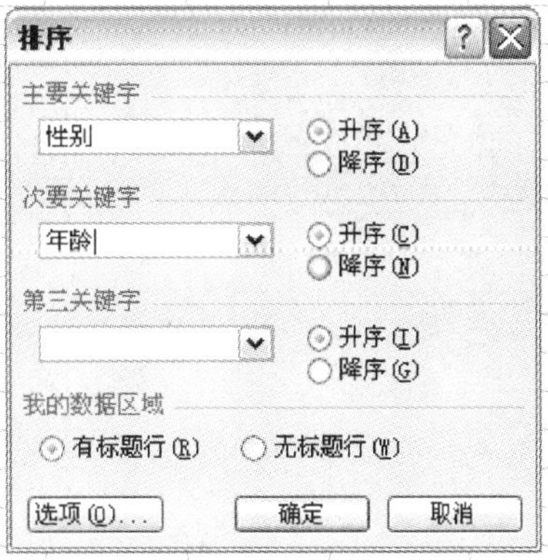

点击“确定”后，即得到排序后的数据输出如下：

编号	性别	年龄	身高(cm)	体重(kg)
6	男	16	170	56
13	男	16	176	58
18	男	16	175	54
1	男	17	172	59
7	男	17	177	58
14	男	17	174	60
17	男	17	181	70
2	男	18	180	62
5	男	18	175	60
10	男	18	182	64
15	男	18	178	65
11	女	16	164	48
19	女	16	161	47
3	女	17	166	56
4	女	17	160	48
9	女	17	162	49
20	女	17	165	54
8	女	18	165	51
12	女	18	168	53
16	女	18	162	50

再进行分类汇总计算，打开“分类汇总”对话框，分类字段选择“性别”，汇总方式选择“平均值”，汇总项勾选“身高”和“体重”，并勾选“汇总结果显示在数据下方”，如下图所示：

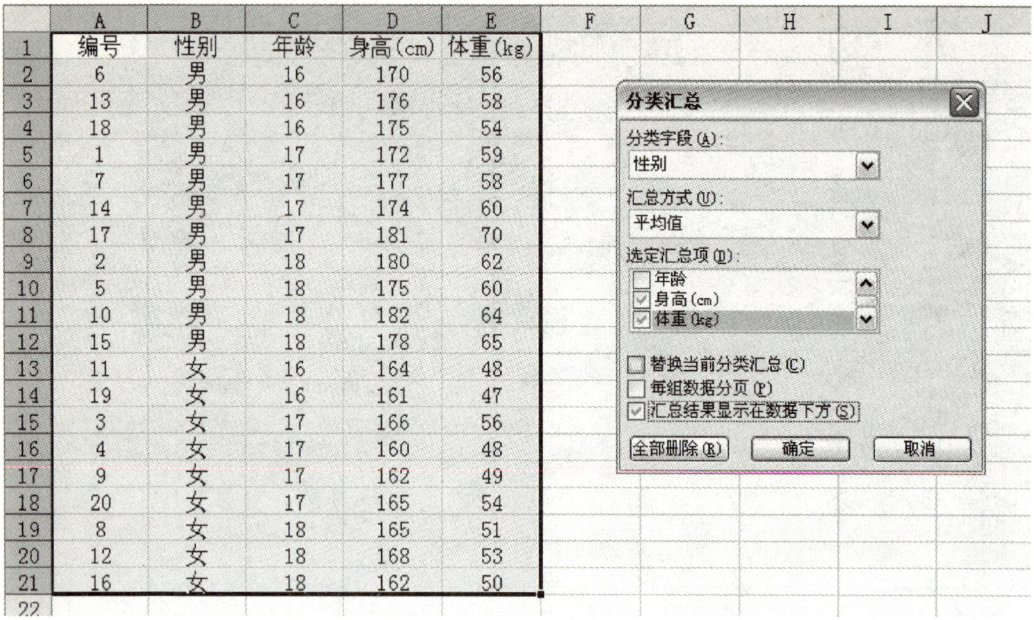

	A	B	C	D	E
1	编号	性别	年龄	身高(cm)	体重(kg)
2	6	男	16	170	56
3	13	男	16	176	58
4	18	男	16	175	54
5	1	男	17	172	59
6	7	男	17	177	58
7	14	男	17	174	60
8	17	男	17	181	70
9	2	男	18	180	62
10	5	男	18	175	60
11	10	男	18	182	64
12	15	男	18	178	65
13	11	女	16	164	48
14	19	女	16	161	47
15	3	女	17	166	56
16	4	女	17	160	48
17	9	女	17	162	49
18	20	女	17	165	54
19	8	女	18	165	51
20	12	女	18	168	53
21	16	女	18	162	50

点击"确定"后,即可得到分类汇总结果如下:

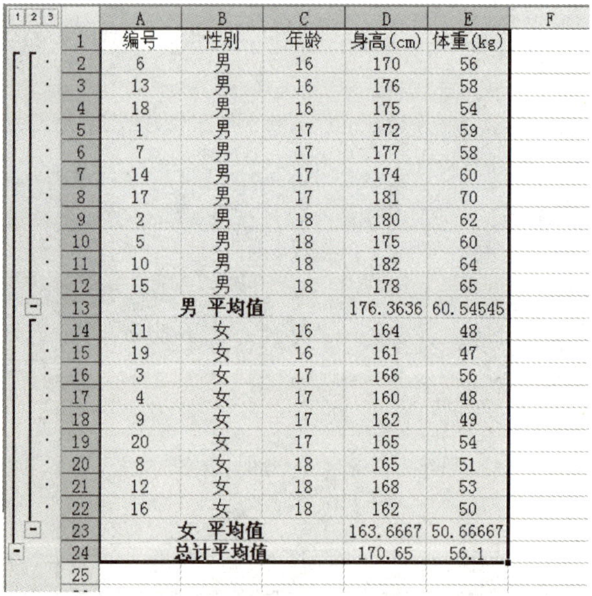

	A	B	C	D	E
1	编号	性别	年龄	身高(cm)	体重(kg)
2	6	男	16	170	56
3	13	男	16	176	58
4	18	男	16	175	54
5	1	男	17	172	59
6	7	男	17	177	58
7	14	男	17	174	60
8	17	男	17	181	70
9	2	男	18	180	62
10	5	男	18	175	60
11	10	男	18	182	64
12	15	男	18	178	65
13		**男 平均值**		176.3636	60.54545
14	11	女	16	164	48
15	19	女	16	161	47
16	3	女	17	166	56
17	4	女	17	160	48
18	9	女	17	162	49
19	20	女	17	165	54
20	8	女	18	165	51
21	12	女	18	168	53
22	16	女	18	162	50
23		**女 平均值**		163.6667	50.66667
24		**总计平均值**		170.65	56.1

此时男生、女生以及所有学生的身高和体重的平均值,均已清楚地显示在表中.

3. 描述统计与相关分析

(1) 描述统计

使用 Excel 可以进行描述统计,计算均值、方差、极差、偏度、峰度等常用的统计量,还可计算均值的置信区间.点击菜单栏中的"工具"→"数据分析",选择"描述统计",出现如下对话框:

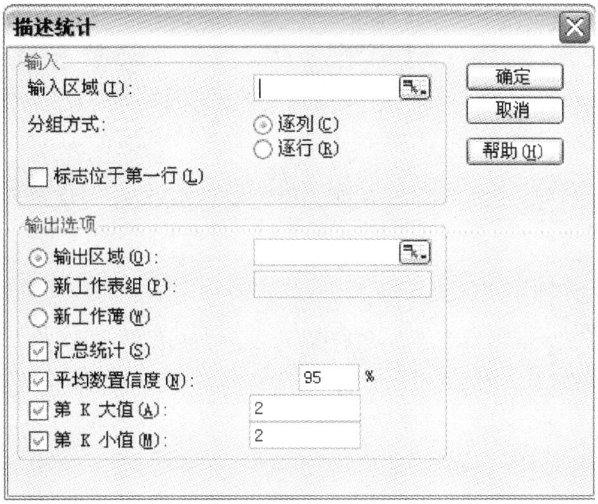

在"输入区域"内输入样本数据,可以同时输入多组数据,并可选择按列或按行分组,以及第一行(列)是否作为标志. 然后选择输出的位置,以及需要输出的内容. 一般计算常用统计量只需要勾选"汇总统计"即可,若勾选"平均数置信度",则还将计算均值的置信区间;若勾选"第 K 大值"和"第 K 小值",则还将输出样本数据中第 K 大的数值和第 K 小的数值. 最后点击"确定",即可在指定的位置输出结果.

(2) 相关分析

相关分析是一种常用的统计方法,使用 Excel 可进行基本的相关分析,如计算相关系数等. 点击菜单栏中的"工具"→"数据分析",选择"相关系数",同样在"输入区域"内输入数据并选择分组方式,注意此时输入的数据应当至少有两组,再选择输出的位置,点击"确定"后即可输出相关系数矩阵.

例 7.2.5　某工厂随机抽取 12 件该厂生产的产品,对每件产品测量了两个指标 A 和 B,得到数据如下:

指标 A	49.2	50.0	49.3	49.0	49.0	49.5
指标 B	26.7	27.1	26.8	26.5	26.9	27.0
指标 A	49.8	49.9	50.2	50.2	50.1	49.6
指标 B	27.1	26.9	27.4	27.2	27.3	27.0

分别计算两个指标 A 与 B 的样本平均值、方差、标准差和极差,并计算两者的相关系数.

解　将数据输入 Excel 电子表,如下图所示. 按上述操作打开"描述统计"对话框,如下图所示选择输入区域,并勾选"标志位于第一行". 选择一个合适的输出区域,然后只需勾选"汇总统计"即可.

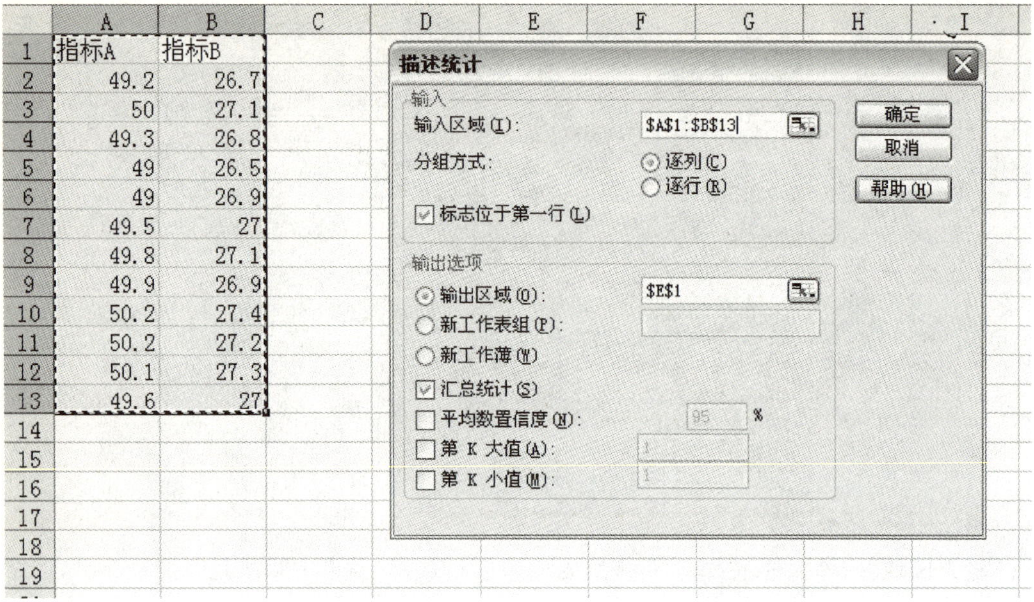

点击"确定"后,可以得到输出如下:

指标A		指标B	
平均	49.65	平均	26.99167
标准误差	0.129393	标准误差	0.073297
中位数	49.7	中位数	27
众数	49	众数	27.1
标准差	0.448229	标准差	0.253909
方差	0.200909	方差	0.06447
峰度	-1.46862	峰度	-0.00849
偏度	-0.24349	偏度	-0.28832
区域	1.2	区域	0.9
最小值	49	最小值	26.5
最大值	50.2	最大值	27.4
求和	595.8	求和	323.9
观测数	12	观测数	12

可知对于指标 A 的样本平均值为 $\bar{X}_A=49.65$,方差 $S_A^2=0.201$,标准差 $S_A=0.448$,极差为 $R_A=1.2$;对于指标 B 的样本平均值为 $\bar{X}_B=26.992$,方差 $S_B^2=0.064$,标准差 $S_B=0.254$,极差为 $R_B=0.9$. 注意,这里输出中的"标准误差"并不是指标准差,而是 $S/\sqrt{n}$,其中 S 为样本标准差,n 为样本观测数;输出中的"区域"指的就是极差.

再打开"相关系数"对话框,输入数据区域,分组方式选"逐列",并勾选"标志位于第一行". 选择合适的输出区域后,点击"确定",得到输出结果如下(即得到相关系数阵):

	指标A	指标B
指标A	1	
指标B	0.866681	1

可知两者的相关系数 $\rho_{AB}=0.867$.

对于多项指标,若要计算其中的任意两项指标的相关系数可以类似得到.

4. 回归分析

回归分析计算量较大,手工计算较为困难,而使用 Excel 可以很方便地计算回归方程.点击菜单栏中的“工具”→“数据分析”,选择“回归”,出现以下的对话框:

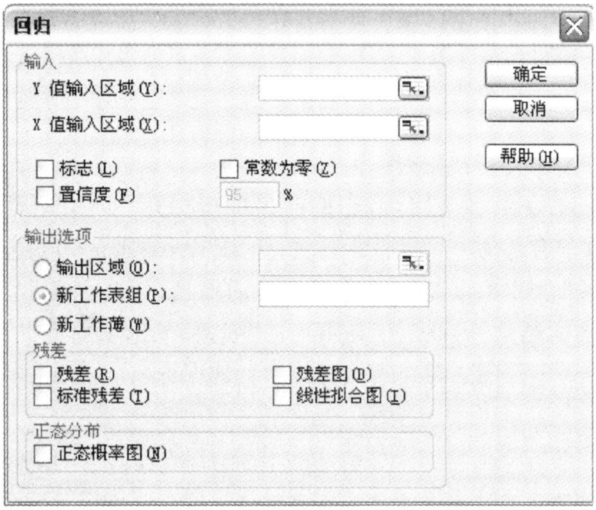

在“Y 值输入区域”和“X 值输入区域”内输入相应的数据区域,注意 Y 值数据区域应当仅有一列.若勾选“标志”,则表示选择的区域包含了数据标志;若勾选“常数为零”,则建立的回归方程将不包含常数项;若勾选“置信度”后,可以在方框内自行设定对回归系数进行区间估计的置信度,若不勾选则默认置信度为 95%.再选择输出结果的位置,并且可以选择是否输出残差、线性拟合图等项目.若这些项目均不选择,则只输出相关系数、回归系数的估计等结果.

例 7.2.6　中国 1990 至 2008 年历年的税收总额 X(亿元)和国内生产总值 Y(亿元)如下表所示:

年　份	税收总额 X/亿元	国内生产总值 Y/亿元
1990	2821.86	18667.82
1991	2990.17	21781.50
1992	3296.91	26923.48
1993	4255.30	35333.92
1994	5126.88	48197.86

（续表）

年　份	税收总额 X/亿元	国内生产总值 Y/亿元
1995	6038.04	60793.73
1996	6909.82	71176.59
1997	8234.04	78973.03
1998	9262.80	84402.28
1999	10682.58	89677.05
2000	12581.51	99214.55
2001	15301.38	109655.2
2002	17636.45	120332.7
2003	20017.31	135822.8
2004	24165.68	159878.3
2005	28778.54	183217.4
2006	34804.35	211923.5
2007	45621.97	257305.6

求回归方程 $\hat{Y}=\hat{a}+\hat{b}X$，并进行显著性检验.

解　将数据输入 Excel，如下图所示. 按前述步骤打开“回归”对话框，按下图选择 X 与 Y 的数据区域，由于有标志行，故需要勾选“标志”. 所要求的回归方程有常数项，因此要注意此时不能勾选“常数为零”. 然后选择合适的输出区域. 由于我们只需输出回归方程系数以反映有效性的结果，因此对话框下面的“残差”等选项均可以不勾选.

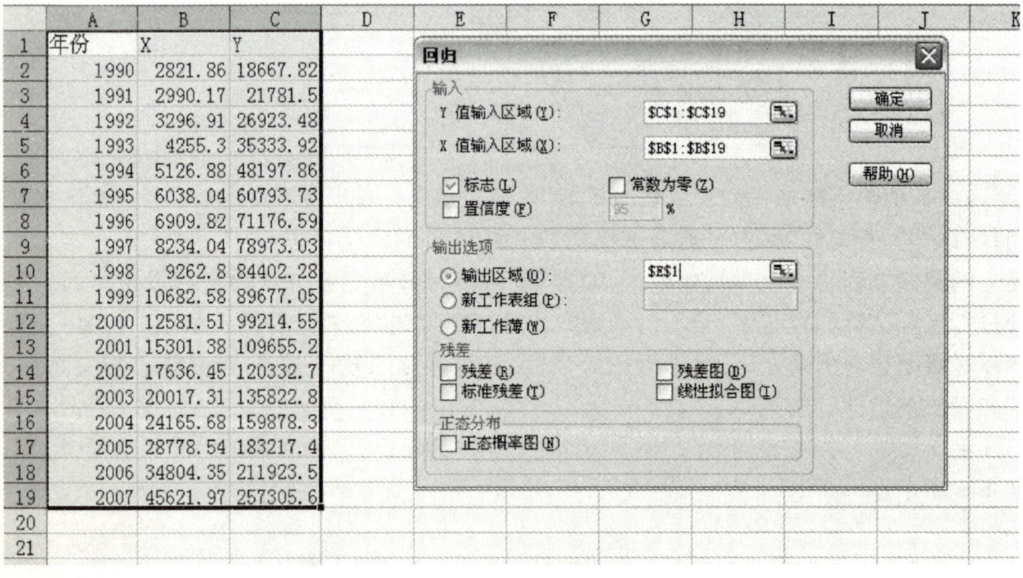

点击“确定”后，输出结果如下：

SUMMARY OUTPUT

回归统计	
Multiple	0.988432
R Square	0.976998
Adjusted	0.97556
标准误差	10566.47
观测值	18

方差分析

	df	SS	MS	F	gnificance F
回归分析	1	7.59E+10	7.59E+10	679.5782	1.56E-14
残差	16	1.79E+09	1.12E+08		
总计	17	7.77E+10			

	Coefficien	标准误差	t Stat	P-value	Lower 95%	Upper 95%	下限 95.0%	上限 95.0%
Intercept	21928.71	3916.894	5.598496	4E-05	13625.27	30232.16	13625.27	30232.16
X	5.487118	0.210487	26.06872	1.56E-14	5.040906	5.93333	5.040906	5.93333

首先可以看到，在输出的第一个表格中“R Square”约为 0.977，即 $r^2=0.977$，可知 X 与 Y 存在高度的直线关系，由此即可得回归方程有效. 此时输出中第三个表格中的“Coefficients”列即为回归方程的系数，其中“Intercept”行对应的是常数项系数 $\hat{a}$，“X”行对应的是自变量 X 的系数 $\hat{b}$. 可知此时回归方程为

$$\hat{Y}=21928.71+5.487X.$$

多元线性回归方程的计算以此类推.

5. 时间序列趋势方程的建立

由于 Excel 不是统计专用软件，并不直接提供时间序列分析的功能. 但是，灵活应用 Excel，还是可以进行一些简单的时间序列分析，比如时间序列趋势方程的建立等，我们通过以下的例子进行具体说明.

例 7.2.7 某城市 1991 年至 1995 年各季度居民用煤消耗量(t)如下表所示：

年份	耗煤量/t			
	1 季度	2 季度	3 季度	4 季度
1991	6878.4	5343.7	4847.9	6421.9
1992	6815.4	5532.6	4745.6	6406.2
1993	6634.4	5658.5	4674.8	6645.5
1994	7130.2	5532.6	4989.6	6642.3
1995	7413.5	5862.1	4997.4	6776.1

试考察以上数据的季节性影响大小，并建立趋势方程.

解 我们首先对数据作折线图，即时间序列图. 将数据以如下方式排成一列并输入 Excel 电子表，打开“图表向导”对话框选择“折线图”，选取输入数据并完成各项设置.

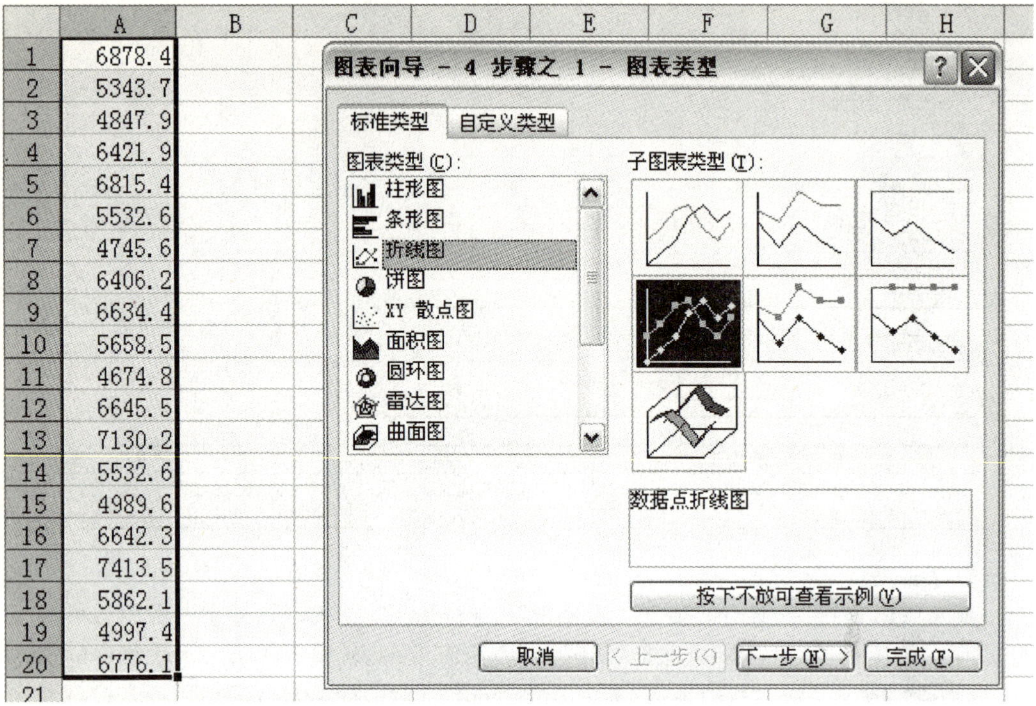

输出图形后，再进行其他的一些调整，最后可得到图形如下：

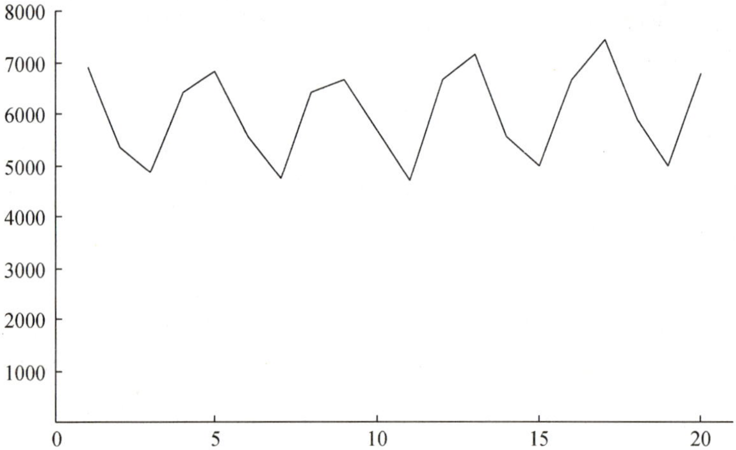

从图中可以看出存在季节性因素的影响，选加法模型是适合的. 采用移动平均趋势剔除法来计算季节比率，这里可以用 Excel 的“移动平均”功能. 点击“工具”→“数据分析”，打开“移动平均”对话框，按以下方式选择输入的数据和输出的位置，并设定间隔为4，进行 4 项移动平均，即可得到输出的结果.

由于此时输出结果中,第一个数据实际的时间位置应位于 1991 年的第 2 季度与第 3 季度之间,之后的数据对应时间也相应都是位于两个季度之间的,因此还需进行移正平均,即再进行以此 2 项移动平均.最后得到的结果如下:

	A	B	C	D	E
1	6878.4				
2	5343.7				
3	4847.9				
4	6421.9	5872.975			
5	6815.4	5857.225	5865.1		
6	5532.6	5904.45	5880.838		
7	4745.6	5878.875	5891.663		
8	6406.2	5874.95	5876.913		
9	6634.4	5829.7	5852.325		
10	5658.5	5861.175	5845.438		
11	4674.8	5843.475	5852.325		
12	6645.5	5903.3	5873.388		
13	7130.2	6027.25	5965.275		
14	5532.6	5995.775	6011.513		
15	4989.6	6074.475	6035.125		
16	6642.3	6073.675	6074.075		
17	7413.5	6144.5	6109.088		
18	5862.1	6226.875	6185.688		
19	4997.4	6228.825	6227.85		
20	6776.1	6262.275	6245.55		
21					

此时所得平均数据的第一项实际对应的时间为 1991 年的第 3 季度，因此需进行调整，利用"选择性黏贴"功能，将 C 列的数据上调两行粘贴至 D 列. 然后可以利用 Excel 的计算功能，将其与原数据（A 列）做差，可得到去除趋势项 T 的时间序列 $X-T$. 将 $X-T$ 的数据重新调整为下图的形式（同样可利用"选择性粘贴"进行），利用 AVERAGE 函数计算各季度的平均值，结果如下所示：

	A	B	C	D	E
1	年份	1季度	2季度	3季度	4季度
2	1991			-1017.2	541.0625
3	1992	923.7375	-344.313	-1106.73	560.7625
4	1993	782.075	-214.888	-1290.48	633.9875
5	1994	1095.075	-541.475	-1119.49	456.6125
6	1995	1185.65	-383.45		
7					
8	平均	996.6344	-371.031	-1133.47	548.1063
9					

因此可得季节比率为

$$S_1=996.63,\quad S_2=-371.03,\quad S_3=-1133.47,\quad S_4=548.11.$$

还可以进一步计算调整的季节比率.

接下来我们要建立时间序列的趋势方程. 将之前得到的趋势项 T 的数据复制并粘贴至新工作表中，并取第一个数据（即对应 1994 年第 3 季度的数据）对应时间为 $t=1$，以此类推，在 Excel 电子表中输入这样一列时间数据，如下图所示. 我们要以趋势项 T 作为因变量，时间 t 作为自变量来建立趋势方程. 使用 Excel 的线性回归功能，打开"回归"对话框，如下图所示选定输入数据、输出位置及相关选项.

	A	B
1	T	t
2	5865.1	3
3	5880.838	4
4	5891.663	5
5	5876.913	6
6	5852.325	7
7	5845.438	8
8	5852.325	9
9	5873.388	10
10	5965.275	11
11	6011.513	12
12	6035.125	13
13	6074.075	14
14	6109.088	15
15	6185.688	16
16	6227.85	17
17	6245.55	18
18		
19		

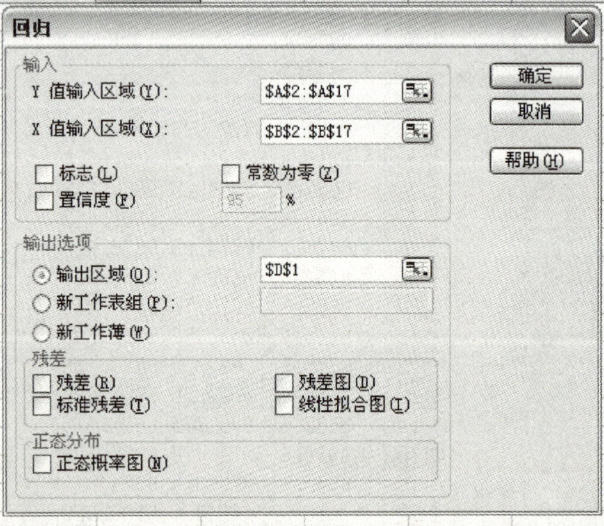

得到的结果如下：

D	E	F	G	H	I	J	K	L
SUMMARY OUTPUT								
回归统计								
Multiple	0.911201							
R Square	0.830287							
Adjusted	0.818165							
标准误差	60.98178							
观测值	16							
方差分析								
	df	SS	MS	F	gnificance F			
回归分析	1	254708	254708	68.49238	9.21E-07			
残差	14	52062.89	3718.778					
总计	15	306770.8						
	Coefficien	标准误差	t Stat	P-value	Lower 95%	Upper 95%	下限 95.0%	上限 95.0%
Intercept	5699.62	37.92482	150.2873	7.33E-24	5618.279	5780.96	5618.279	5780.96
X Variabl	27.37044	3.307202	8.276012	9.21E-07	20.2772	34.46368	20.2772	34.46368

从输出的结果来看，回归方程是有效的. 所得时间序列趋势方程为

$$\bar{T}_t = 5699.62 + 27.37t.$$

利用此方程和上面计算得到的季节比率，作预测就很容易了.

统计原理试题

一、判断题(对的在括号内打√,错的打×.每小题1分,共15分)

1. 某市人口密度5000(人/km^2)属于平均指标. ( )
2. 某省人均公园面积9.1 m^2,它是一个相对指标. ( )
3. 极差是标志变异指标之一,它易受极端值的影响. ( )
4. 某银行去年各月的存款余额可以构成一个时期数列. ( )
5. 要比较一批重量数据和一批长度数据的均匀程度,可以用它们标准差的大小比较. ( )
6. 人口普查的总体单位是每户家庭. ( )
7. X与Y的样本相关系数是0.05,则Y与X的直线关系很密切. ( )
8. 平均增长速度等于环比增长速度的几何平均数. ( )
9. 用综合指数法计算价格总指数的派氏公式为:$\dfrac{\sum p_1q_1}{\sum p_0q_1}$. ( )
10. 某市2009年GDP为2000亿元,人均GDP为5万元,则前者为数量指标,后者为质量指标. ( )
11. 单位产品成本的同度量因素是产值. ( )
12. 长期趋势、季节变动、不规则变动均是时间数列的主要构成因素. ( )
13. 应用回归分析可以由自变量的值预测应变量的值. ( )
14. 从报刊杂志上看到的统计数据一般属于原始资料. ( )
15. 年龄与血压的关系属于相关关系. ( )

二、填空题(每空2分,共30分)

1. 在圆形结构图中,若表示总现象的圆的面积为100π,一种现象占总现象的比例为75%,则表示该现象的扇形面积为________.
2. 计划规定产值提高3%,实际提高了10%,则产值计划完成相对数为________.
3. 报告期商品的销售额增加了8%,零售物价上涨了3.2%,则商品的销售量比基期增加了________.
4. 已知$n=10$,$\sum X=1800$,$\sum Y=30$,$\sum X^2=510000$,$\sum XY=9000$,$\hat{Y}=\hat{a}+\hat{b}X$,则$\hat{a}=$________,$\hat{b}=$________;若回归方程有效时,当$X=200$时,Y的预报值$\hat{Y}=$________.
5. 某省对外贸易总额1992年较1991年增长7.9%,而1995年较1992年增长4.5%,则1992—1995年外贸总额每年平均发展速度=________;平均增长速度=________.
6. 某工厂1997年有关资料如下:

	1月	2月	3月	4月
月初工人数(人)	2000	2200	2200	2100
工业总产值(万元)	220	252	294	326

(1) 第1季度平均工人数=________;

(2) 第一季度平均每月工业总产值=________.

7. 从一批灯管中随机抽取8根灯管进行寿命试验,测得寿命(天)数据如下:

55, 36, 68, 81, 73, 50, 62, 90.

(1) 这批灯管平均寿命的点估计=________________;

(2) 若规定寿命不低于60天的灯管为合格品,则这批灯管合格率的点估计=________________.

8. 某农贸市场9个摊位的青菜价格(元)分别为

0.8, 0.9, 1, 1, 1.1, 1.2, 1.2, 1.2, 1.5

这些青菜价格的中位数=________;众数=________;极差=________;算术平均数=________.

三、解答题(从下列5题中任选4题,每题10分,满分共40分)

1. 某班统计学考试成绩资料如下:

分组,按成绩/分	学生数/人
50—60	4
60—70	10
70—80	20
80—90	14
90—100	2

根据上述资料,计算该班的考试成绩的算术平均数.

2. 欲了解某市参加家庭财产保险的情况,调查了该市100户家庭,统计得其中有20户投保,试求该市参加家庭财产保险的占全部家庭比例的95%的区间估计.

3. 设三种农产品2007年收购金额及各种农产品的收购价格2008年比2007年升幅资料如下:

农产品	2008年收购价格上升/(%)	2007年收购金额/万元
甲	5	105
乙	10	220
丙	20	360
合计	—	685

试编制2008年农产品收购价格总指数.

4. 某班40名学生的英语考试成绩(分数)如下:

50 51 54 58 59 62 63 65 65 67 68 68 70 71 71 72
74 74 75 76 76 76 77 77 77 78 78 78 79 79 80 81
82 82 83 84 86 87 88 89

（1）试编制频数分布表；

（2）绘制频数分布直方图.（注：要求按等距分4组）

5. 想用正交试验设计来提高某种产品的得率 $Y(\%)$，得到如下资料：

表头设计	A	B	C		试验数据
列号 / 试验序号	1	2	3	4	$Y_i/(\%)$
1	1	1	1	1	31
2	1	2	2	2	54
3	1	3	3	3	33
4	2	1	2	3	53
5	2	2	3	1	49
6	2	3	1	2	42
7	3	1	3	2	57
8	3	2	1	3	62
9	3	3	2	1	64
I_j					
II_j					
III_j					
R_j					

试用直观分析法指出最优工艺条件及因子影响的主次顺序.

四、某水果批发市场记录的4年中各季度的水果销售量（万吨）资料如下：

年份	季度	销售量 X	四项移动平均，再移正平均 T
2006	1	23	—
	2	37	—
	3	82	39.6
	4	12	44.5
2007	1	32	45.3
	2	67	42.1
	3	58	41.9
	4	11	38.3
2008	1	31	36.6
	2	39	48.8
	3	73	55.4
	4	93	51.9
2009	1	2	51.9
	2	40	51.3
	3	72	—
	4	89	—

（1）建立直线趋势方程：$\hat{T}=a+bt$；

(2) 试选择合适的乘法模型或加法模型预测该地区 2010 年第 2 季度的水果销售量.

注 此时间数列散点图如下：

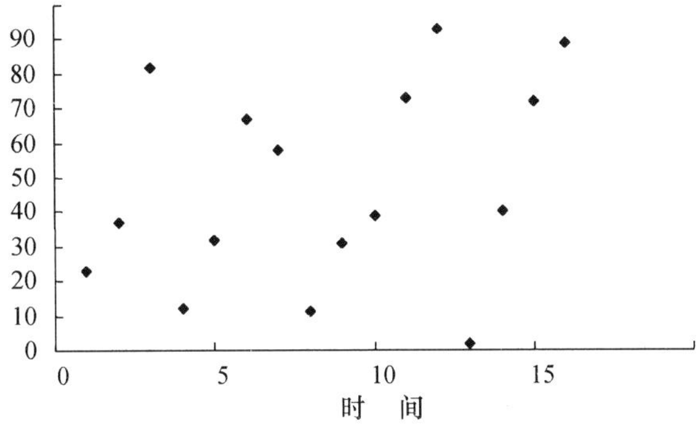

（本题满分 15 分）

试 题 答 案

一、判断题

其中正确的是 2， 3， 9， 10， 12， 13， 15.

二、填空题

1. 75π

2. 106.80%

3. 4.65%

4. −0.483,0.019,3.38

5. 103.05%,3.05%

6. 2150,255.33 万元

7. 64.375,62.5%

8. 1.1,1.2,0.7,1.1

三、解答题

1. 75 分 2. [12.16%,27.84%] 3. 1.1449

4. 频数分布表

成绩/分	频数
50—60	5
60—70	7
70—80	18
80—90	10
合　计	40

5. 最优工艺条件：$A_3B_2C_2$，因素主次(主→次)：A,C,B

四、应选加法模型，直线趋势方程 $\hat{T}=38.197+1.144t$；

季节比率 $S_1=-22.93, S_2=1.27, S_3=25.37, S_4=-6.23$；

调整季节比率 $S_1^*=-22.3, S_2^*=1.9, S_3^*=26.0, S_4^*=-5.6$；

$\hat{X}_{2011.2}=56.50$ 万吨.

部分习题答案

习　题　一

一、**1.** 错　**2.** 错　**3.** 对　**4.** 错　**5.** 对　**6.** 对　**7.** 对　**8.** 错　**9.** 错　**10.** 错

二、**1.** 统计工作、统计资料、统计学.

2. 数量指标：小汽车总产量、总销售额、学生总数.

质量指标：人均 GDP、平均粮食产量、人均绿化面积.

3. 品质标志：a、b、c，数量标志：d、e、f、g.

习　题　二

一、**1.** 直接观察法、报告法、采访法、通讯法.　**2.** 条形图、圆形结构图、象形图.

3. 统计调查.　**4.** 1.2π.

四、

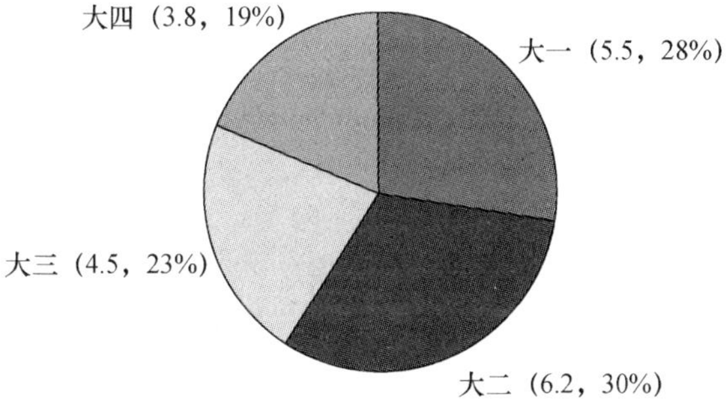

习　题　三

1.（1）

成绩/分	人数
50—59	5
60—69	7
70—79	18
80—89	10

（2）

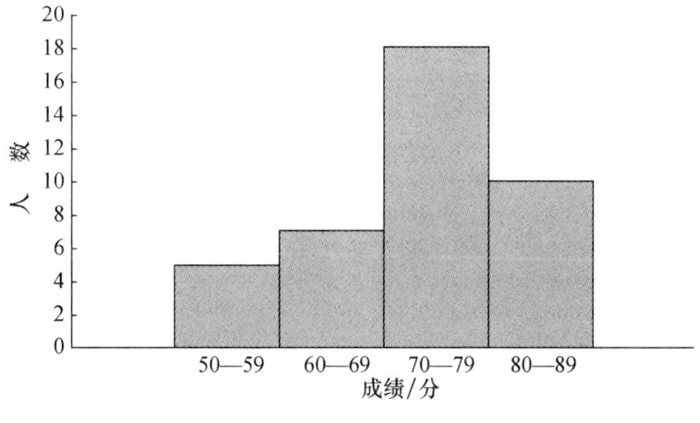

3. 55.592　　**5.** 426.67　　**7.** 1495　　**8.** 19,19

9. $\mu=426.67, M_e=426.19, M_o=433.33, \sigma^2=13455.6, \sigma=116.0, CV=0.272$

11. 256 人　　**12.** 70

13. 272

14. (1) 时点序列； (2) 第一季度:480,第二季度:566.67,上半年:523.33.

15. (1) 1032； (2) 1023

17. 257.83

19. (1) 187.58； (2) 2090.07.

23. (1) 7770.73 元/人； (2) 23312.20 元/人.

24. (1) $\mu=274.1, M_e=272.5$,下、上四分位数分别为 $Q_1=260.25, Q_2=291.25$；
(2) $\sigma=20.82$.

25. 20 个/万人,或者 500 人/个.

26. [1264,1270].

28. [171.48,172.52].

30. [0.16%,7.84%]或[1.57%,9.84%].

31. [69.96%,80.03%].

习　题　四

1. $k_{q1}=1.1, k_{q2}=1.25, k_{q3}=1.05$； 拉氏:$\bar{K}_q=1.0962, \bar{K}_p=1.0705$；

派氏:$\bar{K}_q=1.0967, \bar{K}_p=1.0711$.

2. 拉氏:$\bar{K}_q=1.07, \bar{K}_p=1.058$;派氏:$\bar{K}_q=1.0699, \bar{K}_p=1.0579$.

4. 销售额指数=1.0897,增加 21700 元.
若价格用拉氏,产量用派氏:

$\bar{K}_p=1.0568$,影响:+13750 元;$\bar{K}_q=1.0311$,影响:+7950 元.
若价格用派氏,产量用拉氏:

$\bar{K}_p=1.0514$,影响:+12900 元;$\bar{K}_q=1.0364$,影响:+8800 元.

6. $\bar{K}_p=0.9609$,影响:减少 5.289 万元.

7. 零售额指数=0.9848;零售价格指数=1−0.5%=99.5%；
零售量指数=零售额指数÷零售价格指数=0.9897；
由于零售物价下跌,居民少支出的金额为 181 万元或 179.15 万元.

10. 1.1765.

11. 0.　　**12.** 减少 0.36%.

15. 1.0966.　　**16.** 6.234%.

17. 18.07%.

21. 23.63%.

习 题 五

1. (1)

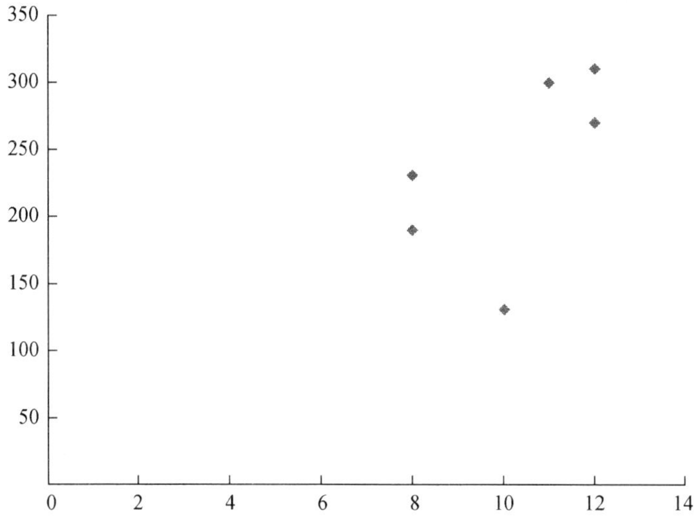

(2) $\hat{Y}=7.822+22.67X$.

2. (1) $\hat{Y}=77.364-1.82X$； (2) $r=-0.909$； (3)66.455.

3. $r=0.9884$，高度直线相关.

4. (1) $\hat{Y}=9.123+0.223X$； (2) $r=0.991$，$\hat{Y}=24.73\text{kg}$

5. (1)

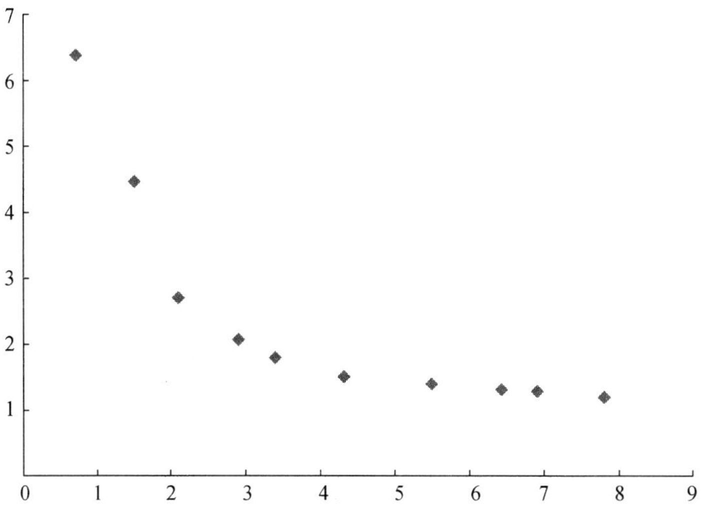

(2) $\hat{Y}=0.705+\dfrac{4.23}{X}$； (3) $r=0.978$，有效，$\hat{Y}_0=1.175$.

7. (2) $\bar{T}=66.8+6.473t$； (3) $\hat{X}_{2001}=144.47$，$\hat{X}_{2002}=150.95$.

8. 趋势方程 $\bar{T}=16.755+2.617t$；

季节比率 $S_1=7.31$，$S_2=-31.35$，$S_3=-23.18$，$S_4=44.80$；

调整的季节比率 $S_1^*=7.91, S_2^*=-30.74, S_3^*=-22.58, S_4^*=45.41$；

预测 $\hat{X}_{5,1}=63.92, \hat{X}_{5,3}=38.66$.

习 题 六

1. $\mu_A=5.333$， $\mu_B=5.667$， $\sigma_A^2=4.26$， $\sigma_B^2=24.655$.

样品到 A 的马氏距离$=\dfrac{|5.46-5.333|}{\sqrt{4.226}}\approx 3.82\times 10^{-3}$，

样品到 B 的马氏距离$=\dfrac{|5.46-5.667|}{\sqrt{24.655}}\approx 1.74\times 10^{-3}$，

所以判样品属于 B.

3. 因子影响主次：A, C, B；最佳工艺条件：$A_3B_2C_2$.

4. 因子影响主次：A, B, C；最佳工艺条件为：$A_2B_2C_2$.

5. 1605 户.

6. 903 口.

参考文献

[1] 数理统计，孙祝岭，徐晓岭编著．北京：高等教育出版社，2009.

[2] 概率统计，孙祝岭编．上海：上海交通大学出版社，2003.

[3] 教育评估的可靠性研究，张伟江，孙祝岭，郭朝红著．北京：高等教育出版社，2009.

[4] 常用统计方法，王玲玲，周纪乡编．上海：华东师范大学出版社，1998.

[5] 非参数统计，吴喜之编．北京：中国统计出版社，1999.

[6] 概率与统计，陈家鼎，郑忠国编著．北京：北京大学出版社，2007.

[7] 实用多元统计分析，方开泰编著．上海：华东师范大学出版社，1989.

[8] 时间序列分析，安鸿志编著．上海：华东师范大学出版社，1992.

[9] 应用时间序列分析，何书元编著．北京：北京大学出版社，2003.

[10] 统计学基础，贾俊平主编．北京：中国人民大学出版社，2004.

[11] 统计学，美国 David Freedman 等著，魏宗舒等译．北京：中国统计出版社，1997.

[12] 统计学，第二版，袁卫，庞皓，曾五一，贾俊平主编．北京：高等教育出版社，2005.

[13] Introduction to Mathematical Statistics Robert V. Hogg, Allen T. Craig 著高等教育出版社，2004.

[14] Introduction to Statistical Inference Jack Carl Kiefer Springer-Verlag New York Inc，1987.

[15] 统计思维是创造性思维，惠琦娜．中国统计，2009 年第 8 期，59－60.

[16] 漫谈统计学的应用与发展（1）—（4），韦博成．数理统计与管理，2009 年第 1—4 期.

附录1 概率知识基础

本附录介绍概率论的有关基础知识. 概率论的研究对象是随机现象，什么是随机现象呢？客观现象可以分为两类：一类是确定性现象，另一类是随机现象. 如果在考察现象以前就能肯定现象的结果，那么这类现象称为**确定性现象**. 如向上抛一颗小石子，在抛以前就可以肯定小石子最后会落到地面上；在1个标准大气压(1 atm＝360 mmHg＝1.01×10^5 Pa)下把水加热到100℃以上水会沸腾，把水冷却到0℃以下水会结冰；再比如把一个动物放到真空中，此动物的生命不久会终止. 这些都是确定性现象的实例. 如果在考察现象以前不能肯定现象的结果，现象的结果可能这样出现也可能那样出现，那么这类现象称为**随机现象**. 随机现象大量存在，如在公交车站候车时间有时长有时短；百货商店里的顾客有时多有时少；抽一名学生进行调查，抽到的这个学生可能是"优秀生"，也可能不是；动物的寿命、天气的变化都带有不确定性，游戏中也充满不确定性，正是这种不确定性的影响使有的游戏富有吸引力. 在日常的工作、学习和生活中可以举出很多涉及随机现象的情形.

概率论是研究随机现象的统计规律性的一门数学学科. 对随机现象进行个别或少量次数的观测，随机现象的变化呈现偶然性；对随机现象进行大量重复观测，可以发现随机现象的变化具有规律性. 如一枚硬币有二个面，若规定其中一面为正面，另一面为反面，假定硬币是均匀的，即出现正面或反面的可能性大小相等. 连续的把一枚均匀硬币抛10次，则正面出现的次数是0,1,…,10中的某个数，正面出现的次数占抛的总次数的比例有11种可能：0,0.1,0.2,…,0.9,1，出现其中一个结果带有偶然性. 当抛的次数很大时，则正面出现的次数占抛的总次数的比例与0.5很接近，即正面出现的次数大约占一半，呈现规律性，即统计规律性. 历史上有多位概率统计专家为揭示这一规律性曾分别做过成千上万次的抛硬币试验，他们探索科学发现的精神令人钦佩. 概率论的应用非常广泛.

一、概率论起源与概况

概率论有悠久的历史，它的起源与赌博有关. 16世纪赌博在世界上很多地方盛行，赌博中出现的一些计算问题引起人们的兴趣，一些天才的数学家也关注起这些问题，他们注意到"其中有的问题不仅有趣，而且包含着很深刻的理论基础". 如"分赌注问题"、"赌徒输光问题"等，具体的一个著名例子是：甲、乙两人相约赌若干局，谁先赢满 a 局就可得全部赌金，但中途赌博中断，两人已分别赢了 b 局和 c 局，$b,c<a$，怎样按比例分配赌金呢？参与诸如此类问题研究的著名人物有惠更斯、帕斯卡、费马等人. 这些问题的研究使概率论进入了萌芽阶段. 概率论成形于17世纪中叶，当时已逐步建立了概率、条件概率等重要概念及其基本性质，使概率论逐步形成了一个独立的数学分支. 1657年出版的惠更斯的《论赌博中的计算》是概率论发展史上的第一部专著，它可以算是概率论产生的标志之一. 18世纪，瑞士的伯努利为概率论作了奠基性的工作，1713年出版了他的巨著《猜

度术》，这本书对概率论的早期发展产生重要影响. 因此伯努利被公认是概率论的主要创始人. 在这段时间里，由于保险行业、人口统计、土地和海洋测量、天文观测等活动既向数学家提出了很多亟待解决的问题，又为概率论的发展提供了可贵的研究素材，在这个时期里，概率论以计算各种古典概率为中心，所以这个时期也称为古典概率时期.

从18世纪末到20世纪40年代被称为分析概率时期. 整个18世纪与19世纪上半叶，概率论的发展成为一个令人关注的热点，一大批杰出的科学家跻身于这一领域，如高斯、勒让德、拉普拉斯、泊松、德莫弗、切比雪夫、马尔科夫、李亚普诺夫、莱维、费勒、辛钦、柯尔莫哥洛夫等，他们进行了卓有成效的开拓性工作，一个个构思巧妙的新方法得到应用，尤其是把成熟的微积分工具引进概率论，使概率论发展进入了一个新时期. 1812年出版的拉普拉斯的著作《分析概率论》是进入这一新时期的标志. 这个时期里，研究中心变成了随机变量，一系列随机变量的重要分布相继问世，定义了随机变量的数字特征，并展开了对随机变量极限理论的研究，众多研究成果使概率论获得一次又一次突破性的进展. 伴随着概率论的深入发展，概率概念本身的刻画也经历了漫长的时期. 如何定义概率，如何把概率论建立在更严格的逻辑基础上，对这一个问题的探索一直持续了三个世纪. 从最初的概率的描述性定义，到以后的几何概率定义，再到19世纪的古典概率定义，20世纪的概率的统计定义，都在不同范围内发挥了一定的积极作用，但也都暴露了各自的局限性，概率概念的准确刻画问题亟待解决. 1933年，苏联数学家柯尔莫哥洛夫成功地建立了概率的公理化定义，这一概率的科学定义提出为概率论的发展奠定了坚实的基础，使概率论成为严谨的数学分支. 又经过伯恩斯坦、辛钦、斯卢茨基、莱维等很多才华横溢的专家的努力，使概率论中的一整套基本概念置于集合论、函数论、测度论等观点之下，从而使概率论发生了一次深刻变革，树立起了概率发展史上一个新的里程碑，为现代概率论的发展打下了基础.

从20世纪50年代之后为现代概率论时期. 随着时代的发展，科学的进步，概率论的理论和应用都有迅速的发展，这时期的研究内容日益丰富，特别以概率论为基础的数理统计得到广泛应用，随机过程内容在不断地拓宽和深化. 理论严谨、应用广泛的随机理论(包括概率论、数理统计、随机过程)获得了长足的发展，成为20世纪最有成就的理论之一. 目前，随机理论已广泛地应用于自然科学、技术科学、社会科学及人文科学的各个领域. 近年来随着科学技术的迅速发展，它在经济、管理、工程、技术、物理、气象、海洋、地质等领域中的作用愈益显著. 随着计算机的发展与普及，它已成为处理信息、制定决策的重要理论和方法. 随机理论向各个领域渗透，产生了许多新的分支和边缘学科，如统计物理、生物统计、医学统计、气象统计、教育统计、地质统计等. 同时随机理论又是许多新的重要学科的基础，如信息论、控制论、预测论、可靠性理论及人工智能等. 对于这些学科，掌握概率论不仅是深入研究所必需，而且是学习入门的首要条件.

二、随机事件

1. 事件的概念

第一个介绍的概念是试验(广义上说)：我们把观察与实验统称为试验. 如掷骰子观察点数；抛一枚硬币观察落下后出现正反面情况；站在某校门口观察学生迟到现象；检查一袋考卷批阅的质量都是试验.

定义 1 满足下列三个条件的试验称为**随机试验**：

(1) 试验在相同条件下可以重复进行；

(2) 试验前能明确所有可能的结果；

(3) 试验前不能肯定哪个结果会发生.

如掷骰子观察点数，抛一枚硬币观察落下后出现正反面情况，容易验证满足上述三个条件，所以它们都是**随机试验**.

后面不特别注明试验均指随机试验.

定义 2 随机试验的结果称为**随机事件**，简称为**事件**. 常用大写英文字母 $A,B,C,D,\cdots$表示，如事件 A，事件 B.

定义 3 试验的每一个可能直接出现的结果称为**基本事件**.

注 基本事件是最简单的随机事件；而随机事件是由一个或若干个基本事件组成. 如掷一颗骰子观察点数，事件"偶数点"$=\{2,4,6\}$；事件"奇数点"$=\{1,3,5\}$；事件"点数不低于 5 点"$=\{5,6\}$. 一个事件发生当且仅当组成它的一个基本事件发生.

定义 4 基本事件的全体组成的集合称为**样本空间**，常用 Ω 表示.

每次试验一定发生的事件称为**必然事件**，也用 Ω 表示；每次试验一定不发生的事件称为**不可能事件**，用 $\varnothing$ 表示. 例如，掷骰子观察点数，点数不超过 6 是一个必然事件；"人长生不老"，"一个文盲考进了大学"，这些都是不可能事件.

例 1 写出下列试验的样本空间：

(1) E_1：抛一枚硬币观察正(H)，反面(T)出现的情况；

(2) E_2：某校某年级有编号为 $1,2,3,\cdots,6$ 的 6 个班，从中任抽一个班听课；

(3) E_3：某校某年级有编号为 $1,2,3,\cdots,6$ 的 6 个班，从中任抽二个班听课.

解 用 Ω_i 表示试验 E_i 的样本空间.

(1) $\Omega_1=\{H,T\}$，

(2) 用 i 表示抽到第 i 班听课，$i=1,2,3,4,5,6$，则

$$\Omega_2=\{1,2,\cdots,6\}.$$

(3) $\Omega_3=\{(1,2),(1,3),(1,4),(1,5),(1,6),(2,3),(2,4),(2,5),(2,6),(3,4),(3,5)(3,6),(4,5),(4,6),(5,6)\}$(注：不考虑顺序).

2. 事件的关系与运算

定义 5 若事件 B 发生会导致事件 A 也发生，则称 B 是 A 的**子事件**. 记为 $B\subset A$，或 $A\supset B$. 读做 B 包含于 A，或 A 包含 B.

如掷一颗骰子观察点数，A 表示事件"点数不超过 2 点"，B 表示事件"点数不超过 3 点"，即 $A=\{1,2\}$，$B=\{1,2,3\}$，则 $A\subset B$.

定义 6 若 $A\subset B$ 且 $B\subset A$，则称 A 与 B 是**相等事件**，记为 $A=B$.

实际上，组成的基本事件完全相同的两个事件相等.

定义 7 A 与 B 同时发生的事件，称为事件 A 与事件 B 的**积**(或**交**)，记为 $A\cap B$ 或 AB.

一个事件发生当且仅当组成它的一个基本事件发生. 当 A,B 含有的一个公共基本事件发生时，A 与 B 同时发生. 因此两个事件的积是一个新的事件，它由这两个事件的公

共的基本事件组成.

定义 8　A 发生或 B 发生的事件,称为事件 A 与事件 B 的**和**(或**并**),记为 $A\cup B$.

两个事件的和是一个新的事件,它由这两个事件的所有的基本事件组成.

定义 9　A 发生但 B 不发生的事件,称为事件 A 与事件 B 的**差**,记为 $A-B$.

两个事件的差 $A-B$ 是一个新的事件,它由属于 A 但不属于 B 的基本事件组成.

上述 3 个定义是事件 3 种运算的定义.数的运算结果是数,而事件运算的结果是事件.

例 2　设掷一颗骰子观察点数,事件 A 表示"点数不超过 2 点",事件 B 表示"偶数点",试计算 $A\cap B, A\cup B, A-B, B-A$.

解　$A=\{1,2\}, B=\{2,4,6\}$,则

$$A\cap B=\{2\},\ A\cup B=\{1,2,4,6\},\ A-B=\{1\},\ B-A=\{4,6\}.$$

定义 10　若 $AB=\varnothing$,则称 A 与 B 是**互不相容事件**.即不会同时发生的事件称为**互不相容事件**.

如掷一颗骰子观察点数,事件"偶数点"与事件"奇数点"是互不相容事件;事件"点数不超过 2 点"与事件"点数大于 3"也是互不相容事件.

定义 11　若 $AB=\varnothing$ 且 $A\cup B=\Omega$,则称 A 是 B 的**对立事件**,B 是 A 的**对立事件**.记 A 的对立事件为 $\bar{A}$.

如掷一颗骰子观察点数,事件"偶数点"的对立事件是"奇数点";事件"点数不超过 2 点"的对立事件是"点数大于 2";"抽查合格"的对立事件是"抽查不合格";"主讲的教师中没有一位新教师"的对立事件是"主讲的教师中至少有一位新教师".

事件运算的性质:

(1) $A\cup B=B\cup A$;$A\cap B=B\cap A$.(交换律)

(2) $A\cup(B\cup C)=(A\cup B)\cup C=A\cup B\cup C$;

　　$A\cap(B\cap C)=(A\cap B)\cap C=A\cap B\cap C$.(结合律)

(3) $A(B\cup C)=(AB)\cup(AC)$.(分配律)

从集合论观点看事件,事件与集合之间有对应关系:

必然事件 Ω—全集,事件—子集,基本事件—单元素集.

事件的关系、运算与集合的关系、运算完全一致.因此经常借助集合的图形来讨论事件,见下图 1:

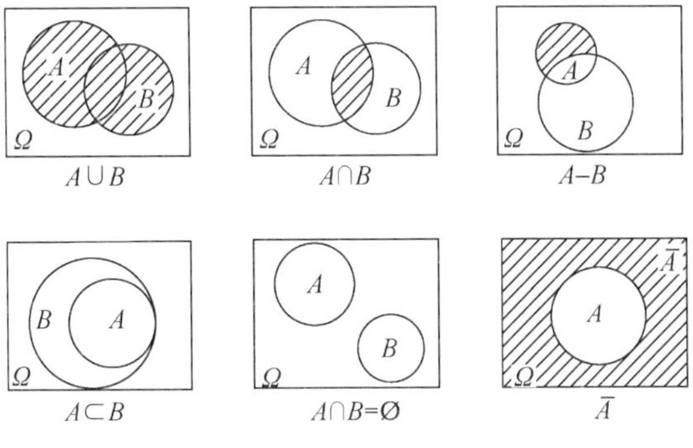

图 1

例 3　一个学生做了 3 道习题，以 A_i 表示他的第 i 题做对（$i=1,2,3$），用 A_1,A_2,A_3 表示下列事件：

(1) 全部做对；

(2) 至少有一题做错；

(3) 恰有一题做错；

(4) 恰有两题做错.

解　(1) $A_1A_2A_3$；

(2) $\bar{A}_1\cup\bar{A}_2\cup\bar{A}_3$；

(3) $\bar{A}_1A_2A_3\cup A_1\bar{A}_2A_3\cup A_1A_2\bar{A}_3$；

(4) $\bar{A}_1\bar{A}_2A_3\cup\bar{A}_1A_2\bar{A}_3\cup A_1\bar{A}_2\bar{A}_3$.

三、随机事件的概率

1. 频率

定义 12　设事件 A 在 n 次试验中发生了 r 次，则比值 r/n 称为 A 在 n 次试验中发生的**频率**(frequency). 记为 $f_n(A)=\frac{r}{n}$.

如小刘练习投篮球，在 10 次投篮中投中 3 次，则 10 次投篮中投中的频率为 $3/10=30\%$. 教育评估时检查学生上课迟到现象，抽查了 5 个班级，发现有 2 个班级有迟到现象发生，则 5 次检查中有迟到现象的频率为 $2/5=40\%$.

频率有如下性质：

(1) 随机波动性

若投篮 5 次，投中 3 次，则这 5 次投篮投中的频率为 0.6；若重投 5 次，投中 1 次，则这 5 次投篮投中的频率为 0.2；若再投 5 次，投篮投中的频率可能为 0.1，可见频率其值是随机波动的.

(2) 稳定性

当试验次数 n 充分大时，频率常在一个确定的数 $p(0\leqslant p\leqslant 1)$ 附近波动，这个规律性称为频率的稳定性.

这一结果理论上可以严格证明.

2. 概率

概率有多种定义，先介绍描述性的定义.

定义 13(描述性定义)　A 发生的可能性大小的度量称为 A 发生的**概率**(probability). A 发生的概率记做 $P(A)$.

如明天下雨的概率大表示明天下雨的可能性大；通过评审的概率小表示通过评审的可能性小.

定义 14(统计定义)　当 n 较大时，定义 $P(A)=f_n(A)$.

理论上 n 较大时，用概率的统计定义计算概率才有效，但在实际问题中当 n 较小时若又没有更好的方法描述概率时，也可以考虑用统计定义. 如从甲地到乙地坐车走某条交通线路，走了 10 次，其中有 7 次发生交通拥堵，可以用 70%来描述走这条线路发生交通拥堵的概率；再比如一个评估专家参加5次评估，投了5次票，其中4次与最终结果一致，若假设与最终结果一致的为准确，则可以描述这位评估专家评估的准确率为80%. 这样计算概率有点粗燥，精细的计算要用下面定义.

定义 15(古典定义)　设试验有 n 个基本事件且每个基本事件的发生是等可能的. 若 A 有 r 个基本事件组成，则定义 $P(A)=\frac{r}{n}$. 即 A 发生的**概率**等于 A 含有的基本事件数除以基本事件总数.

例 4　掷一颗均匀骰子观察出现的点数，求：(1) 出现偶数点的概率；(2) 点数大于4的概率.

分析　试验是掷一颗骰子观察出现的点数. 试验中每一个可能直接出现的结果是一个基本事件，出现1点是一个基本事件，出现2点也是一个基本事件……共有6个基本事件. 因为骰子均匀，所以每个基本事件的发生是等可能的. 古典概率定义中的两个条件满足. 基本事件总数为6，偶数点含有"2点"，"4点"，"6点"共3个基本事件，点数大于4含有"5点"，"6点"共2个基本事件.

解　(1) 出现偶数点的概率 $=\frac{3}{6}=0.5$；(2) 点数大于4的概率 $=\frac{2}{6}=1/3$.

例 5　某考生从教师准备好的三道试题中随机抽出两题，问恰好抽到第一题和第二题的概率是多少？

分析　试验是抽两道题观察题号. 学生从三题中任选两题有三种直接可能出现的结果：第一题和第二题；第一题和第三题；第二题和第三题. 所以基本事件总数为3且每个基本事件出现具有等可能性. 古典概率定义中的两个条件满足. 如果用 A 表示事件"恰好抽到第一题和第二题"，则 A 只包含三个基本事件中的1个："第一题和第二题".

解　事件 A 发生的概率为 $\frac{1}{3}$.

像上面这个例题这样通过数数的方法就能得到基本事件总数和 A 含有的基本事件数，这是最简单类型的概率计算题. 当通过数数的方法确定事件数困难时，可以考虑应用排列组合知识.

3. 排列组合知识复习

排列组合知识的两条基础原理：乘法原理和加法原理.

(1) 乘法原理

设完成一件工作有两个步骤，第一步有 m 种方法，第二步有 n 种方法，则完成这件工作共有 mn 种方法.

(2) 加法原理

设完成一件工作有二类方法，用其中一类方法就可完成这件工作. 若第一类方法有 m 种方法，第二类方法有 n 种方法，则完成这件工作共有 $m+n$ 种方法.

排列　n 个不同元素中取出 r 个元素进行排列：

a. 不重复排列时方法总数为：$A_n^r=n(n-1)\cdots(n-r+1)$；

b. 重复排列时方法总数为：n^r.

组合 n 个不同元素中取出 r 个元素组成一组并不考虑顺序的方法总数为：$C_n^r=\frac{A_n^r}{r!}$

注 $C_n^r=C_n^{n-r}$，当 r 与 n 接近时且 $n-r<r$ 时应用此公式可以简化计算.

例如：

$$A_7^5=7\times6\times5\times4\times3=2520, C_8^3=\frac{A_8^3}{3!}=\frac{8\times7\times6}{3\times2\times1}=56, C_8^6=C_8^2=\frac{A_8^2}{2!}=\frac{8\times7}{2\times1}=28.$$

例 6 (1) 有 4 种不同品牌的电视机供选购，今有 3 名顾客各选购一台电视机，共有多少种不同的选法？

(2) 有 3 个不同的信箱，今有 4 封不同的信投入信箱寄出，共有多少种不同的投法？

(3) 有 4 个待领养的孤儿，今有 3 户家庭各领养其中一名孤儿，共有多少种不同的认领法？

解 运用乘法原理重要的是分好步，而说明有顺序还是无顺序是区分排列还是组合问题的关键.

(1) 将“3 名顾客选购电视机”这个事件分 3 步来完成，以“每名顾客选购一台电视机”为一步，每步都有 4 种选法，从而应用乘法原理得出共有 $4\times4\times4=64$ 种选择方法.

正确判断完成事件是“分步”进行还是“分类”进行，是选用乘法原理还是加法原理的关键.下面用两种方法计算问题(2).

(2) 解法一(用乘法原理) 4 封不同的信投入信箱把它看做分步完成，每步投 1 封信入信箱，每步都有 3 种投法，于是采用乘法原理求解，共有 $3\times3\times3\times3=81$ 种投法.

解法二(用加法原理) 也可以从 4 封信一起投的不同情况来分析，4 封一起投有 a～d 这样四种情形：

a. 4 封信投入同一信箱，有 3 种方法.

b. 4 封信分别投入两个信箱，每个信箱各 2 封.完成此工作，可以先从 3 个信箱中任选 2 个信箱有 $C_3^2=3$ 种方法；再从 4 封信中任选 2 封投入其中一个信箱，剩余两封信投入另一信箱，共有 $C_4^2=6$ 种方法.这种情形方法种数有 $3\times6=18$ 种.

c. 4 封信分别投入两个信箱，其中一个信箱投 1 封，另一个信箱投 3 封.完成此工作，可以先从三个信箱中任选 2 个信箱有 $C_3^2=3$ 种方法；再从 4 封信中任选 1 封投入其中一个信箱，剩余 3 封信投入另一信箱共有 $C_4^1=4$ 种方法，两个信箱还可以交换放.所以这种情况方法种数有 $3\times4\times2=24$ 种.

d. 4 封信分别投入 3 个信箱，其中一个信箱 2 封，其他两个信箱各一封.先从 4 封信中任选 2 封有 $C_4^2=6$ 种方法，把它们投入一个信箱有 3 种方法，剩下 2 封信分别投入剩下两个信箱有 2 种方法，共有 $6\times3\times2=36$ 种.

也就是说，4 封信投入三个信箱可由这四类不同方法来完成，所以应采用加法原理来计算.共有 $3+18+24+36=81$ 种投法.

显然，本例(2)运用分步分析法要比分类分析法简单得多，因此，在解题时，方法选择得当会有利计算.

(3)运用分步法，每步安排一户家庭领养一名孤儿，第一户家庭有 4 种选择，第二户家庭还有 3 种选择，第三户家庭只有 2 种选择了，于是采用乘法原理求解.共有 $4\times3\times$

2=24 种认领法.

例 7　有 10 张编号的卡片，其号码分别为：1，2，…，10. 从中任取 3 张，求取出的 3 张卡片中号码一张小于 5，一张等于 5，另一张大于 5 的概率.

分析　试验是取 3 张卡片观察号码，取到 1，3，5 号卡片是一个基本事件，取到 3，5，8 号卡片也是一个基本事件，取到每三张卡片是一个基本事件，基本事件总数 $n=C_{10}^3$，再计算考察事件含有的基本事件数，运用分步法：第一步在小于 5 号的卡片中取出一张有 4 种方法；第二步取出一张等于 5 号的有 1 种方法；第三步在大于 5 号的卡片中取出一张有 5 种方法. 由乘法原理得共有 $4\times1\times5=20$ 种方法.

解　所求概率

$$P=\frac{r}{n}=\frac{4\times1\times5}{C_{10}^3}=\frac{1}{6}.$$

例 8　12 名评估专家中 8 人评估经验丰富，4 人是第一次参加评估，现要把他们分成两组，6 人一组，计算两组各有 2 名新手的概率.

解　基本事件总数为 $n=C_{12}^6$，考察事件含有的基本事件数 $r=C_8^4\times C_4^2$. 所以所求概率

$$P=\frac{r}{n}=\frac{C_8^4\times C_4^2}{C_{12}^6}=\frac{\dfrac{8\times7\times6\times5}{4!}\times\dfrac{4\times3}{2!}}{\dfrac{12\times11\times10\times9\times8\times7}{6!}}\approx0.455.$$

例 9　把 n 个球放入格子中去，每个球都能以同样的概率 $1/N$ 落到 N 个格子（$N\geqslant n$）的每一个格子中，试求：

(1) 指定的 n 个格子中各有一个球的概率；

(2) 任何 n 个格子中各有一个球的概率.

解　试验是把 n 个球放入格子中，每一种放法是一个基本事件. 完成此试验，可以分 n 步进行，每一步放一个球. 第一步取一个球把它放入格子有 N 种方法；第二步再取一个球把它放入格子还是有 N 种方法，每放一个球都有 N 种方法. 所以基本事件总数 $=N^n$.

设 A 表示事件“某指定的 n 个格子中各有一个球”；B 表示事件“任何 n 个格子中各有一个球”.

(1) 完成 A 这件工作也可以分 n 步进行，每一步放一个球. 第一步取第一个球把它放入指定的 n 个格子中的一格子有 n 种方法；第二步取第二个球把它放入指定的 n 个格子中除去第一个球放入的格子外的 $n-1$ 个格子中的一个，有 $n-1$ 种方法……第 n 步把最后一个球放入格子只剩最后一个格子了，有 1 种方法. 由乘法原理得共有 $n\times(n-1)\times\cdots\times1=n!$ 种方法.

所以 A 含有的基本事件数为 $n!$，所求概率为

$$P(A)=\frac{n!}{N^n}.$$

(2) 完成 B 这件工作可以看做分 2 步进行，每一步在 N 个格子中任选 n 个格子，有 C_N^n 种方法；再选定的 n 个格子中各放一个球相当于重复 A 的工作，故有 $n!$ 种方法. 所以由乘法原理得 B 含有的基本事件数 $=C_N^n\times n!$. 所求概率为

$$P(B)=\frac{C_N^n\times n!}{N^n}.$$

古典概率的计算富有技巧,掌握一些典型问题的计算方法是有益的.例 9 具有典型性,属于分房模型,把球放入格子和把人分配到房间是同类型的.

例 10 某县有 12 个乡,把 5 名县领导任意分派到乡去检查乡情,试求指定的 5 个乡各分派有 1 人的概率.

解 这问题是分房模型的特例,把 5 人分到 12 个房间与把 5 人分到 12 个乡同类型.由上例问题(1)的结果即可计算所求概率.其中 $N=12,n=5$,所求概率为

$$P=\frac{5!}{12^5}\approx 0.0005.$$

例 11(生日问题) 计算参加某次会议的 n 个人生日均不相同的概率.

解 生日问题是分房模型的特例,一年有 365 天,看做 365 个房间,分配 n 人到 365 天中的一天作为他的生日.其中 $N=365$,应用上例的结果得所求概率

$$P=\frac{C_{365}^{n}\cdot n!}{365^n}.$$

当 $n=40$ 时,$P=0.109$,这个概率意外的小,这是为什么呢?

例 12 袋中有 a 个红球,b 个白球,依次从袋中摸球,每次摸一个.若采用不放回和有放回两种方式摸球,分别求第 k 次摸出红球的概率.

解 设摸球共进行了 k 次.

有放回摸球情形:$n=(a+b)^k$; $r=(a+b)^{k-1}\cdot a$.所求概率为

$$P=\frac{r}{n}=\frac{a}{a+b}.$$

不放回摸球情形:$n=A_{a+b}^{k}$; $r=A_{a+b}^{k-1}\cdot A_a^1$.所求概率为

$$P=\frac{r}{n}=\frac{a}{a+b}.$$

结果表明:不论先取还是后取,有放回取还是不放回取,取到红球的概率相同.由此可解释抽签的公平合理性:抽签不论先抽还是后抽,有放回抽还是不放回抽,对参加者机会均等.

本题解法不唯一,如可设摸球共进行了 $a+b$ 次,有兴趣的读者可以当作练习.

定义 16(概率的公理化定义) 设试验的样本空间为 Ω,事件的函数 $P(\cdot)$满足下列 3 个条件:

(1) (有界性)$0\leqslant P(A)\leqslant 1$;

(2) (完备性)$P(\Omega)=1$;

(3) (可列可加性)对于两两互不相容的事件,$A_1,A_2,\cdots$.有 $P\left(\bigcup_{i=1}^{\infty}A_i\right)=\sum_{i=1}^{\infty}P(A_i)$,

则称 $P(\cdot)$为概率函数,称 $P(A)$为 A 发生的**概率**.式中 $\bigcup_{i=1}^{\infty}A_i=A_1\cup A_2\cup A_3\cup\cdots$

概率函数有以下几种性质(证明略):

(1) $P(\varnothing)=0$.

(2) 设对于两两互不相容的事件,$A_1,A_2,\cdots,A_n$,有

$$P\left(\bigcup_{i=1}^{n} A_i\right) = \sum_{i=1}^{n} P(A_i), \quad \text{（有限可加性）}$$

式中，$\bigcup_{i=1}^{n} A_i = A_1 \cup A_2 \cup \cdots \cup A_n$.

(3) 设 $\bar{A}$ 是 A 的对立事件，则有 $P(\bar{A}) = 1 - P(A)$.

(4) 设 $A \subset B$，则有 $P(A) \leqslant P(B)$；$P(B-A) = P(B) - P(A)$.

(5) $P(A \cup B) - P(A) + P(B) - P(AB)$. （加法公式）

推广　$P(A \cup B \cup C) = P(A) + P(B) + P(C) - P(AB) - P(BC) - P(AC) + P(ABC)$.

更一般的有：

$$P\left(\bigcup_{i=1}^{n} A_i\right) = \sum_{i=1}^{n} P(A_i) - \sum_{i=1}^{n}\sum_{j=1}^{n} P(A_iA_j) + \sum_{i=1}^{n}\sum_{j=1}^{n}\sum_{k=1}^{n} P(A_iA_jA_k) - \cdots + (-1)^{n-1} P(A_1A_2\cdots A_n).$$

例 13　设有 20 个国家，其中 16 个是经济发达国家，4 个是发展中国家，今从中任抽 3 个国家进行调查，求其中至少有一个经济发达国家的概率.

解法一　设 A 表示事件“至少有一个是经济发达国家”；A_i 表示事件“恰有 i 个是经济发达国家”，$i=1,2,3$. 则 A_1, A_2, A_3 两两互不相容，所求概率为

$$\begin{aligned} P(A) &= P(A_1 \cup A_2 \cup A_3) = P(A_1) + P(A_2) + P(A_3) \\ &= \frac{C_{16}^1 \cdot C_4^2}{C_{20}^3} + \frac{C_{16}^2 \cdot C_4^1}{C_{20}^3} + \frac{C_{16}^3}{C_{20}^3} = 0.9965. \end{aligned}$$

解法二　$P(A) = 1 - P(\bar{A}) = 1 - \dfrac{C_4^3}{C_{20}^3} = 0.9965$.

四、条件概率

由下面问题引入条件概率的定义.

例 14　考虑有两个孩子的家庭，假定男女出生率一样，则两个孩子（依大到小）的性别（男，男），（男，女），（女，男），（女，女）的可能性一样.

解　记 A=“家庭中有一男一女”，B=“家庭中至少有一女孩”，则

$$P(A) = \frac{2}{4} = 0.5, \quad P(B) = \frac{3}{4}, \quad P(AB) = \frac{2}{4} = 0.5, \quad \frac{P(AB)}{P(B)} = \frac{2}{3}.$$

若要求：已知家庭中有一女孩的条件下，另一个是男孩的概率. 等价于求已知 B 发生的条件下，A 发生的概率. 记为 $P(A|B)$.

直观上看：事件 B 发生了，事件（男，男）不会再出现了，还剩下 3 个基本事件，A 含有其中 2 个，所以 $P(A|B) = \dfrac{2}{3}$ 与 $\dfrac{P(AB)}{P(B)} = \dfrac{2}{3}$ 相同.

定义 17　若 $P(B) > 0$，称 $P(A|B) = P(AB)/P(B)$ 为已知事件 B 发生的条件下，事件 A 发生的**条件概率**(conditional probability).

例 15　10 包大米中 3 包有重量错误，今在其中任取两包检查，试求：在已知取出的

两包中有一包发现有错误的条件下，计算另一包也有错误的条件概率.

解 设 A 表示事件“至少取出一包有错误”，B 表示事件“取出两包均有错误”.

解法一(用定义) 因为 $B\subset A$，所以 $AB=B$. 所求概率为

$$P(B|A)=\frac{P(AB)}{P(A)}=\frac{P(B)}{P(A)}=\frac{C_3^2\div C_{10}^2}{(C_3^1\cdot C_7^1+C_3^2)\div C_{10}^2}=\frac{3}{3\times 7+3}=\frac{1}{8}.$$

解法二(考虑缩减的样本空间) 条件发生对样本空间给了一个限制，去掉那些不会再发生的基本事件，原样本空间变为缩减的样本空间，再同一般概率一样计算. 所求概率为

$$P(B|A)=\frac{C_3^2}{C_{10}^2-C_7^2}=\frac{3}{10\times 9\div 2-7\times 6\div 2}=\frac{1}{8}.$$

例 16 M 件产品中包含 m 件废品，今在其中任取两件. 试求：在已知取出的两件中有一件是废品的条件下，计算另一件不是废品的条件概率.

解 设 A 表示事件“至少取出一件是废品”，B 表示事件“取出两件产品中废品和正品各有一件”.

解法一(用定义) 因为 $B\subset A$，所以 $AB=B$. 所求概率为

$$P(B|A)=\frac{P(AB)}{P(A)}=\frac{P(B)}{P(A)}=\frac{C_m^1C_{M-m}^1\div C_M^2}{(C_m^1\cdot C_{M-m}^1+C_m^2)\div C_M^2}=\frac{2(M-m)}{2M-m-1}.$$

解法二(考虑缩减的样本空间) 所求概率为

$$P(B|A)=\frac{C_m^1C_{M-m}^1}{C_M^2-C_{M-m}^2}=\frac{2(M-m)}{2M-m-1}.$$

推论(乘法公式)

$$P(AB)=P(B)\ P(A|B)=P(A)\ P(B|A).$$

进一步推广

$$P(ABC)=P(A)\ P(B|A)\ P(C|AB),$$

更一般地有

$$P(A_1A_2\cdots A_n)=P(A_1)P(A_2|A_1)P(A_3|A_1A_2)\cdots P(A_n|A_1A_2\cdots A_{n-1}).$$

五、事件的独立性和伯努利概型

1. 事件的独立性

(1) 2 个事件的独立性定义

定义 18 若 A,B 满足：$P(AB)=P(A)P(B)$，则称 A 与 B **互相独立**.

由定义可知，必然事件或不可能事件与任意事件独立.

定理 1 A 与 B 独立的充分必要条件是 $P(A|B)=P(A)$ 或 $P(B|A)=P(B)$.

由条件概率和独立性的定义容易证明这一定理. 这一定理告诉我们：当 A 发生对 B 发生的可能性大小不影响时，且当 B 发生对 A 发生的可能性大小也不影响时，A 与 B 互相独立. 即互不影响的两个事件**互相独立**.

(2) n 个事件的独立性定义

定义 19 n 个事件中任意多事件积的概率等于各个事件概率的积，则称这 n 个事件**互相独立**.

如3个事件 A,B,C 的情形:若

$$P(AB)=P(A)P(B),\quad P(BC)=P(B)P(C),$$
$$P(AC)=P(A)P(C),\quad P(ABC)=P(A)P(B)P(C),$$

则 A,B,C 互相独立.

用定义判定独立性比较繁琐,实际问题可以应用互不影响的两个事件互相独立来判定.

定理2 若事件 A 与事件 B 独立,则事件 $\bar{A}$ 与事件 B,事件 A 与事件 $\bar{B}$,事件 $\bar{A}$ 与事件 $\bar{B}$ 也互相独立.

推广 若一组 n 个事件互相独立,则把其中任意多个事件换成它们的对立事件得到的 n 个事件仍然互相独立.

例17 某专业研究生复试,让考生从6个试题中任意抽取一题进行口试,若抽到每一题的概率为 $\frac{1}{6}$,前一考生抽过的试题再放回,后一考生再抽,问2个考生都抽到试题1的概率是多少?

解 设第一位考生抽中试题1的事件用 A 表示,第二位考生抽中试题1的事件用 B 表示,则 A,B 为独立事件.所求概率为

$$P(AB)=P(A)P(B)=\frac{1}{6}\times\frac{1}{6}=\frac{1}{36}.$$

故两考生都抽中试题1的概率为 $\frac{1}{36}$.

例18 在如图2所示的开关电路中,开关 a,b,c,d 接通或断开的概率都是0.5,且开关 a,b,c,d 接通或断开互不影响,求灯亮的概率.

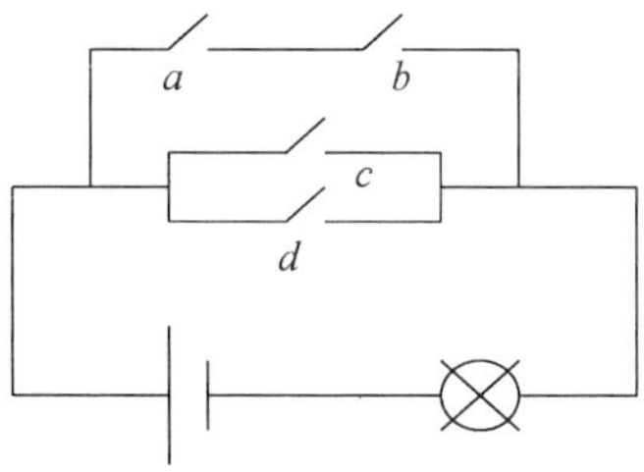

图2 开关电路图

解 设 A,B,C,D 分别表示开关 a,b,c,d 接通,E 表示灯亮.

解法一 因为 $E=AB\cup C\cup D$,所以

$$\begin{aligned}P(E)&=P(AB\cup C\cup D)\\&=P(AB)+P(C)+P(D)-P(ABC)-P(ABD)-P(CD)+P(ABCD)\\&=\left(\frac{1}{2}\right)^2+\frac{1}{2}+\frac{1}{2}-\left(\frac{1}{2}\right)^3-\left(\frac{1}{2}\right)^3-\left(\frac{1}{2}\right)^2+\left(\frac{1}{2}\right)^4=\frac{13}{16}.\end{aligned}$$

解法二 因为 A,B,C,D 互相独立,所以

$$P(E)=1-P(\overline{AB})P(\bar{C})P(\bar{D})$$

$$=1-[1-P(AB)]\frac{1}{2}\times\frac{1}{2}=1-\left[1-\left(\frac{1}{2}\right)^2\right]\left(\frac{1}{2}\right)^2=\frac{13}{16}.$$

定义 20 当试验的结果(即事件)独立时,则称**试验独立**.

2. 伯努利概型

定义 21 进行 n 次重复独立试验,每次试验的结果只有两种可能,即事件 A 发生或不发生,而事件 A 发生的概率 $P(A)=p$ 在每次试验中不变,则称这种试验为 n **重伯努利试验**,在 n 重伯努利试验中事件 A 发生 k 次的概率为

$$P_{n,k}(A)=C_n^k p^k(1-p)^{n-k},\quad k=0,1,2,\cdots,n.$$

(推导略)

例 19 设在 N 张统计图中有 M 张条形图,其他均为圆形结构图,现进行 n 次有重复的抽样观测,问共抽得 k 张条形图的概率是多少?

解 每次抽到条形图的概率 $p=\frac{M}{N}$,所求概率为

$$P=C_n^k\cdot p^k(1-p)^{n-k}=C_n^k\left(\frac{M}{N}\right)^k\left(1-\frac{M}{N}\right)^{n-k}.$$

例 20 假定每个专家判对的概率为 0.6,且专家之间判对与否互不影响,若有 5 名这样专家进行判别,试求:(1) 恰有 3 名专家判对的概率;(2) 专家判对人数不低于 3 人的概率.

解 (1) 所求的概率$=C_5^3\times0.6^3\times0.4^2=0.3456$;

(2) 所求的概率$=C_5^3\times0.6^3\times0.4^2+C_5^4\times0.6^4\times0.4^1+C_5^5\times0.6^5\times0.4^0=0.68256$.

六、练习

1. 写出下列随机试验的样本空间:

(1) 掷一颗骰子观察出现的点数;

(2) 掷二颗骰子观察出现的点数之和;

(3) 重复的抛一枚硬币直到正面出现为止,观察正反面出现情况;

(4) 重复的抛一枚硬币直到正面出现为止,记录抛的次数.

2. 小孙做三道习题,用 A,B,C 分别表示做的正确,用 A,B,C 表示下列事件:

(1) 仅有一题做错; (2) 仅有二题做错; (3) 至少有一题做错.

3. 甲、乙两个射手分别向目标射击一次,用 A,B 分别表示他们击中目标,用 A,B 表示下列事件:

(1) 仅有一人射中目标; (2) 两人均射中目标; (3) 两人均没有射中目标.

4. 一口袋中有 5 只白球和 3 只黑球,从中任取两只球,求下列事件的概率:

(1) 取到两只均为白球; (2) 取到一只白球和一只黑球; (3) 取到至少有一只白球.

5. 从一副 52 张的扑克牌中任取两张,求下列事件的概率:

(1) 一张是 A,一张是 K; (2) 两张均是红桃.

6. 随机的掷两颗骰子,求下列事件的概率:

(1) 一颗骰子点数为 1,另一颗骰子点数为 2;

（2）两颗骰子点数之和为 3；

（3）两颗骰子均为偶数点；

（4）两颗骰子点数均不同.

7. 有 5 件产品，其中有 2 件是废品，从中任取 2 件，求下列事件的概率：

（1）均为合格品的概率；

（2）一件是合格品，一件是废品的概率；

（3）至少有一件是合格品的概率.

8. 两封信随机地投向标号为Ⅰ，Ⅱ，Ⅲ，Ⅳ的四个邮筒，问第Ⅲ个邮筒恰好投入一封信的概率是多少？

9. 5 个人去钓鱼，共钓得 3 条鱼（设已钓得的鱼是被各人钓到的可能性相同）. 求：

（1）3 条鱼是由同一个人钓得的概率；（2）3 条鱼是由不同的人钓得的概率.

10. 一寝室住 4 个人，假定每个人的生日在 12 个月中的某一个月是等可能的，求至少有两个人的生日是在同一个月的概率.

11. 一盒乒乓球中有 6 个新球和 2 个旧球，从中任取一个，发现是旧的，不放回去，再取第二次，求第二次取到的是新球的概率.

12. M 件产品中包含 m 件废品，今在其中任取两件，试求：在已知取出的两件中有一件是正品的条件下，计算另一件是废品的条件概率.

13. 设 A 和 B 独立，已知 $P(A\cup B)=0.6$，$P(A)=0.5$，求 $P(B)$.

14. 两个人独立地破译一个密码，他们译出的概率分别为 0.4，0.3，问能将此密码译出的概率是多少？

15. 对同一目标进行三次独立射击，各次命中率分别为 0.4，0.5，0.7，求在三次射击中至少有一次命中的概率.

16. 某气象台根据历年资料，得到某地某月刮大风的概率为 $\frac{1}{5}$，在刮大风的条件下，下雨的概率为 $\frac{5}{6}$，求既刮大风又下雨的概率.

17. 重复掷一枚均匀骰子 5 次，求：

（1）点数大于 4 出现 3 次的概率；（2）点数大于 4 不超过 2 次的概率.

18. 重复掷一枚均匀硬币 4 次，求：

（1）正面出现 2 次的概率；（2）正面出现 2 次以上的概率.

19. 甲袋中有 7 个白球和 3 个黑球，乙袋中有 5 个白球和 4 个黑球，从甲袋中任取 1 球放入乙袋中，再从乙袋中任取 1 球，求从乙袋中取出的是白球的概率.

附录 2　矩阵知识初步

矩阵是一个计算工具，常应用于数据规模较大时的运算.

一、矩阵的概念

定义 1　把 mn 个数排成一张矩形表，就称这批数据组成一个**矩阵**(matrix). 矩阵阶数为：$n\times m$ 阶.

取一批数据为：a_{ij}，$i=1,2,\cdots,n$；$j=1,2,\cdots,m$，这批数据组成的矩阵可用如下形式表示：

$$\begin{pmatrix} a_{11} & a_{12} & \cdots & a_{1m} \\ a_{21} & a_{22} & \cdots & a_{2m} \\ \vdots & \vdots & \cdots & \vdots \\ a_{n1} & a_{n2} & \cdots & a_{nm} \end{pmatrix},$$

其中组成矩阵的每个数称为矩阵的**元素**，$n\times m$ 阶矩阵有 mn 个元素，元素 a_{ij} 位于矩阵第 i 行，第 j 列，称元素 a_{ij} 右下角的数 ij 为**足标**，前面的数 i 叫**行标**，后面的数 j 叫**列标**. 如 a_{23} 的行标为 2，列标为 3，它位于第 2 行，第 3 列，a_{53} 是矩阵第 5 行，第 3 列元素.

为强调矩阵的行、列的数目，可在矩阵的右下角标注，如

$$\begin{pmatrix} a_{11} & a_{12} & \cdots & a_{1m} \\ a_{21} & a_{22} & \cdots & a_{2m} \\ \vdots & \vdots & \cdots & \vdots \\ a_{n1} & a_{n2} & \cdots & a_{nm} \end{pmatrix}_{n\times m}.$$

为讨论方便，不同的矩阵常用不同的英文大写字母表示，以示区别. 如：

$$A=\begin{pmatrix} 1 & 3 \\ 0 & 8 \end{pmatrix},\quad B=\begin{pmatrix} 1 & -1 & 0 \\ 9 & 0 & 3 \end{pmatrix},\quad C=\begin{pmatrix} 2 & 0 & 0 & 0 \\ 3 & 1 & 0 & 0 \\ 7 & 6 & 5 & 0 \\ 8 & 7 & 11 & 6 \end{pmatrix},\quad D=\begin{pmatrix} 1 & 0 & 0 \\ 0 & 1 & 0 \\ 0 & 0 & 1 \end{pmatrix}.$$

定义 2　行的数目与列的数目相同的矩阵称为**方阵**，即当 $n=m$ 时称矩阵为 n **阶方阵**.

如上面矩阵 A 为 2 阶方阵，矩阵 C 为 4 阶方阵，矩阵 D 为 3 阶方阵. 组成方阵的数排成一张正方形表，正方形有两条对角线. 我们把左上到右下的连线称为**主对角线**；把除主对角线外全部元素为 0 的方阵叫做**对角阵**，上面的方阵 D 是对角阵；又把主对角线元素都为 1 的对角阵叫做**单位矩阵**，上面的方阵 D 也是一个 3 阶单位矩阵.

定义 3　一行的矩阵也称为**行向量**，一列的矩阵也称为**列向量**，统称为**向量**. 组成向量的元素个数也称为向量的**维数**. 例如，$(2,-1,6)$ 是 3 维行向量，$(8,6,0,5,1)$ 是 5 维行向量，而 $\begin{pmatrix} 3 \\ 0 \\ 8 \end{pmatrix}$ 是 3 维列向量，$\begin{pmatrix} -1 \\ 6 \end{pmatrix}$ 是 2 维列向量.

二、矩阵的运算

定义 4 若两个矩阵行数相同且列数也相同,则称这两个矩阵为**同类矩阵**.

设 $E=\begin{pmatrix}1 & 0\\0 & 1\end{pmatrix}$,$F=\begin{pmatrix}5 & 0 & -2\\8 & 3 & 1\end{pmatrix}$,则 E 与前面的矩阵 A 是同类矩阵,而 F 与前面的矩阵 B 是同类矩阵.

下面介绍矩阵的运算.我们知道数的运算结果还是数,可以想象矩阵的运算结果还是矩阵.先介绍矩阵的加、减运算.

定义 5 设

$$A=\begin{pmatrix}a_{11} & a_{12} & \cdots & a_{1m}\\a_{21} & a_{22} & \cdots & a_{2m}\\\vdots & \vdots & & \vdots\\a_{n1} & a_{n2} & \cdots & a_{nm}\end{pmatrix},\quad B=\begin{pmatrix}b_{11} & b_{12} & \cdots & b_{1m}\\b_{21} & b_{22} & \cdots & b_{2m}\\\vdots & \vdots & & \vdots\\b_{n1} & b_{n2} & \cdots & b_{nm}\end{pmatrix},$$

则定义

$$A+B=\begin{pmatrix}a_{11}+b_{11} & a_{12}+b_{12} & \cdots & a_{1m}+b_{1m}\\a_{21}+b_{21} & a_{22}+b_{22} & \cdots & a_{2m}+b_{2m}\\\vdots & \vdots & & \vdots\\a_{n1}+b_{n1} & a_{n2}+b_{n2} & \cdots & a_{nm}+b_{nm}\end{pmatrix}.$$

由定义可知,两个同类矩阵的和为一个新矩阵,新矩阵的每个元素是把这两个矩阵对应位置上的元素相加得到.

注 只有同类矩阵的加法才有意义.

例 1 $\begin{pmatrix}1 & -1 & 0\\9 & 0 & 3\end{pmatrix}+\begin{pmatrix}2 & 3 & 8\\-3 & 6 & 2\end{pmatrix}=\begin{pmatrix}1+2 & -1+3 & 0+8\\9+(-3) & 0+6 & 3+2\end{pmatrix}=\begin{pmatrix}3 & 2 & 8\\6 & 6 & 5\end{pmatrix}$.

定义 6 设

$$A=\begin{pmatrix}a_{11} & a_{12} & \cdots & a_{1m}\\a_{21} & a_{22} & \cdots & a_{2m}\\\vdots & \vdots & & \vdots\\a_{n1} & a_{n2} & \cdots & a_{nm}\end{pmatrix},\quad B=\begin{pmatrix}b_{11} & b_{12} & \cdots & b_{1m}\\b_{21} & b_{22} & \cdots & b_{2m}\\\vdots & \vdots & & \vdots\\b_{n1} & b_{n2} & \cdots & b_{nm}\end{pmatrix},$$

则定义

$$A-B=\begin{pmatrix}a_{11}-b_{11} & a_{12}-b_{12} & \cdots & a_{1m}-b_{1m}\\a_{21}-b_{21} & a_{22}-b_{22} & \cdots & a_{2m}-b_{2m}\\\vdots & \vdots & & \vdots\\a_{n1}-b_{n1} & a_{n2}-b_{n2} & \cdots & a_{nm}-b_{nm}\end{pmatrix}.$$

由定义可知,两个同类矩阵的差为一个新矩阵,新矩阵的每个元素是把这两个矩阵对应位置上的元素相减得到.

注 只有同类矩阵的减法才有意义.

例 2 $\begin{pmatrix}3\\5\end{pmatrix}-\begin{pmatrix}1\\-3\end{pmatrix}=\begin{pmatrix}3-1\\5-(-3)\end{pmatrix}=\begin{pmatrix}2\\8\end{pmatrix}$.

下面介绍矩阵的乘法.

定义 7 设

$$A=\begin{pmatrix} a_{11} & a_{12} & \cdots & a_{1s} \\ a_{21} & a_{22} & \cdots & a_{2s} \\ \vdots & \vdots & & \vdots \\ a_{n1} & a_{n2} & \cdots & a_{ns} \end{pmatrix}_{n\times s}, \quad B=\begin{pmatrix} b_{11} & b_{12} & \cdots & b_{1m} \\ b_{21} & b_{22} & \cdots & b_{2m} \\ \vdots & \vdots & & \vdots \\ b_{s1} & b_{s2} & \cdots & b_{sm} \end{pmatrix}_{s\times m},$$

则定义

$$A\times B=AB=\begin{pmatrix} c_{11} & c_{12} & \cdots & c_{1m} \\ c_{21} & c_{22} & \cdots & c_{2m} \\ \vdots & \vdots & & \vdots \\ c_{n1} & c_{n2} & \cdots & c_{nm} \end{pmatrix}_{n\times m},$$

式中 $c_{ij}=a_{i1}b_{1j}+a_{i2}b_{2j}+\cdots+a_{is}b_{sj}$,$i=1,2,\cdots n$;$j=1,2,\cdots,m$.

由定义可知,两个矩阵的积为一个新矩阵,新矩阵的每个元素是把这前一个矩阵的一行元素与后一个矩阵的一列元素对应相乘得到.

注 前一个矩阵的列数只有与后一个矩阵的行数相同,乘法才有意义.

例 3 设 $A=\begin{pmatrix} 3 & 1 \\ 2 & 1 \\ 1 & 2 \end{pmatrix}$, $B=\begin{pmatrix} 2 & -1 & 0 \\ 1 & 0 & 3 \end{pmatrix}$,求 AB.

解

$$AB=\begin{pmatrix} 3\times 2+1\times 1 & 3\times(-1)+1\times 0 & 3\times 0+1\times 3 \\ 2\times 2+1\times 1 & 2\times(-1)+1\times 0 & 2\times 0+1\times 3 \\ 1\times 2+2\times 1 & 1\times(-1)+2\times 0 & 1\times 0+2\times 3 \end{pmatrix}$$

$$=\begin{pmatrix} 3\times 2+1\times 1 & 3\times(-1)+1\times 0 & 3\times 0+1\times 3 \\ 2\times 2+1\times 1 & 2\times(-1)+1\times 0 & 2\times 0+1\times 3 \\ 1\times 2+2\times 1 & 1\times(-1)+2\times 0 & 1\times 0+2\times 3 \end{pmatrix}$$

$$=\begin{pmatrix} 7 & -3 & 3 \\ 5 & -2 & 3 \\ 4 & -1 & 6 \end{pmatrix}.$$

例 4 计算 $\begin{pmatrix} 1 \\ 2 \\ 3 \end{pmatrix}(1 \quad 0)+\begin{pmatrix} 1 & 2 \\ -1 & 3 \\ 0 & -1 \end{pmatrix}\begin{pmatrix} 0 & 1 \\ -1 & 0 \end{pmatrix}$,

解 原式$=\begin{pmatrix} 1 & 0 \\ 2 & 0 \\ 3 & 0 \end{pmatrix}+\begin{pmatrix} -2 & 1 \\ -3 & -1 \\ 1 & 0 \end{pmatrix}=\begin{pmatrix} -1 & 1 \\ -1 & -1 \\ 4 & 0 \end{pmatrix}$.

矩阵乘法运算有一特例,即同阶方阵相乘,为此引入矩阵乘方的概念.

定义 8 设 A 为 n 价方阵,k 个方阵 A 相乘用 A^k 表示,即$\overbrace{AA\cdots A}^{k}=A^k$,如

$$\begin{pmatrix} 1 & 3 \\ 0 & 2 \end{pmatrix}^3=\begin{pmatrix} 1 & 3 \\ 0 & 2 \end{pmatrix}\times\begin{pmatrix} 1 & 3 \\ 0 & 2 \end{pmatrix}\times\begin{pmatrix} 1 & 3 \\ 0 & 2 \end{pmatrix}=\begin{pmatrix} 1 & 9 \\ 0 & 4 \end{pmatrix}\times\begin{pmatrix} 1 & 3 \\ 0 & 2 \end{pmatrix}=\begin{pmatrix} 1 & 21 \\ 0 & 8 \end{pmatrix}.$$

下面再介绍一种运算方法,数与矩阵的乘法.

定义9 设

$$A=\begin{pmatrix} a_{11} & a_{12} & \cdots & a_{1m} \\ a_{21} & a_{22} & \cdots & a_{2m} \\ \vdots & \vdots & & \vdots \\ a_{n1} & a_{n2} & \cdots & a_{nm} \end{pmatrix},$$

k 是一个常数,则定义数 k 与矩阵 A 的乘法

$$kA=k\begin{pmatrix} a_{11} & a_{12} & \cdots & a_{1m} \\ a_{21} & a_{22} & \cdots & a_{2m} \\ \vdots & \vdots & & \vdots \\ a_{n1} & a_{n2} & \cdots & a_{nm} \end{pmatrix}=\begin{pmatrix} ka_{11} & ka_{12} & \cdots & ka_{1m} \\ ka_{21} & ka_{22} & \cdots & ka_{2m} \\ \vdots & \vdots & & \vdots \\ ka_{n1} & ka_{n2} & \cdots & ka_{nm} \end{pmatrix}.$$

由定义可知,数 k 与矩阵 A 的乘法为一个新矩阵,新矩阵是把这个数与矩阵的每个元素相乘得到.

例5 设 $A=\begin{pmatrix} 1 & 3 \\ 0 & 8 \end{pmatrix}$,计算 $2A$.

解 $2A=\begin{pmatrix} 2\times1 & 2\times3 \\ 2\times0 & 2\times8 \end{pmatrix}=\begin{pmatrix} 2 & 6 \\ 0 & 16 \end{pmatrix}$.

例6 计算 $\begin{pmatrix} 1 & -1 \\ 2 & 0 \end{pmatrix}\begin{pmatrix} 2 & 1 \\ 0 & 3 \end{pmatrix}-3\begin{pmatrix} 2 & 1 \\ 1 & 3 \end{pmatrix}+\begin{pmatrix} 1 & 0 \\ 0 & 1 \end{pmatrix}^4$.

解 原式 $=\begin{pmatrix} 2 & -2 \\ 4 & 2 \end{pmatrix}-\begin{pmatrix} 6 & 3 \\ 3 & 9 \end{pmatrix}+\begin{pmatrix} 1 & 0 \\ 0 & 1 \end{pmatrix}=\begin{pmatrix} -4 & -5 \\ 1 & -7 \end{pmatrix}+\begin{pmatrix} 1 & 0 \\ 0 & 1 \end{pmatrix}=\begin{pmatrix} -3 & -5 \\ 1 & -6 \end{pmatrix}$.

在数的运算中,我们知道除以一个数等于乘以它的倒数,除法是乘法的逆运算,如 $21\div7=21\times7^{-1}$;由 $3x=8$,解得 $x=8\times3^{-1}$. 矩阵运算没有除法,但有类似于数的求逆运算.

在介绍求逆运算前,先介绍逆矩阵的概念.

定义10 设 A,B 是两个 n 阶方阵,I 是 n 阶单位矩阵,若 $AB=I$,则称 A 是 B 的**逆矩阵**,而称 B 是 A 的**逆矩阵**,A 的逆矩阵记为 A^{-1},即 $B=A^{-1}$,而 $A=B^{-1}$.

例如,因为 $\begin{pmatrix} 5 & 3 \\ 13 & 8 \end{pmatrix}\begin{pmatrix} 8 & -3 \\ -13 & 5 \end{pmatrix}=\begin{pmatrix} 1 & 0 \\ 0 & 1 \end{pmatrix}$,所以

$$\begin{pmatrix} 5 & 3 \\ 13 & 8 \end{pmatrix}^{-1}=\begin{pmatrix} 8 & -3 \\ -13 & 5 \end{pmatrix},\quad \begin{pmatrix} 8 & -3 \\ -13 & 5 \end{pmatrix}^{-1}=\begin{pmatrix} 5 & 3 \\ 13 & 8 \end{pmatrix}.$$

逆矩阵如何求呢? 还要介绍一些准备工作.

三、矩阵的变换

定义11 设 $A=\begin{pmatrix} a_{11} & a_{12} & \cdots & a_{1m} \\ a_{21} & a_{22} & \cdots & a_{2m} \\ \vdots & \vdots & & \vdots \\ a_{n1} & a_{n2} & \cdots & a_{nm} \end{pmatrix}$,称 $A'=\begin{pmatrix} a_{11} & a_{21} & \cdots & a_{n1} \\ a_{12} & a_{22} & \cdots & a_{n2} \\ \vdots & \vdots & & \vdots \\ a_{1m} & a_{2m} & \cdots & a_{nm} \end{pmatrix}$ 为 A 的转置

矩阵.

例 7 $A=\begin{pmatrix}3&5\\2&1\\1&8\end{pmatrix}$,$B=(3,\quad 1,\quad 9)$,则 $A'=\begin{pmatrix}3&2&1\\5&1&8\end{pmatrix}$,$B'=\begin{pmatrix}3\\1\\9\end{pmatrix}$.

定义 12 对一个矩阵进行的如下三种变换称为**矩阵的初等行变换**:

(1) 用一个非零数乘以矩阵一行;

(2) 交换矩阵两行的位置;

(3) 矩阵一行的非零常数倍加到另一行.

为讨论方便引入记号:$k\times r_i$ 表示用数 k 乘以矩阵第 i 行;$r_i\leftrightarrow r_j$ 表示交换矩阵第 i,j 两行的位置;kr_i+r_j 表示矩阵的第 i 行乘以 k 加到第 j 行.

例 8

$$\begin{pmatrix}2&0&0&0\\3&1&0&0\\7&6&5&0\\8&7&11&6\end{pmatrix}\xrightarrow{6\times r_2}\begin{pmatrix}2&0&0&0\\6\times3&6\times1&6\times0&6\times0\\7&6&5&0\\8&7&11&6\end{pmatrix}=\begin{pmatrix}2&0&0&0\\18&6&0&0\\7&6&5&0\\8&7&11&6\end{pmatrix};$$

$$\begin{pmatrix}2&0&0&0\\3&1&0&0\\7&6&5&0\\8&7&11&6\end{pmatrix}\xrightarrow{r_2\leftrightarrow r_4}\begin{pmatrix}2&0&0&0\\8&7&11&6\\7&6&5&0\\3&1&0&0\end{pmatrix};$$

$$\begin{pmatrix}2&0&0&0\\3&1&0&0\\7&6&5&0\\8&7&11&6\end{pmatrix}\xrightarrow{2r_4+r_1}\begin{pmatrix}2\times8+2&2\times7+0&2\times11+0&2\times6+0\\3&1&0&0\\7&6&5&0\\8&7&11&6\end{pmatrix}$$

$$=\begin{pmatrix}18&14&22&12\\3&1&0&0\\7&6&5&0\\8&7&11&6\end{pmatrix};$$

$$\begin{pmatrix}1&2\\-1&3\\0&-1\end{pmatrix}\xrightarrow{5r_1+r_3}\begin{pmatrix}1&2\\-1&3\\5&9\end{pmatrix}.$$

1. *求逆矩阵的初等变换法*

把矩阵 A 与一个同阶的单位矩阵并排放在一起:$(A\quad I)$,接下去一次又一次的用初等行变换,目标是把 A 化为单位矩阵,则同样的初等行变换就把 I 化成 A 的逆矩阵.

推导略.下面举例说明使用方法.

例 9 设 $A=\begin{pmatrix}3&0&8\\3&-1&6\\-2&0&-5\end{pmatrix}$,求 A 的逆矩阵 A^{-1}.

解 $$(A\quad I)=\begin{pmatrix}3&0&8&1&0&0\\3&-1&6&0&1&0\\-2&0&-5&0&0&1\end{pmatrix}\xrightarrow{-r_1+r_2}\begin{pmatrix}3&0&8&1&0&0\\0&-1&-2&-1&1&0\\-2&0&-5&0&0&1\end{pmatrix}$$

$$\xrightarrow{\frac{1}{3}r_1}\begin{pmatrix}1&0&\frac{8}{3}&\frac{1}{3}&0&0\\0&-1&-2&-1&1&0\\-2&0&-5&0&0&1\end{pmatrix}\xrightarrow{2r_1+r_3}\begin{pmatrix}1&0&\frac{8}{3}&\frac{1}{3}&0&0\\0&-1&-2&-1&1&0\\0&0&\frac{1}{3}&\frac{2}{3}&0&1\end{pmatrix}$$

$$\xrightarrow{3r_3}\begin{pmatrix}1&0&\frac{8}{3}&\frac{1}{3}&0&0\\0&-1&-2&-1&1&0\\0&0&1&2&0&3\end{pmatrix}\xrightarrow[2r_3+r_2]{-\frac{8}{3}r_3+r_1}\begin{pmatrix}1&0&0&-5&0&-8\\0&-1&0&3&1&6\\0&0&1&2&0&3\end{pmatrix}$$

$$\xrightarrow{-1\times r_2}\begin{pmatrix}1&0&0&-5&0&-8\\0&1&0&-3&-1&-6\\0&0&1&2&0&3\end{pmatrix}.$$

所以
$$\begin{pmatrix}3&0&8\\3&-1&6\\-2&0&-5\end{pmatrix}^{-1}=\begin{pmatrix}-5&0&-8\\-3&-1&-6\\2&0&3\end{pmatrix}.$$

2. 结论

结论 1　若 $ad-bc\neq 0$,则 $\begin{pmatrix}a&b\\c&d\end{pmatrix}$ 的逆矩阵存在,且 $\begin{pmatrix}a&b\\c&d\end{pmatrix}^{-1}=\frac{1}{ad-bc}\begin{pmatrix}d&-b\\-c&a\end{pmatrix}$.

证明　因为 $\begin{pmatrix}a&b\\c&d\end{pmatrix}\begin{pmatrix}\frac{d}{ad-bc}&\frac{-b}{ad-bc}\\\frac{-c}{ad-bc}&\frac{a}{ad-bc}\end{pmatrix}=\begin{pmatrix}1&0\\0&1\end{pmatrix}$,所以

$$\begin{pmatrix}a&b\\c&d\end{pmatrix}^{-1}=\frac{1}{ad-bc}\begin{pmatrix}d&-b\\-c&a\end{pmatrix}.$$

结论 2　若 $a_i\neq 0, i=1,2,\cdots,n$,则 $\begin{pmatrix}a_1&0&\cdots&0\\0&a_2&\cdots&0\\\vdots&\vdots&\ddots&\vdots\\0&0&\cdots&a_n\end{pmatrix}$ 的逆矩阵存在,且

$$\begin{pmatrix}a_1&0&\cdots&0\\0&a_2&\cdots&0\\\vdots&\vdots&\ddots&\vdots\\0&0&\cdots&a_n\end{pmatrix}^{-1}=\begin{pmatrix}\frac{1}{a_1}&0&\cdots&0\\0&\frac{1}{a_2}&\cdots&0\\\vdots&\vdots&\ddots&\vdots\\0&0&\cdots&\frac{1}{a_n}\end{pmatrix}.$$

证明留给读者.

例 10　$\begin{pmatrix}1&2\\5&8\end{pmatrix}^{-1}=\frac{1}{1\times 8-2\times 5}\begin{pmatrix}8&-2\\-5&1\end{pmatrix}=\frac{1}{-2}\begin{pmatrix}8&-2\\-5&1\end{pmatrix}=\begin{pmatrix}-4&1\\2.5&-0.5\end{pmatrix}$.

$$\begin{bmatrix} 3 & 0 & 0 \\ 0 & 0.2 & 0 \\ 0 & 0 & -5 \end{bmatrix}^{-1} = \begin{bmatrix} \frac{1}{3} & 0 & 0 \\ 0 & 5 & 0 \\ 0 & 0 & -\frac{1}{5} \end{bmatrix}.$$

四、练习

1. 计算：(1) $\begin{pmatrix} 2 & -3 \\ 1 & 2 \end{pmatrix} + \begin{pmatrix} 1 & 3 \\ -2 & 0 \end{pmatrix}$； (2) $2\begin{pmatrix} 1 & 3 \\ -4 & 2 \end{pmatrix}$.

2. 计算：$3\begin{bmatrix} 3 & 5 \\ 2 & 1 \\ 1 & 2 \end{bmatrix} - \begin{bmatrix} 1 & 0 \\ -2 & 1 \\ 3 & -1 \end{bmatrix}$.

3. 计算：$\begin{pmatrix} 1 & 3 \\ -2 & 0 \end{pmatrix}^3$.

4. 已知 $A=\begin{pmatrix} 1 & 2 & 0 \\ 3 & -1 & 5 \end{pmatrix}$，$B=\begin{pmatrix} 1 \\ -1 \end{pmatrix}$，$C=(2, 0, 1)$，计算 $B'A+C$.

5. 求下列矩阵的逆矩阵：

(1) $\begin{pmatrix} 6 & 10 \\ -1 & 2 \end{pmatrix}$； (2) $\begin{pmatrix} 4 & 7 \\ 5 & 9 \end{pmatrix}$； (3) $\begin{bmatrix} 2 & 5 & 0 \\ 3 & 8 & 0 \\ 0 & 0 & 3 \end{bmatrix}$； (4) $\begin{bmatrix} 2 & 5 & 0 \\ 3 & 8 & 0 \\ 4 & 0 & 3 \end{bmatrix}$；

(5) $\begin{bmatrix} 1 & 2 & -1 \\ 2 & 6 & -8 \\ 3 & 7 & 1 \end{bmatrix}$； (6) $\begin{bmatrix} 2 & 5 & 0 \\ 3 & 8 & 0 \\ 0 & 0 & 3 \end{bmatrix}$； (7) $\begin{bmatrix} 2 & 0 & 0 \\ 0 & 4 & 0 \\ 0 & 0 & 3 \end{bmatrix}$； (8) $\begin{bmatrix} 2 & 0 & 0 & 0 \\ 0 & -5 & 0 & 0 \\ 0 & 0 & 4 & 0 \\ 0 & 0 & 0 & 8 \end{bmatrix}$.

附录3 随机数表

74053163	70659504	26212348	36869411	82659382	32871486	06933805
98290962	70665608	03042695	40931424	21546067	48762474	54216132
43696401	06320383	29502243	64030884	86455885	76467177	78667561
73085726	83599352	30280465	26996673	62245551	23242897	61268959
70409253	64516128	94116030	90023498	36796167	77120273	11816767
97906429	47572252	89391765	97662281	03057955	52046266	92110964
13147374	69478438	62804040	83907589	03234962	89663380	70155949
40382091	51545762	31562242	63835566	61516159	05645924	90417187
40052491	63039033	40061647	36039307	21994690	27378155	16739402
96316415	71962645	79790642	68364512	67406231	23215430	05319376
35358745	91338846	09668264	72191533	53135776	91628772	21567430
77288124	78164006	07513657	65272987	79317605	50968962	17453535
55256813	35294656	49183629	92516861	16464736	05981628	33744316
70247504	25147252	45881527	41383098	89727469	66295357	43443098
26535844	78310495	35786004	27066866	05789361	30823694	65425580
02587970	07989746	71715445	98904385	37794122	83144626	40864284
96911526	59660634	73223059	93639942	99435407	79897457	98031555
55842768	23447371	14441359	59202856	24170659	24036378	12533952
15527817	52790917	97158726	60969878	32651753	16675313	52107303
79171116	60350352	92342905	31843012	70732749	40433973	46580401
09289834	47001556	98480177	73815118	37748344	88378551	22434156
72731711	83507797	58919034	81307412	02786340	18836024	39906003
86968596	11215552	03448592	97967466	52284310	71184423	32547990
53395184	48652607	21686453	79622790	64293343	16052736	49842829
12070070	92172001	28809473	06186102	07834101	64595477	70091860
93600268	51097140	05432295	18356883	20487075	35230567	14084292
98849451	58864100	51097140	61989196	03195288	97912533	88805810
50929288	30390331	33698538	31086153	69859919	52092043	85656300
66402172	63219092	55543687	80401012	99884029	10583819	67088839
93627734	90258491	28397473	09524827	90572832	90884120	59376811
96368296	55775627	22989593	65245521	16101565	52705465	59312723
88433484	09668264	03903317	46134830	98309274	94204534	32251960

42008728	87640003	36167485	54011658	01144444	34855189	27082125
64217047	79680776	97772148	64860988	05117954	92916653	54350413
93963438	58220160	01660207	56199835	07461775	50593585	55796990
10370189	64152958	16077151	73195592	55095065	23798333	01974548
82113101	45100253	53706472	61891537	05188147	12121952	09689627
25318155	13171789	16245002	44569231	84618670	26483962	53657643
47349467	89999084	92785423	36515396	66191595	93142490	18616291
10477004	18268380	30060732	83281960	25562303	39698477	83867915
13083285	25971251	78612628	18030335	44026001	74440748	84517959
20783105	51121555	76839502	97097689	51258888	72429578	22547075
87514877	28049562	05945006	06299020	55400250	50737021	07467879
47093112	34638508	95074312	67549668	69792779	11038545	72426526
95706045	65047150	05075228	94088564	89941098	93173008	22766808
31098361	19788201	47581408	27866451	10220649	09155553	43427839
38450270	36643574	89489424	47047334	01058992	84090700	74343088
11868648	45481734	42921231	95196386	36396374	73354289	66872157
64897610	09845271	83654285	09063997	23944822	61165196	88235114
87874995	05346843	76940213	20548112	73329874	37940611	03906369
90615557	34623249	66325876	01660207	89443647	39408551	15540025
61156041	95977659	45442060	78569902	54673909	89690847	75267799
54814294	32868434	22006897	14514603	17706839	34479812	49601733
24466689	39518418	24396496	82753989	09491256	51524399	25632496
51860103	29999695	67647327	60917996	45246742	01535081	49711600
69435712	21384319	70610675	42417676	14404736	48649555	07922605
56151005	47135837	75740836	09616382	25803400	43076876	85897396
47114474	23667104	75649281	38019959	56263924	54557939	43336283
47837763	06329539	11301004	15747551	12237922	39521469	18698691
14246040	29874569	21628467	44071779	92770164	21216468	94433423
02554399	34467604	01098666	70494704	35239723	29804376	06982635
60939359	88271736	51713614	35947752	76900539	71080660	93435468
93658253	95196386	21814630	84713278	08316294	28897976	58143864
51896725	12836085	93417157	41511276	37644581	48234504	08691671
33021027	45808282	91500594	28189947	69032868	27118747	60972929
35221411	34607989	71364482	02383496	97320474	62938321	21594897
08703879	19223609	38877529	76046021	76885280	85134433	34681234
93368327	54646443	30832850	56138798	66817224	80440686	36335337
27121799	82998138	69682912	79650257	90804772	30823694	50422681
42313913	55540635	76274910	01525925	07306131	63655506	68611712

96542252	39973143	11160619	93667408	06341746	92571794	96612444
39814447	63707388	23078097	27164525	92281868	42899868	68904690
59996337	21369060	57454145	66063417	07196264	80306405	29209265
54539628	82287056	78212835	31800287	60362559	16400647	43968016
61659596	95080415	22403638	46473586	39671010	63249610	34916226
86993010	96661274	18546098	04467910	29203161	45750297	59154026
73894466	82549515	94790489	02987762	15051729	04550310	01907407
33500168	54029969	37696463	27420880	56535538	62965788	46491897
85073396	59022797	46565141	70363475	45881527	09985656	01507614
58003479	97619555	94604327	76805932	98770103	13074129	21884823
13248085	16788232	30265206	96603289	90133365	43394268	97637866
96111941	57271034	33472701	87469099	42674031	80535294	41431928
30555131	11929685	78957487	22309030	75301370	68102053	81600390
73747977	24341563	66603594	82241279	84377574	51853999	14633625
20053712	04306162	54643391	30439161	64387951	03280740	40125736
91799676	31760612	32163457	04394665	14398633	13238929	53376873
03405866	50737021	40244758	55888546	70473341	50141911	67003387
20438246	83172093	70537430	97705007	50526444	32801294	82628864
36500137	34894863	99478132	57054353	88521988	57057405	86031677
75194555	89938047	17517624	13837092	54237494	95294045	84337900
33652760	27118747	01678518	37620166	54637287	67970824	27332377
23569445	44654683	03711051	54475539	83770256	05001984	02386547
11691641	75243384	72655415	78893398	26810510	46986297	53199865
08700827	46678060	88579973	37537766	90255439	12576678	16449476
05520798	46543778	17856380	13507492	69609668	06659139	25898007
87697988	61690114	57777642	76586199	65108187	16217536	08313242
59364604	83324686	52729880	52836695	81020538	05493332	10916471
79338968	06320383	86202581	41367839	09546190	99630725	08569597
05087435	12848292	45619068	85164952	84933011	84466078	77214880
11401715	62089907	28534806	88885158	33219397	60722678	36686300
63420514	79256568	13892025	02740562	90289009	18250068	53917050
64195684	03753777	57243568	80233161	11047700	18805505	46220282
07956175	52681051	93105868	04843287	50230414	83336893	92989897
36869411	37443159	36869411	91747794	47871333	26551103	71379741
78218939	31928464	03512680	74346140	03869747	42893765	32041383
28910184	46491897	15817743	51750236	31894894	18588824	54225287
78862880	04217658	98669392	48838770	12558367	84316537	13452559
43348490	13122906	45197912	49241615	12897122	64058351	25754570

20465712	70882289	44074831	16953032	73613696	69692068	57478560
93542282	54612872	11029389	30649739	31867427	17841120	31418805
05047761	04498428	04849391	78539383	70705282	92175053	70928067
43989379	30390331	03793451	87655262	68147831	47596667	45042268
99563584	82705160	81398968	26245918	63005462	06534013	61363566
50154118	45399334	60490737	05639820	70171208	12924589	16788232
35328226	59782708	84832300	48579363	88247321	83690908	82482375
95342875	85271766	11365093	51234473	09717093	52299569	63582262
83309426	01428266	51045258	32596820	19751579	43876461	21716971
66591387	59624011	59056367	90743735	58986175	54545731	46446119
46662801	33265175	16730247	71428571	37308877	63945432	18579668
78942228	91412091	24277474	12054811	47920163	17703787	01370281
45866267	52208014	84756004	69270912	08645894	43519394	34525589
60722678	76244391	22119815	32892849	28156377	91201513	10794397
10171819	34586626	52638325	97793511	94827112	64976958	44566179
64329965	93459882	98776207	80831323	62276070	20224616	34199041
94769127	57686086	28769799	04886013	51719717	05752739	49848933
79577013	12521744	72856837	87713247	85396892	26090273	71269874
78426465	45445112	79250465	22220527	63228247	71224097	81884212
12897122	80034790	05798517	15594958	62993255	26255073	21817682
23947874	66475417	96005126	74510940	72438733	24173711	44865260
67741935	56318857	32789086	85308389	06335643	84408093	46006653
65901669	65727713	16977447	73281044	37440107	06076235	85906551
31937620	59114352	66280098	75124362	18250068	47825556	28489028
89614550	13052766	23813593	93746756	90929898	87566758	55690176
59398174	27512436	25046540	58000427	38880581	37815485	23862422
44468520	14517655	54408398	97665333	90014343	63945432	87209692
38236640	04684591	50798059	13919492	56663716	72661518	20273446
55821405	68462172	59352397	90224921	67030854	38261055	39866329
78347117	15390484	49690237	51841792	56169316	83068330	16089358
25821711	70384838	64983062	97650074	96307259	22214423	93252357
40644551	46598712	45408490	65715506	04345836	90545365	73479415
06683554	91253394	44318979	36835841	38056581	46275215	91399883
80437635	88888210	40501114	93780327	42542802	21576586	05121006
52653584	85262611	02792444	31214331	71593371	17447432	97219763
09521775	25412763	64088817	12286752	65895565	87832269	78600420
72051148	37943662	21008942	21118808	48203985	08673360	80175175